La propiedad indígena en Bolivia

La propiedad indígena en Bolivia

José Miguel Lecaros

www.librosenred.com

Dirección General: Marcelo Perazolo
Diseño de cubierta: Daniela Ferrán
Fotografía de cubierta: José Miguel Lecaros
Diagramación de interiores: Julieta Lara Mariatti

Está prohibida la reproducción total o parcial de este libro, su tratamiento informático, la transmisión de cualquier forma o de cualquier medio, ya sea electrónico, mecánico, por fotocopia, registro u otros métodos, sin el permiso previo escrito de los titulares del Copyright.

Primera edición en español - Impresión bajo demanda

© LibrosEnRed, 2012
Una marca registrada de Amertown International S.A.

ISBN: 978-1-59754-830-4

Para encargar más copias de este libro o conocer otros libros de esta colección visite www.librosenred.com

Laguna de Tarapaya, Potosí

*Al pueblo boliviano,
a su sabiduría y alegría
tras siglos de despojos y engaños.*

Capítulo I
La propiedad indígena en los pueblos prehispánicos

1. Asentamientos y pueblos anteriores al Tawantinsuyu[1]

Hasta el siglo XIV, los territorios que hoy constituyen Bolivia habían sido ocupados por una gran diversidad de pueblos sin ninguna organización política. Entre el año 10000 y el 8000 a.C., aproximadamente, habitaron los primeros pobladores que se identifican hoy como la cultura Viscachani, cazadores y pescadores —estos últimos, ancestros de los actuales urus— que venían desde el Norte, presionados por las corrientes migratorias que huían de las últimas glaciaciones. Se trató de pueblos precerámicos y preagrícolas. Entre los años 800 y 30 a.C. se comienza a desarrollar la cultura Tiwanaku, desde la ciudad sagrada del mismo nombre, en las afueras de lo que hoy es la ciudad de La Paz, que llegó en su etapa más avanzada de progreso —Tiwanaku expansivo, años 700 a 1000 d.C.— hasta los sectores que hoy representan Oruro, Potosí y Cochabamba.

---

1   En esta parte, el autor se ha basado fundamentalmente en Mesa, José. *Historia de Bolivia*. La Paz, 2007, p. 3 y ss.

Paralelamente, surgían y decaían algunas culturas costeras, tales como la Moche por el Norte, y Paracas y Nazca[2] más hacia el sur; la cultura Huari —cerca de lo que hoy es Ayacucho—, Chancay y Chincha por la sierra; los reinos collas y la localidad de Sillustani —cerca de Puno—, en las cercanías del lago Titicaca; los charcas desde el norte del actual departamento de Potosí hasta el sur del departamento de Cochabamba; y principalmente guaraníes y chiriguanos en la zona de Beni. No obstante el interesante desarrollo artístico y religioso de algunos de estos pueblos, particularmente en el Tiwanaku, ninguno conoció algún tipo de organización política ni bases para el reconocimiento de una propiedad o posesión aún incipiente.

Hacia el siglo XIII, la hegemonía de los territorios que hoy son Bolivia la tenía el imperio Huari-Tiwanaku: comprendía cerca de seiscientos mil kilómetros cuadrados, estaba constituido por cerca de cuatro millones de habitantes, una religión y una iconografía muy desarrolladas, y una clara estratificación social entre aristocracia, artesanos y campesinos.[3] Sin embargo, como organización política, no había más que el ayllu, una familia con antepasados comunes. Hacia el año 1000 d.C., producto principalmente de cambios climáticos, comienza la decadencia de la cultura Tiwanaku, facilitando la expansión del Tawantinsuyu, más conocido como el Imperio de los incas.

En efecto, se atribuye al décimo Inca, Tupac Inca Yupanqui, haber llevado al Tawantinsuyu a su máxima expansión, con la conquista, entre los siglos XIV y XV, de lo que hoy es el sur de

---

2   Un excelente trabajo para adentrarse en la cultura Nazca: Rostworowsky, María. *Costa peruana prehispánica*. Lima, 2004. También se puede consultar Cáceres Macedo, Justo. *Culturas prehispánicas del Perú*. Lima, 2009.

3   La cultura Tiwanaku llegó al territorio del actual Chile hasta San Pedro de Atacama. Un excelente trabajo con colaboraciones de varios autores se encuentra en Rivera, Mario y Kolata, Alan. *Tiwanaku. Aproximaciones a sus contextos históricos y sociales*. Santiago, 2004.

Bolivia y el norte de Chile y de Argentina —Collasuyu—; y a su sucesor, Huayna Capac, la extensión del Imperio al oriente boliviano, hacia las llanuras del Beni.

2. Organización social y política del Tawantinsuyu

En el año 1533, el ejército de Francisco Pizarro toma prisionero a Atahualpa tras uno de los combates más desiguales e inexplicables de la historia: cerca de cuatro mil indígenas desarmados, incluyendo la escolta y la corte del Inca y algunos señores, mueren bajo el fuego español desde el cerro Apolonia, en Cajamarca. Meses después, Atahualpa sería ejecutado, y con ello, el Tawantinsuyu se desmoronaría como un castillo de naipes. En ese momento, el Imperio incaico se extendía desde lo que hoy es el sur de Colombia hasta el río Maule, una superficie equivalente a cinco veces la actual Francia, con entre doce y quince millones de habitantes.

Como es sabido, los incas no conocieron la escritura, y si bien los quipus —cuerdas anudadas de distintas formas y colores— constituyeron una importante herramienta nemotécnica para registrar fechas, estadísticas y acontecimientos, los detalles de su organización política, económica y social los debemos casi en su totalidad a la labor de los cronistas; ello debido a que la *historia* era concebida por los incas de una manera muy diferente a como la conocemos en la actualidad. Ni la veracidad, ni la cronología de los sucesos eran verdaderamente relevantes. La *historia* estaba al servicio del Inca de turno. Como bien ejemplifica la gran investigadora María Rostworowski, esta manera de entender la historia "se evidencia en la costumbre cusqueña de omitir intencionalmente de sus cantares, narraciones, pinturas o quipus todo episodio si su recuerdo molestaba y no era deseado por el nuevo señor. Llegaban al extremo de suprimir a ciertos Incas que habían reinado y entonces acomodaban los sucesos de acuerdo con los propios criterios del gobernante de turno. El silencio y la omisión eran la forma de cambiar el curso de la *historia* que disgustaba a algún Inca reinante".[4]

Por los textos de los conquistadores españoles y de los cronistas, religiosos y escribanos que venían con ellos, podemos tener conocimiento bastante detallado de la organización social y política del Imperio incaico. Si se quisiera buscar sus antecedentes ancestrales habría que focalizarse en la comunidad agraria como elemento sustancial de organización.[5] Se trata de una comunidad cuyos orígenes se remontan a la prehistoria y que se encuentra presente en muchos de los pueblos ancestrales de América. La célula social primitiva del Tawantinsuyu era el ayllu, que era el conjunto de descendientes con un antepasado común, real o supuesto.

El ayllu —en quechua, ayllu; en aimara, hatta— era un sistema de organización muy antiguo y reposaba, en lo esencial, en una base religiosa. Cada ayllu tenía sus dioses protectores —huacas—, distintos de los de la familia propiamente tal —conopas— y de los de las tribus —conjunto de ayllus—. Lo interesante a destacar aquí es que, aparentemente, en alguna época preincaica, el ayllu de linaje se fue deformando y, perdiendo su carácter personal, fue volviéndose territorial.[6] Como lúcidamente lo aclara Baudin,[7] "cuando una asociación de familias se hace sedentaria, el suelo reemplaza los lazos de sangre como fundamento de la organización social". De ahí que en aimara el vocablo ayllu significa tanto la asociación

---

4   Rostworowski, María. Estructuras andinas del poder. Ideología religiosa y política. Lima, 2007, p. 97.

5   Esta idea se encuentra muy desarrollada en Lara, Jesús. El Tawantinsuyu. Bolivia, 1990, pp. 207 a 218.

6   Según Saavedra, B. *El ayllu*. París, 1913, citado por Baudin, Louis. *El imperio socialista de los incas*. Santiago, 1940, p. 149.

7   Baudin, L., citado en nota 6, p. 149.

familiar como la asociación territorial. Sin embargo, la existencia de esta comunidad agraria y religiosa nunca anuló la familia: los repartos de tierras se hicieron siempre por hogares, donde el jefe de familia era la unidad estadística. Durante casi todo el período incaico no hubo prácticamente indígena que no estuviera vinculado a un ayllu. Hasta tal punto quedó internalizada la idea de la *propiedad colectiva* en la mentalidad indígena que se mantendría durante toda la colonia como la gran *seguridad social* de que podía valerse. En una última fase de evolución, un conjunto de ayllus formó una marka, el equivalente a una aldea; pero la idea fundamental siempre fue el ayllu: representaba la tranquilidad, la previsión, la seguridad económica.

3. El reparto del suelo y la propiedad inmobiliaria

En los tiempos de los incas, la forma jurídica de propiedad del suelo correspondía al grado de individualización del grupo: al clan como célula social pertenece la propiedad colectiva del clan.[8] El ayllu era, indudablemente, el grupo social y político fundamental del Tawantinsuyu y databa de mucho antes del Imperio incaico. El parentesco era su base y su lazo de unión. Cada ayllu poseía tierras de cultivo, tierras de pastoreo y bosques comunales, y, en lo referente a las relaciones exteriores, funcionaba como una unidad. Cada ayllu reconocía un fundador, un antepasado común de todos los miembros, del que se conservaba el cuerpo o momia, y al que se rendía un culto ceremonial.[9]

De la organización del Imperio incaico se ha dicho que constituía una curiosa mezcla de teocracia, monarquía,

---

8   Baudin, L., citado en nota 6, p. 153.
9   Mason, J. Alden. *Las antiguas culturas del Perú*. México, 1969, p. 164 y ss.

socialismo y comunismo. Hasta se ha dicho —Louis Baudin— que fue socialista, porque se trataba de un socialismo aristocrático y autocrático, no democrático. Otros han sostenido que el Tawantinsuyu era un comunismo agrario.[10] Desde la perspectiva marxista se ha sostenido que se trató de un imperio esclavista en evolución a uno feudal[11] y que calificarlo de *socialista* es confundir *socialismo* con *totalitarismo*. Tal objeción también se ha hecho desde trincheras ideológicas opuestas.[12] La tierra era propiedad del Imperio y la mayor parte se explotaba comunalmente. La mayoría de los rebaños de llamas pertenecían también al Imperio y lo mismo ocurría con las minas. Estas eran prácticamente los únicos *medios de producción*.

Los Incas protegían a la población del hambre, de la explotación, del trabajo excesivo y de toda clase de necesidades; pero, al mismo tiempo, regían y regulaban la vida de los súbditos rigurosamente y no les daban derecho de elección, independencia ni iniciativa. Para una tendencia historiográfica, incluso, tal sojuzgamiento y aseguramiento del bienestar a costa de la libertad explicaría hasta hoy el *carácter del indio*: sumisión, servilismo, resistencia a la fatiga y cierto espíritu utilitario.[13] No existían en el Incario períodos de prosperidad ni de depresión. Era, lo que hoy diríamos, un Estado omnipresente y benefactor, administrado eficazmente y que

10   Karsten, Rafael. *La civilisation de l'empire inca. Un état totalitaire du passé.* París, 1972. (Ver nota 10 final)

11   Liborio Justo, historiador y literato argentino, quien fuera del partido comunista y después derivara en el trotskismo, hijo del expresidente y general Agustín Justo, plantea una fuerte crítica a los seudomarxistas e indigenistas que califican al Imperio incaico como comunista o socialista. (Ver nota 11 final)

12   "El supuesto comunismo de los incas estuvo muy lejos de lo que se ha figurado y que se describió tantas veces". En Latcham, Ricardo. *Los incas (sus orígenes y sus ayllus).* Santiago de Chile, 1928, p. 5.

13   Liborio Justo se explaya sobre este punto, citando a L. Baudin, de una manera muy descarnada, pero poco científica. Op. cit. en nota 11, p. 31.

castigaba con severidad cualquier corrupción, abuso de autoridad o incumplimiento de un deber por parte de los funcionarios públicos.[14] Sin embargo, el Imperio incaico difería del ideal moderno de un Estado socialista en el hecho de que había una clase numerosa de nobles y sacerdotes que eran mantenidos por las masas; y, naturalmente, un Inca, personificación del Estado, hijo del Sol, monarca absoluto.[15] A los campesinos se les exigía un fuerte tributo, si bien, como lo aclararemos más adelante, no en especies, sino bajo la forma de trabajo.

Las tierras cultivables estaban divididas en tres categorías, aunque no en tres partes iguales, a pesar de que los campos de estas tres clases se encontraban forzosamente muy cerca unos de otros.[16] El producto de los campos de una clase era para el gobierno; el de los de la segunda clase, para los dioses y el culto; y el de la tercera, para el pueblo. Aunque se prestaba un cuidado especial a los campos de las dos primeras categorías, su tamaño dependía de la densidad de población, ya que se daba primero a cada familia la tierra necesaria para que pudieran alimentarse convenientemente, sin pasar hambre; el resto era para el monarca y para el culto.

---

14   Criticando ácidamente a los indigenistas que han creído ver en esta diligencia administrativa una organización política y social basada en altos principios éticos, Liborio Justo dice: "...nosotros podemos decir que si tal acontecía, era simplemente porque la masa de la población del Tawantinsuyu, en su conjunto, era esclava del Inca y de su minúscula casta gobernante, y no atender a esa masa era ir contra los propios intereses de los esclavizadores. ¿A qué dueño de esclavos le conviene descuidarlos y dejarlos morir de hambre?". En Justo, Liborio. *Ibíd.*

15   Refiriéndose al Topa Inca Yupanqui, describe Sarmiento de Gamboa que "iba con tanta majestad y pompa que por donde pasaba nadie le osaba mirar la cara: en tanta veneración se hacía tener. Y la gente se apartaba de los caminos por donde había de pasar y, subiéndose a los cerros, desde allí le mochaban y le adoraban. Y se arrancaban las pestañas y las cejas, y, soplándolas, se las ofrecían al Inca". En Sarmiento de Gamboa, Pedro. *Historia de los incas*. Buenos Aires, 1943, p. 118.

16   Lara, Jesús. *Op cit.* en nota 5, p. 210 y ss.

Los cronistas denominan *tierras del Inca* o *del Estado* no solo a las tierras del Tawantinsuyu en general, sino también las de los ayllus reales y de las panacas[17] ubicadas en los contornos del Cuzco y las tierras adjudicadas a un determinado soberano en calidad de propiedad privada, cuyos productos eran las rentas personales del Inca, a diferencia de los ingresos estatales. Estas tierras no tenían una extensión fija, pues eran el excedente de las tierras asignadas a las comunidades, y, por lo tanto, la superficie era determinada por múltiples factores, como la topografía de la región, la calidad de las tierras cultivables, el número de habitantes, etcétera. Las *tierras del Inca* eran cultivadas en conjunto, sin loteo previo, por todos los miembros de la comunidad, excepto los viejos y los enfermos. Las *tierras del Sol* eran las destinadas al culto. Cada huaca,[18] por pequeña que fuera, debía tener un pedazo de tierra cuyo usufructo sirviese para las ofrendas y para la preparación de

---

17   Las panacas eran las familias reales. También se denominaba con ese vocablo a las tierras de la familia real, es decir, el ayllu real.

18   En la cultura de los Andes centrales del Perú, una huaca —en quechua, wak'a— es el lugar de donde salió la primera pareja formadora de cada comunidad andina —ayllu— después del diluvio universal, de acuerdo con el mandato de Apu Kon Ticci Viracocha, el Hacedor, que les determinó un tiempo y lugar donde deberían resurgir, a fin de que se volviera a repoblar la tierra y fueran los padres de las diferentes naciones o comunidades andinas —Manco Cápac y Mama Ocllo fueron una de estas parejas—. Es este lugar de origen —que podía ser una cueva, un árbol, el sitio donde cayó un rayo, un cerro, una mina, un lago, etcétera— donde los ayllus más prósperos solían construir los respectivos adoratorios de adobe —costa—, piedra —sierra— o sobre una isla —lago—, sitios que por extensión también fueron conocidos como huacas por los españoles. La expresión huacas también designa a los dioses protectores —huacas tutelares—. Actualmente, se usa la expresión huaca para referirse a cualquier sitio arqueológico y se les llama *huaqueros* a los comerciantes clandestinos de riquezas arqueológicas. Información obtenida en http://es.wikipedia.org/wiki/Huaca (al 27/09/2010). Sobre los huaqueros, recomiendo el documentado libro de Báez, Fernando. *El saqueo cultural de América Latina*. México, 2008.

bebidas para los asistentes a los ritos y fiestas. Estaban a cargo del huillacuma o sumo sacerdote.

Por otra parte, estaban las tierras de cada ayllu,[19] que poseía sus propias tierras de cultivo, sus pastos y sus aguas, bajo la dirección del jefe, el ayllucamayoc, o sea, en quechua, el que dirige el ayllu. Para la distribución de la parte asignada al pueblo se consideraban de modo especial las condiciones de productividad del suelo. No era posible entregar a una familia una parcela cuyo rendimiento no asegurase la subsistencia de todos sus miembros.[20] Por tanto, y como medida previa, se abonaba la tierra y se la dotaba de los medios suficientes de irrigación. Por eso, apenas una provincia era incorporada al Imperio —lo que sucedía con cierta frecuencia—, una primera preocupación del gobierno se dirigía al acrecentamiento de las áreas cultivables, al mismo tiempo que a la construcción de acueductos. Además, cada año las tierras eran repartidas nuevamente por el funcionario local y cada familia recibía, de acuerdo con sus necesidades, la misma, mayor o menor extensión de tierra que la que había tenido el año precedente,

---

[19] Sobre el ayllu, su origen y significado se puede consultar en Saavedra, Bautista. *El ayllu*. La Paz, 1955. Garcilaso de la Vega definió el ayllu como linaje; Cunow lo identificó con una familia en posesión de una tierra; Bautista Saavedra, como una gens, primitivamente aimara. Emilio Romero, en su monumental *Historia económica del Perú* (Lima, 2006), lo explica por el inclemente paisaje andino.

[20] F. Quesnay, desde la perspectiva del fisiócrata, defendía el sistema productivo inca en los siguientes términos: "Las tierras no eran de ninguna manera bienes patrimoniales, poseídas en propiedad, ni por derecho de herencia. Su repartición variaba continuamente, según los cambios que se producían, en números de personas de cada familia: ese número de personas era la medida que regulaba equitativamente la repartición de esas proporciones; cada uno tenía lo suyo (…). Gracias a ese repartimiento de las tierras, nadie estaba en la indigencia. El Estado o la fortuna de cada habitante estaba siempre asegurado con una especie de igualdad, mantenida por ese repartimiento mismo y por la emulación en el trabajo". Citado en Untoja, Fernando. *Retorno al ayllu I*. La Paz, 1992, p. 78.

según el número de personas que componían el grupo, que podía haber aumentado o disminuido.[21]

Las tierras de cada ayllu no eran necesariamente continuas. Pareciera que el concepto de territorio en el Tawantinsuyu no tenía la significación espacial que le damos hoy y nos parece que esa diferencia de concepción puede ser la explicación de muchos equívocos e incomprensiones. Hoy, un territorio es una extensión geográfica continua, con límites rígidos que no tienen una justificación racional, sino apenas alguna explicación histórica. En los tiempos de los incas, un territorio era una porción de la naturaleza y el espacio que una sociedad reclamaba como el lugar donde sus miembros encontraban con carácter permanente las condiciones y medios materiales necesarios para su subsistencia. Se han encontrado documentos que dan cuenta de la tenencia dispersa y discontinua de las tierras de los ayllus o de las *pachacas*,[22] donde interferían las chacras de unos ayllus en tierras de otros y en un mismo microclima, sin explicación alguna de la situación.[23] Una posible explicación[24] es que el sistema agrícola tradicional

---

21   El sistema de producción del ayllu es analizado por Marx como "propiedad asiática" o "modo de producción asiático" para distinguirlo de la propiedad antigua y la propiedad germánica. Fernando Untoja, investigador de la Universidad Mayor de San Andrés, doctor en Ciencias Económicas, lo caracteriza de la siguiente manera: "Existe una comunidad de aldea en la cual la propiedad es todavía desconocida; la propiedad de la tierra aquí es colectiva. No hay separación de la agricultura y de la industria. La autarquía es la regla en el dominio de la producción y del consumo de la aldea. Por encima de la comunidad, un poder está presente, que ejerce funciones económicas de utilidad general, a cambio de las cuales se impone a los miembros de la aldea una condición de esclavitud generalizada". Untoja, Fernando. *Op. cit.* en nota 20.

22   Rostworowski, María, ofrece varios ejemplos en su *Historia del Tahuantinsuyo*. Lima, 2008, p. 271.

23   Rostworowski, María, ofrece varios ejemplos en su *Historia del Tahuantinsuyo*. Lima, 2008, p. 271.

24   Camino D. C., Alejandro, en "Tiempo y espacio en la estrategia de subsistencia andina: un caso en las vertientes orientales sudperuanas", trabajo

tiene la preocupación de minimizar los riesgos y, por lo tanto, trata de obtener seguridad en el abastecimiento de los alimentos. Dicho de otro modo: una organización social que participa de diferentes *estratos ecológicos* tiene la posibilidad de optar por cultivos diferentes y complementarios durante todo el año. "Esa preocupación no solo se expresaría en términos de verticalidad, sino en términos genéricos de diversificación. Así, primaría un sentido de horizontalidad en la distribución anual de tierras a las familias campesinas que, de ese modo, tendrían acceso a diferentes tipos de suelos y de cultivos. Esto explicaría la territorialidad discontinua".[25] Resulta muy interesante constatar esta explicación con la legislación que, como veremos mucho más adelante, regula en la actualidad las *tierras comunitarias de origen* en Bolivia, pues se presentan entes territoriales autónomos que no necesariamente constituyen una extensión de tierra continua.[26]

Aunque en épocas más recientes de desarrollo del Tawantinsuyu la tierra era considerada propiedad del Estado, es decir, del emperador, y estaba administrada comunalmente por el ayllu, el grupo de clan local, no hay duda de que la posesión de la tierra por el ayllu fue muy anterior a la época imperial. Es probable que la costumbre de cultivar las tierras comunalmente para el Imperio —en un principio, para los jefes locales— y para el culto —en los primeros tiempos, para los

---

contenido en la obra "El hombre y su ambiente en los Andes centrales", N° 10, Senri Ethnological Studies, Nacional Museum of Ethnology, Osaka, p. 28, citado por Rostworowski, María. *Op. cit.* en nota 23, p. 272.

25   Rostworowski, María. *Op. cit.* en nota 23, p. 272. En relación a este tema se pueden consultar los trabajos "El control vertical de un máximo de pisos ecológicos en la economía de las sociedades andinas" y "Los límites y las limitaciones del *archipiélago vertical en los Andes*", de John Victor Murra, contenidos en su libro *El mundo andino*, Lima, 2009, p. 85 y ss. y 126 y ss.

26   Ver apartado 33.3 de este trabajo, en lo relativo a los territorios indígenas discontinuos.

sacerdotes de la localidad y más tarde para el Sol y las diversas divinidades— haya sido un rasgo cultural andino, adoptado y ampliado más tarde en la época imperial. Que la mayor parte de las tierras estuvieran destinadas al culto y al Inca quedaba ampliamente compensado por el hecho de que los terrenos de cultivo habían sido creados por las obras de la organización gubernamental y que, debido a ella, grandes superficies, anteriormente estériles, eran ahora campos cultivables, gracias precisamente al riego y a la construcción de terrazas.

Las tierras del monarca eran, de todos modos, mucho más extensas que las del culto. Producían para el sustento no solo de la familia imperial, sino de toda la corte, formada por de dos a tres mil personas de ambos sexos. De ellas se proveía a los numerosos dignatarios y vasallos comunes que viajaban por el interior del país, al igual que a las guarniciones militares y al ejército en campaña, en caso de guerra. En tiempos de beligerancia, cuando los depósitos imperiales no alcanzaban a abastecer al ejército, se recurría a las reservas del culto, pero de ninguna manera a las privadas, las cuales eran intangibles por ley. Por otra parte, cuando los años agrícolas resultaban irregulares, a causa de sequías o heladas, y los productos eran insuficientes para la manutención del pueblo, la escasez era conjurada mediante las provisiones existentes en las trojes reales. En todo caso, *las tierras del monarca no eran una pertenencia de tipo personal*. Por las diversas destinaciones de su rendimiento, ellas podían ser consideradas más bien como propias del Estado u organización gubernamental, tal como las minas, las plantaciones de coca y los edificios públicos.[27]

Las tierras no comunales eran cultivadas por los campesinos antes que las comunales o que sus propios campos, y eran las de los dioses las primeras que recibían su atención. Cuando llegaba la época de la siembra o de la cosecha, los funcionarios llamaban a los campesinos para que cultivaran los campos

---

27   Lara, Jesús. *Op. cit.* en nota 5, pp. 212 y 213.

sagrados. Al principio, todos trabajaban en ellos: campesinos, funcionarios, nobles e incluso el emperador. Este último, en realidad, solo hacía un trabajo simbólico, y los nobles pronto seguían su ejemplo; eran, pues, los de rango inferior los que laboraban más tiempo; finalmente, solo quedaban los campesinos. El emperador o el funcionario más alto que se encontrara en el lugar inauguraba el trabajo con una herramienta de oro.[28]

4. Los tupus: usufructo o derecho de posesión[29]

La parte asignada a cada comunidad o ayllu se dividía en dos grandes porciones. Por una parte, las reservas para futuros parcelamientos exigidos por el crecimiento de la población: la marcapacha. El resto era la tierra destinada al cultivo, llamada llactapacha —tierra del pueblo— o chacra, que se fraccionaba en tupus. En ellas, los miembros mayores del ayllu, los hatunrunacunas, disponían de parcelas individualizadas, pero siempre a título de posesión.

Los campos se dividían por medio de líneas, asignándose una faja a cada familia, de tal modo que el hombre que tuviera la familia más numerosa terminara su trabajo antes que los demás. En general, parece que no hay discrepancias entre los cronistas en cuanto a la extensión y forma de reparto de la tierra. La entrega se hacía por tupus, cada uno de los cuales equivalía a

---

28   Esta idea de que los incas cultivaban las tierras como un rito sagrado en medio de cánticos, previa inauguración del período de cultivo por parte del emperador, es recurrente en toda la bibliografía y aparece incluso en la hermosa poesía de Ernesto Cardenal, "Economía de Tahuantinsuyu".

29   Usufructo o derecho de posesión debe entenderse obviamente no en el sentido estricto derivado de la tradición romana, sino en un sentido vulgar, en la extensión y significados que expondremos.

una fanega y media española, y representaba la extensión de tierra que puede sembrarse con un quintal de maíz. Dice Baudin que "los esfuerzos de los historiadores por apreciar la superficie del tupu son vanos, porque esta medida debía ser variable. Hubiese sido absurdo uniformar las superficies de los lotes en países *(sic)* diferentes unos de otros; una extensión de terreno que bastaría a una familia para subsistir en una región fértil es completamente insuficiente en una región estéril. El tupu es simplemente el lote de tierra necesario para el mantenimiento de un matrimonio sin hijos".[30] No debe olvidarse que el rendimiento de los tupus beneficiaba a sus poseedores y a sus respectivas familias una vez cumplidas sus obligaciones para con la comunidad.

Un hombre recién casado recibía un tupu; al nacerle los hijos, se le iba asignando por cada varón un nuevo tupu y por cada mujer medio tupu. De esta manera, la extensión de terreno que poseía cada familia se hallaba en relación directa con el número de sus miembros. Este sistema de asignaciones regía para los jatunrunas o súbditos comunes. A los señores de sangre real, a los kurakakunas y demás dignatarios se les agregaban extensiones suplementarias, de acuerdo con el número de concubinas y yanakunas —servidores— que poseían.[31]

El trabajo de la tierra era, aparentemente, motivo de alegría, no una tarea ingrata. Acerca de esto coinciden casi todos los cronistas y algunos historiadores. Los cantos, probablemente en honor de los dioses cuando estaban trabajando las tierras

---

30   Baudin. Op. cit. en nota 6, p. 163. Arturo Urquidi, compartiendo que la superficie era variable, la estima en general en alrededor de 2700 metros cuadrados. En Urquidi, Arturo. El feudalismo en América latina y la reforma agraria boliviana. La Paz, 1990, p. 104. Según Garcilaso, el tupu era de una fanegada y media de extensión. Emilio Romero, coincidiendo con Baudin, sostiene que no había una medida exacta: "El tupu tiene distintas dimensiones, según la región geográfica, la calidad del suelo y la clase de productos con que se siembra la tierra". Romero, Emilio. Op. cit. en nota 19, p. 75.

31   Lara, Jesús. Op. cit. en nota 5, p. 216.

del culto, o en alabanza del emperador cuando labraban los campos del Estado, eran propios de la ocasión. Tan pronto como se acababa el trabajo de los campos de los dioses se empezaba el trabajo en los campos del gobierno; quedaban para después los campesinos en libertad de cultivar sus propias tierras. Con todo, hay fuertes discrepancias entre los historiadores acerca del significado del trabajo. Mientras la mayoría estima que el trabajo era organizado por el Imperio incaico como una forma de asegurar el abastecimiento y la alimentación de la población, para otros, como Liborio Justo, el fin del trabajo "era lograr un mayor usufructo para el Inca y no liberar a la masa que trabajaba de sus necesidades. Por eso también la principal preocupación de los Incas era no tener a sus súbditos ociosos, así como su lema 'No seas perezoso' quería significar 'No dejes de trabajar ni un instante para el Estado', es decir, para el Inca y su casta, que lo personificaban".[32]

Sin embargo, a nivel local, en cada ayllu el trabajo estaba inspirado en un espíritu comunal de ayuda. Cada familia cultivaba su tupu, pero los vecinos aportaban trabajo en caso de necesidad. Se daba así una ayuda mutua, la *minka* —en Chile, *minga*—, que en muchas regiones andinas se ha perpetuado hasta nuestros días. Así, si un hombre tenía que irse lejos por asuntos del Estado —como el servicio militar—, sus vecinos se hacían cargo de sus quehaceres agrícolas. Aparte de la minka, había otras formas de trabajo y producción que reflejaban el principio de reciprocidad.[33] Así, el ayni era un

---

32   Justo, Liborio. Op. cit. en nota 11, p. 33.
33   El principio de reciprocidad, que hoy llamaríamos *solidaridad*, es algo muy entrañable en la mentalidad andina y tiene sus ancestros claros en el Tawantinsuyu. Ayni es una palabra quechua que significa solidaridad, ayuda mutua, cooperación. Un interesante trabajo de Carlos Milla Villena, titulado *Ayni*, lo explica a nivel de la semiótica con las *manos cruzadas* en Cotos, Perú. Y relata con una alegoría: "El Sol es el Wak'a en el Capac Raymi, solsticio de verano en diciembre, cuando es fuerte y nos da calor, pero en invierno es solo un débil miembro de la comunidad

trabajo de apoyo mutuo entre familias al interior mismo de un ayllu: una reciprocidad que potenciaba el prestigio familiar, aplicada sobre todo en la recolección o cosecha de productos agrícolas. La suma qamaña —*vivir bien*—[34] era el desdoblamiento y extensión del ayllu en pisos ecológicos diferentes. "Esta forma de trabajo relacionado con la organización del espacio es lo que permite al ayllu afrontar adversidades naturales y también proveerse de la variedad de productos necesarios para el *vivir bien*. Estas formas de organización de trabajo y del espacio quedan aún vigentes en muchos ayllus y comunidades del altiplano boliviano y peruano. Otra forma de organización de trabajo muy importante es el kaki, que consiste en compartir riesgos en la producción agrícola y ganadera entre ayllus y familias que habitan pisos ecológicos diferentes".[35]

---

andina a quien, cumpliendo el mandato del Ayni, debemos reciprocar por su ayuda pasada. Para esto, la comunidad simbólicamente lo *calienta* con fogatas y se envía un kero con chicha reconfortante". El kero es la constelación de Orión (Cfr. Milla Villena, Carlos. *Ayni*. Lima, 2005, p. 31). Sobre el punto se puede consultar: Farfan Sam, Annye. *La cultura inca*. Lima, 2008, p. 15 y ss. Sobre la reciprocidad, solidaridad, responsabilidad, resulta interesantísima la obra de Todorov, Tzvetan. *La conquista de América. El problema del otro*. Buenos Aires, 2008. Otra visión muy interesante la aporta H. Castro Pozo, quien señala: "Ha sido una ventaja considerable para los dominadores pasados y actuales del pueblo indio el concepto que este tiene del trabajo como prestación graciosa que solo obliga a reciprocidad. No habiendo percibido nunca salario, no se formó de él la idea de recompensa pecuniaria o aún en especie". En Castro Pozo, H. *El yanaconaje en las haciendas piuranas*. Lima, 1947, p. 24.

34   Suma qamaña, dicho en quechua ecuatoriano, sumak kawsay, es un principio ético: hoy lo llamaríamos el *vivir bien* o, mejor, un buen *convivir* como alternativa de desarrollo, como un *desarrollo a escala humana* (Manfred Max Neef). Se puede consultar en Acosta, Alberto y Lander, Edgardo. *El buen vivir; una vía para el desarrollo*. Editorial Universidad Bolivariana, Santiago, 2009. Está recogido como uno de los principios o valores del Estado Plurinacional de Bolivia en la Constitución Política.

35   Untoja, Fernando. *Op. cit.* en nota 20, p. 113.

En definitiva, había una suerte de derecho a la tierra, universal e inviolable, pues ningún súbdito del Imperio podía quedar privado, bajo motivo alguno, de la parcela que necesitaba sembrar para subsistir.[36] El reparto que se hacía entre los miembros de la comunidad era un *reparto de usufructo solamente*, que alcanzaba incluso a los pueblos enemigos, que eran sometidos mediante acción de armas, puesto que los incas nunca se interesaron por implantar un régimen de esclavitud, y en ello reside tal vez una de las explicaciones de su fácil y rápida expansión. No se trataba, pues, de un *derecho de propiedad* conforme lo entendemos hoy: era inalienable e indivisible, si bien se transmitía con restricciones, como veremos. Era, pues, más bien, una suerte de usufructo sui géneris, intransferible e indivisible, aún tras una sucesión que lo adquiría derivativamente con variadas restricciones, o bien un *derecho de posesión*, tomando este vocablo en su sentido vulgar. "En el ayllu, la familia no tiene la propiedad exclusiva de sus recursos productivos: tierras de cultivo, pastoreo, de caza, lugares de pesca. Pero su derecho de posesión le confiere una autonomía primaria con relación a su espacio (...). Esto nos muestra que hay una propiedad, una apropiación *casi* privada de los bienes", explica Fernando Untoja. "El derecho a la posesión en el ayllu no es el mismo comparado con el régimen de apropiación. Existe una diferencia bien notoria entre el sentimiento de pertenencia y el de tener, que responden a dos tipos de régimen de apropiación (...). La posesión proviene del trabajo que un individuo ejerce sobre la tierra; es el trabajo que lo convierte en poseedor —diríamos, propietario—. En el ayllu lo específico es que el hombre pertenece a la comunidad, de la cual es originario. Y solamente en el ayllu es posible explotar los recursos, apropiarse bienes para obtener y satisfacer las necesidades familiares y de grupo. Entre Pacha y el hombre

---

36   Lara, Jesús. *Op. cit.* en nota 5, p. 217.

existe un lazo muy profundo, y se tiene el sentimiento de que el hombre pertenece a la Pacha y no la tierra al hombre".[37]

El súbdito poseía su parcela, la cual no podía serle disputada por nadie. De igual manera, la cosecha le pertenecía en su integridad, sin otra participación que la de su familia, una vez cumplidas sus obligaciones para con la comunidad. El derecho de usufructo o de posesión era de por vida, pero la tierra no podía ser objeto de ningún género de enajenación ni de gravamen, ni de subdivisión entre los hijos. No obstante, en ciertos casos, la tierra podía reemplazar al dinero como retribución por algún servicio o como forma de pago de una deuda.[38] A la muerte del jefe de familia, la parcela se transmitía a la viuda y al fallecimiento de esta volvía al monarca, puesto que los hijos contaban ya con las asignaciones que hubieran recibido al nacer. Cuando un hijo varón contraía matrimonio, el padre le entregaba el tupu subsidiario que le pertenecía; no así a la hija, cuyo medio tupu se revertía al Estado y ella debía ser sostenida por la heredad del marido.[39]

Si bien los historiadores coinciden en que no había derecho de sucesión sobre la propiedad inmobiliaria en general y sobre

---

37   Untoja, Fernando. *Op. cit.* en nota 20, p. 122.

38   María Rostworowski cuenta algunos casos: "Cuando el curaca de Mala necesitaba de mayor fuerza de trabajo para realizar obras especiales, como la limpieza de ciertos canales hidráulicos o el desaguar de una laguna pesquera, solicitaba la colaboración del vecino curaca de Coayllo, habitante del valle de Asia, y a cambio le facilitaba temporalmente, y a título de retribución, el uso de ciertas tierras". Hipótesis de relaciones de préstamo o usufructo son frecuentes. "Es posible que el jefe de la macroetnia costeña exigiera de los dos principales subalternos suyos alguna forma de retribución por el usufructo del agua, y su imposición era una manera de recuperar el *pago*, expresado en palabras castellanas". Rostworowski, María. *Op. cit.* en nota 23, p. 270.

39   La idea de reversión al Estado de las tierras innecesarias, ociosas, que no cumplen la función social, y que se encuentra actualmente detallada en la legislación boliviana, tiene, sin duda, sus ancestros en esta noción finalizada de la *propiedad privada* en el Incario. Véanse los apartados 31 y 32 de este trabajo.

los tupus en particular, había sucesión en los bienes muebles, tales como herramientas, utensilios, vestidos, animales domésticos, a excepción de los efectos más personales, que se enterraban junto al muerto. Pero, además, en ocasiones excepcionales, tratándose de personajes influyentes, estos tenían, aparentemente, la facultad de establecer sucesión sobre sus bienes inmobiliarios y, en todo caso, se dio en varias oportunidades la tendencia de adjudicar al heredero el mismo lote conferido a su causante.[40] El waranga apu —gobernador de mil familias— determinaba las zonas, mientras que los pachajkamáyuj se encargaban de la entrega de las heredades, las cuales, mensuradas por el saywa ch'ijta suyúyuj —agrimensor—, debían hallarse en las inmediaciones del pueblo donde las familias tenían su vivienda.[41]

5. EL GANADO, LA VIVIENDA Y LA ECONOMÍA FAMILIAR: HUELLAS DE PROPIEDAD INDIVIDUAL

La posesión del ganado era objeto de una política diferente que la de la tierra. Si bien, al igual que esta, se hallaba distribuida entre el culto, el Inca y el pueblo, los dos primeros retenían, en apariencia, casi la totalidad de lo existente, dejando una cuota poco importante para el tercero.[42]

Como la mayor parte de la lana era distribuida por el gobierno y se mataban pocos animales fuera de los destinados a sacrificios, lo asignado a fines religiosos y oficiales era mucho más que lo concedido al pueblo. Cada jefe de familia recibía solamente una pareja de llamas para su crianza, a las cuales no podía matar sino cuando se hicieran viejas. La llama y la alpaca eran domesticadas; la vicuña y el guanaco eran silvestres. El

---

40   Urquidi, Arturo. Op. cit. en nota 30, p. 105.
41   Lara, Jesús. *Op. cit.* en nota 5, p. 217.
42   En esta parte, sigo a Lara, Jesús. *Op. cit.* en nota 5, p. 228 y ss.

número máximo de animales que podía poseer un plebeyo era diez; los nobles podían tener más, hasta cerca de mil cabezas. La mayoría del ganado pertenecía al gobierno; este almacenaba la lana y luego la distribuía entre las familias, de acuerdo con el número de individuos y en cantidad suficiente para vestir a todos los miembros. En esta distribución no se tenían en cuenta los animales que pudiera poseer cada familia; aquella que tenía muchos animales recibía la misma proporción que la que contaba con unos pocos. Por otra parte, las asignaciones de animales eran solo el mínimo de existencia del súbdito, y el excedente, atribuido al Inca, no era consumido únicamente por este, sino que volvía al indígena mismo, vía donaciones o reservas.

Cada familia tejía sus propias ropas con la lana que le entregaba el gobierno y también fabricaba todos los utensilios caseros y herramientas que necesitaba. Todo esto, junto con la casa, el establo, el granero y los animales domésticos pequeños, constituía los únicos bienes que podían considerarse como propiedad privada.[43] Así como el trabajo de la tierra, la edificación de la vivienda no quedaba encomendada a la iniciativa ni a las posibilidades del súbdito. La vivienda era construida, por lo general, antes del matrimonio. El joven que había decidido fundar familia concurría donde el llajtakamáyuj, quien señalaba el sitio y para un día determinado convocaba a la chunka del novio. Eran, pues, los hombres de la chunka quienes se encargaban de construir la casa antes del día de la boda. El sitio no afectaba al tupu cultivable: los incas se cuidaron de no ocupar con construcciones las tierras aptas para el cultivo.

De manera distinta se edificaba para los nobles. El trabajo corría a cargo de los vasallos comunes, de acuerdo con cierto orden y distribución que al efecto existía. Las viviendas se construían en los centros poblados, por lo general, en

---

43   Mason, J. Alden. *Op. cit.* en nota 9, pp. 169 a 171.

parajes donde la agricultura no encontraba condiciones muy favorables. De igual manera que la tierra, la casa no podía ser objeto de ninguna especie de enajenación, de hipoteca ni de permuta. A la muerte del hombre, la heredaban la viuda y los hijos solteros, y estos a la muerte de la madre. Conforme se iban casando, abandonaban la casa, en la cual quedaba asentado el que contraía nupcias al último.

El hombre ingresaba en la sociedad conyugal con el tupu de tierra que al nacer había recibido del Estado, más la cosecha procedente de aquel para sostenerse hasta la próxima recolección. Luego se le entregaba una pareja de llamas, si era de la sierra. La mujer no llevaba sino alguna provisión de ropa para sí. Los primeros enseres del hogar eran proporcionados por los parientes y amigos en forma de regalos de boda. Luego, marido y mujer iban produciendo por cuenta propia los demás efectos necesarios. Esta labor era posible porque la agricultura requería al hombre solo en determinadas épocas del año y las obligaciones para con el Estado no le absorbían todo el resto del tiempo.

A modo de conclusión, se puede afirmar que la organización inca, no obstante su centralismo, nunca abortó del todo la propiedad individual. Así como el Imperio se sobrepuso a las comunidades agrarias sin destruirlas, como hizo prevalecer el culto al Sol sin destruir los cultos locales e impuso el quechua, respetando las lenguas regionales, de la misma manera el interés privado subsistió en todos los niveles de vida: como móvil del trabajo de las propias tierras, en la fabricación y acumulación de objetos domésticos, y en la recepción de donaciones. "El monarca no manifestaba ninguna hostilidad hacia la propiedad individual. Gracias a sus donaciones fue que esta propiedad entró a la historia, al menos en el Perú, no como fruto de la expoliación o de la conquista, sino bajo la forma eminentemente moral de una recompensa atribuida al mérito". Es más, el Inca procuraba fomentar la propiedad individual y el interés privado como móvil de progreso, "distribuyendo regalos, otorgando públicamente elogios o censuras, concediendo permisos particulares, tales como el de tener una silla o hacerse conducir en litera".[44]

6. La tributación

Es muy conocido el aspecto redistributivo del sistema económico inca. Menos conocido, pero igualmente importante, era el ya señalado aspecto de la reciprocidad a nivel de la administración. Un territorio tan extenso requería de un control basado en permanentes y cuantiosas donaciones a los diversos señores étnicos, jefes militares, a las huacas, etcétera. Para ello estaban los gigantescos depósitos estatales —colcas— de mercaderías, que exigían, naturalmente, un sistema de producción en extremo organizado, sustentado en la contribución a través del trabajo.

De igual manera que el aprovechamiento de la tierra y del ganado, el régimen de contribuciones a que se hallaba sujeto el pueblo era muy diferente al que pudiéramos concebir hoy. Desde luego, el comercio era casi fundamentalmente trueque. Si bien los cronistas hablan de ciertas monedas-mercancías —pimiento, cobre, algodón, maíz, etcétera— y, en apariencia, de algunas monedas-signo, sin embargo, la compraventa era escasa y el cambio o trueque prevalecía. En ese contexto, sin moneda oficial, los gravámenes que imponía el Estado no recaían ni directa, ni indirectamente sobre los frutos de la heredad familiar, ni sobre algún otro bien privado. En otros términos, la cosecha y demás bienes que poseía la familia debían quedar para beneficio exclusivo de ella, en su integridad y sin restricciones. Así lo aclara un autor, citando a algunos cronistas. "En tiempo de los ingas,

---

44   Baudin L. *Op. cit.* en nota 6, p. 310.

ningún indio era compelido a dar la Inga ni a otro señor cosa alguna de su hacienda", nos dice el licenciado Falcón, en tanto que Ondegardo anota: "...ningún indio contribuía de lo que él cogía en la tierra que se le repartía para su comida, de la ropa que hacía para su vestir; de la lana que se le daba de la comunidad para ese efecto", y Blas Valera, más conclusivo, escribe: "Este repartimiento —de las tierras— hacía el Inca en todas las provincias de su Imperio para que en ningún tiempo pidiesen a los indios tributo alguno de sus bienes y hacienda, ni ellos fuesen obligados a darlo a nadie, ni a sus caciques, ni a los propósitos comunes de sus pueblos, ni a los gobernadores del rey, ni al mismo rey...".[45]

La contribución, entonces, más que tributos eran servicios de orden personal al Estado que se llevaban a cabo de modo que no influyesen ni afectasen ni a la economía, ni a las actividades ordinarias de los súbditos, quienes no podían ser utilizados —salvo en caso de guerra— en tiempos de siembra, de cosecha o de otras ocupaciones que reclamaran su presencia en el hogar. Para las prestaciones y otros efectos se llevaba una estadística minuciosa y completa de la población en todo el Imperio. Estadígrafos especiales, denominados juch'akhipujkuna, existentes en cada pueblo, comarca o aldea, registraban en los khipus, a base de informaciones de los chunkakamayujkuna, los nacimientos y defunciones que se iban produciendo, y cada fin de año se centralizaban los padrones en las cabeceras de provincia y de suyu, y, finalmente, en el Cuzco.[46]

Estos servicios de orden personal, forma muy particular de contribución, se manifestaban a través de la *mita*,[47] un trabajo

---

45   Lara, Jesús, *Op. cit.* en nota 5, p. 258.

46   Lara, Jesús. *Op. cit.* en nota 5, p. 259. Sobre la forma especial de tributación y el trueque se puede consultar el trabajo de John Victor Murra titulado "¿Existieron el tributo y los mercados en los Andes antes de la invasión europea?", de su libro *El mundo andino*. Lima, 2009, p. 237 y ss.

47   Que en quechua significa *vez* —turno—.

organizado por turnos, ya sea para el ayllu, el curaca[48] local, el señor de la macroetnia, las huacas y, durante el Incario, para el Estado. Los hombres servían como soldados en el ejército, como obreros en la construcción de carreteras y puentes, en las minas, como correos en las rutas de posta; prestaban servicios personales a los nobles o en prestaciones públicas. Existía la mita pesquera, la mita guerrera, la mita minera, etcétera. El número de hombres que se necesitaba era fijo y en cada distrito se escogía un determinado porcentaje. La idea del trabajo cíclico atravesaba todas las actividades.[49]

Algunos distritos estaban exentos de esta mita, porque en ellos se producían materiales especiales o se prestaban determinados servicios. Por ejemplo, los chichas se dedicaban a la tala de troncos de una madera resinosa que se usaba en los fuegos de sacrificios, los rucanas servían de portadores de literas y los chumpivilcas eran los bailarines de la corte. Asimismo, artífices y obreros especializados, con larga práctica y experiencia, orfebres, alfareros, escultores en madera o piedra, y todos los artesanos en general recibían una atención especial y estaban exentos de todo servicio agrícola y de pastoreo, y de la mita. Eran empleados del gobierno y su sostenimiento corría por cuenta del erario público, al igual que respecto de los quipucamayoc, que eran los que llevaban la contabilidad.

---

48   El *curacazgo* o *parcialidad* era una unidad social pequeña; un conjunto de ellos formaba un grupo macroétnico llamado señorío. Muchos curacazgos son hoy pequeños pueblos o asentamientos. Pachacamac es un ejemplo de señorío (Cfr. Lozada, María Cecilia y Buikstra, Jane. *El señorío de Chiribaya en la costa sur del Perú*. Lima, 2002, p. 34.

49   "El término mita va más allá de un sistema organizativo del trabajo; conlleva un cierto concepto filosófico andino de un eterno retorno. Las constelaciones de las Pléyades, llamadas por los españoles Cabrillas, llevaban el nombre de Oncoy —enfermedad— cuando la mita lluviosa y de Colca —depósito— en la época de cosecha y de abundancia; las estaciones se dividían en mita seca y mita lluviosa. La mita diurna sucedía a la nocturna en una repetición que reflejaba un ordenamiento del tiempo que los naturales conceptuaban como un sistema organizativo cíclico de orden y de caos". Rostworowski, María. *Op. cit.* en nota 23, p. 260.

Otros grupos que también estaban exentos del servicio de trabajo e impuestos eran las viudas, los enfermos, los impedidos y otros incapaces, y los yanaconas.[50] Los yanaconas se escogían muy jóvenes y se los separaba de sus ayllus, de los que perdían toda conexión al prestar sus servicios en otros lugares. De hecho, algunos expertos creen que ciento cinco artesanos quedaban incluidos en esta categoría. La posición tanto de unos como de otros era hereditaria. Al igual que las *mujeres escogidas*, algunos niños eran seleccionados y puestos a disposición del emperador, quien los empleaba en servicios del Estado como pajes, criados, servidores de templos, supervisores y otros cargos similares, o los entregaba en premio por servicios fieles y eficaces a nobles y guerreros. Los conquistadores españoles aprovecharon la institución de los yanaconas,[51] la que ampliaron considerablemente: llevaban gran número de estos jóvenes a sus posesiones en calidad de criados, trabajadores agrícolas o mineros, y allí quedaban

---

50   Los yanaconas corresponden en Perú a los naborías de México y las Antillas. Los españoles tomaron el vocablo del quechua, lengua en la cual se designa a las personas que trabajan como vasallos en la corte del Inca. A la muerte del amo, pasaban como siervos a manos de otro español. Si bien es cierto que una Real Cédula de 1541 aclaró que los yanaconas eran hombres libres y que nadie podía ponerlos a su servicio contra su voluntad, las necesidades prácticas sobrepasaron los deseos de la Corona. El virrey Francisco de Toledo dio forma legal a la institución. "Dispuso que los amos no podían enajenarlos o transferirlos, y tenían que procurarles vestido y todo lo necesario, preocuparse de su bienestar espiritual, concederles el usufructo de una parcela y pagar los tributos que esos indios debían a la Corona. Los yanaconas estaban ligados a la propiedad rústica y pasaban con esta a sus sucesivos propietarios. Se habían convertido en siervos hereditarios". Konetzke, Richard. *América latina. La época colonial*. México, 2007, p. 188.

51   El nombre yanaconas viene de la casta sojuzgada durante la dominación incaica, que hoy se encuentran en algunos distritos de Colombia.

reducidos a la categoría de esclavos, sin esperanzas de mejorar en ningún aspecto.[52]

7. Estadio social del Perú incaico

A modo de recapitulación, cabe preguntarse acerca de la realidad económica y social en que se encontraba el Incario a la llegada de los españoles. Desde una perspectiva sociológica y de relaciones de producción, se ha sostenido que se habría hallado en una etapa de transición entre el comunismo primitivo y un sistema feudal con importantes rasgos de esclavitud. El sistema de relaciones económicas correspondía a "un escaso desarrollo de las fuerzas productivas, basadas en el empleo de una técnica todavía rudimentaria, en la apropiación predominantemente colectiva de la tierra y en una organización gentilicia de la sociedad en proceso de desintegración".[53]

Se ha planteado que la evolución hacia el feudalismo más que hacia el esclavismo se presagiaba: a) por la presencia de un escaso desarrollo de fuerzas productivas de origen urbano, comercio y actividad manual, que hacían predominar el campo sobre la ciudad; y la historia enseña que la esclavitud requiere la correlación inversa en las fuerzas productivas, es decir, cuando predomina el campo sobre la ciudad están dadas condiciones más propicias al feudalismo; y b) por la desproporción numérica entre la clase de los *yanaconas* y la de los *hatunrunacuna* —esclavos y siervos potenciales, respectivamente—, lo que hacía inviable la evolución hacia un régimen esclavista. En todo caso, dados los fuertes resabios gentilicios, el poder omnímodo y la categoría semidivina del Inca, el feudalismo incaico se habría asemejado más al feudalismo asiático u oriental que al europeo.[54]

---

52 Mason, J. Alden. *Op. cit.* en nota 9, pp. 172 y 173.
53 Urquidi, Arturo. *Op. cit.* en nota 30, p. 113.
54 Urquidi, Arturo. *Op. cit.* en nota 30, p. 116.

Capítulo II
El impacto de la conquista española

8. El choque de dos mundos

Los dos grandes móviles que explican la conquista de América fueron el deseo de evangelización y el afán de enriquecimiento. Respecto de este último tópico es importante considerar que el proceso de conquista no fue una invasión directa y absoluta, sino una aventura de riesgo compartido en la que el dinero para barcos, caballos, vituallas y personal corría íntegramente por cuenta de los conquistadores; la Corona española cedía a cambio eventuales títulos y honores, y potenciales beneficios y derechos en las tierras conquistadas, descontado un quinto para la Corona. En la motivación compartida estaba, en un primer plano, aunque tal vez no en primer lugar, la necesidad de metales preciosos a bajo costo. Lo que se ha calificado despectivamente como la *codicia de los españoles* en la extracción de oro y plata debe entenderse, además, en el contexto de las ideas mercantilistas comunes a toda Europa. Debe recordarse, en esa línea, que Jacques Cartier, destacado explorador, cuyos viajes fueron la base de las reclamaciones de Francia en Canadá, había recibido de Francisco I de Francia la misma recomendación: buscar encarecidamente oro en las tierras que descubriese.

Lo anterior explica la temeridad y el arrojo de algunos conquistadores, que arriesgaron todo por la posibilidad de hacerse ricos, labrar una fortuna fácil, a veces, con el propósito de volver ricos a la patria de origen; en otros casos, para quedarse en las nuevas tierras, buscando privilegios sobre los cuales ejercer el señorío y llevar así una vida descansada y placentera en el virreinato. "Hijosdalgos segundones, venidos a menos en razón de los mayorazgos, así como aventureros de toda especie, reclutados en los bajos fondos de la sociedad peninsular, se confunden en un común anhelo: mudar de condición económica, los primeros para recobrar sus prerrogativas señoriales y para ascender de categoría social los últimos. Esta aspiración nobiliaria —trasunto genuino del espíritu tradicionalista y jerárquico de la España feudal— encuentra estímulo en la política complaciente y privilegiada que tiene que observar la monarquía frente al carácter privado de la mayor parte de las empresas de descubrimiento, conquista y colonización. El Estado español se ve, pues, forzado a retribuir con largueza el esfuerzo heroico y abnegado de los expedicionarios, otorgándoseles privilegios y concesiones de todo orden. No otra explicación tienen el desdén por el trabajo personal, el desarrollo rudimentario de las manufacturas, la falta de auspicio para la actividad agrícola, la predilección por la industria extractiva y el parasitismo social que caracterizan a la América hispana a lo largo de la Colonia".[55]

Esta conciencia y esta actitud dieron a la conquista un profundo sentido de individualidad y de horizontalidad frente a la concepción anónima y colectivista de los americanos, que entendían la vida en un sentido comunitario y bajo un dominio vertical. La conquista de América fue un hecho esencialmente individual y no una empresa de la Corona. Los conquistadores se lanzaron por su cuenta y riesgo a explorar y encontrar riquezas. Y más incluso que la riqueza minera, que

---

55   Urquidi, Arturo. *Op. cit.* en nota 30, pp. 56 y 57.

no habría significado nada sin la mano de obra indígena, la gran riqueza que encontraron fue el trabajo de los aborígenes. "Era el trabajo del indio, vencido y esclavizado, el que producía la riqueza para sus amos en las minas y en la agricultura. La verdadera riqueza que los españoles encontraron y explotaron en Sudamérica fue la raza dócil, pacífica de los americanos indígenas que la poblaba".[56]

La Corona española actuó en la convicción de gozar de un dominio eminente sobre los territorios conquistados en América, conforme a las disposiciones de la Real Cédula de 1 de noviembre de 1591. Ese dominio eminente tenía justificaciones religiosas, filosóficas, jurídicas y económicas. En relación a la propiedad de la tierra, se ha hecho notar que el despojo de esta a los indígenas tendría su fundamento en la doctrina que planteaba la ausencia de derecho sobre los terrenos deshabitados, entendiendo por tales aquellos en que

[56]   Alberdi, Juan. *Estudios económicos*. Buenos Aires, 1934, p. 13, citado por Justo, Liborio. *Op. cit.* en nota 11, p. 54, nota 10. José Carlos Mariátegui cita estas lúcidas expresiones de José Vasconcelos, de su obra *Indología*: "Si no hubiese tantas otras causas de orden moral y de orden físico que explican perfectamente el espectáculo aparentemente desesperado del enorme progreso de los sajones en el Norte y el lento paso desorientado de los latinos del Sur, solo la comparación de los dos sistemas, de los dos regímenes de propiedad, bastaría para explicar las razones del contraste. En el Norte no hubo reyes que estuviesen disponiendo de la tierra ajena como de cosa propia. Sin mayor gracia de parte de sus monarcas y más bien en cierto estadio de rebelión moral contra el monarca inglés, los colonizadores del Norte fueron desarrollando un sistema de propiedad privada en el cual cada quien pagaba el precio de su tierra y no ocupaba sino la extensión que podía cultivar. Así fue que en lugar de encomiendas hubo cultivos. Y en vez de una aristocracia guerrera y agrícola, con timbres de turbio abolengo real, abolengo cortesano de abyección y homicidio, se desarrolló una aristocracia de la aptitud, que es lo que se llama democracia". Mariátegui agrega: "La creación de los Estados Unidos se presenta como la obra del *pioneer*. España, después de la epopeya de la conquista, no nos mandó casi sino nobles, clérigos y villanos. Los conquistadores eran de una estirpe heroica; los colonizadores no. Se sentían señores, no se sentían *pioneers*". Mariátegui, José Carlos, *Siete ensayos de interpretación de la realidad peruana*. Lima, 2006, pp. 60 y 61.

no se practicaba la agricultura,[57] justificación que claramente era inaplicable a los territorios del Alto Perú.[58]

En nuestra opinión, resulta impresionante el contraste de actitudes en los diferentes ámbitos. La conquista del Imperio incaico tuvo, por un parte, una faceta de violencia inusitada en que los españoles aprovecharon el hecho de enfrentarse a pueblos sin un guía, indígenas acostumbrados al sojuzgamiento por siglos. "Cuando se leen los detalles de la conquista del Tahuantinsuyu por los españoles [señala Georges Rouma] uno se sorprende de la increíble audacia del puñado de conquistadores, aislados en medio de una naturaleza hostil, penetrando al corazón de un imperio organizado militarmente, violentando, pillando, masacrando temerariamente. Además, su avidez de oro y su fe imperiosa e intolerante les hicieron romper ídolos y objetos sagrados, robar tesoros de los templos, violar las tumbas de los Incas, arrebatar a las vírgenes consagradas al Sol. Y, ante estas violencias y sacrilegios, los ejércitos incaicos, privados de su jefe, fueron de una incapacidad inverosímil. Sin duda, los españoles tuvieron que librar numerosos combates. Pero tenían como adversarios a razas sin resistencia, cuyo

---

57   Al respecto, muy interesante es la referencia de Bernardo Clavero a los planteamientos de Batel en su obra *El derecho de gentes o principios de la ley natural*, de 1758, donde establece que el cultivo de la tierra es "una obligación impuesta al hombre por la naturaleza" y que los pueblos que prefieren, por sobre la agricultura, la caza o la ganadería, "usurpan más terreno que el que tendrían necesidad de ocupar con un honesto trabajo, y no pueden quejarse si otras naciones más laboriosas y de menos extensión vienen a ocupar una parte de él". Clavero, Bernardo. *Derecho indígena y cultura constitucional en América*. México, 2009, p. 57.

58   "Así, mientras que la conquista de los imperios organizados del Perú y de México fue una usurpación escandalosa, el establecimiento de muchas colonias en el continente de la América septentrional podía ser muy legítimo". Clavero, Bernardo. *Ibíd.*

cerebro estaba cristalizado por cinco siglos de un régimen embrutecedor".[59]

Pero, por otra parte, no hubo ni remotamente la misma destrucción en cuanto a las instituciones políticas y sociales. Los españoles, en la ocupación de los territorios y en la consolidación de lo conquistado, actuaron con pragmática moderación: conservaron los dominios del Inca y entregaron a la Iglesia católica los del Sol; y las tierras y pastos de las comunidades fueron respetados. Incluso, respetaron el poder de los curacas, en la medida en que ello les servía para el cobro de los tributos y la provisión de mano de obra, por ejemplo, para las minas de Potosí. Además, los curacas debían preocuparse por la construcción de templos y otras obras comunales y, en general, atender la cristianización. Dice Liborio Justo: "Es evidente que el Tahuantinsuyu, en su organización, sufrió modificaciones importantes. Pero, en su esencia, los españoles se limitaron, particularmente, como lo hemos señalado, a eliminar al Inca y a los principales miembros de su casta, y colocarse en su lugar, conservando o explotando múltiples características de la organización existente en el Tahuantinsuyu, por considerarlas útiles a sus intereses. Y es importante hacer notar que, al sustituir a esa casta dominante, los conquistadores y colonizadores hispanos no la desplazaron en su totalidad: respetaron parte de ella, los curacas o caciques, a quienes mantuvieron en sus cargos, asociándolos en la explotación de la masa indígena".[60] En el mismo sentido, Lipschutz explica: "Desde el punto de vista de la propiedad territorial, conquista significó, en América, lucha contra el régimen tribal-señorial autóctono, con el propósito de sustituirlo por el régimen feudal-señorial europeo. En

---

59   Rouma, G. "El imperio inkaiko", anexo a Arze, J. A. *Sociografía del Inkario*. La Paz, 1952, pp. 152 y 153, citado por Justo, Liborio. *Op. cit.* en nota 11, p. 53, nota 9.

60   Justo, Liborio. *Op. cit.* en nota 11, p. 53.

pugna con el régimen tribal-señorial autóctono americano, nace y evoluciona el neofeudalismo hispano-americano. Es un trasplante del feudalismo medieval".[61]

Con todo, la manutención y el respeto hacia las instituciones en cuanto fueran funcionales a la dominación se dieron en un contexto diferente y con una inspiración distinta a aquel bajo el cual surgieron, lo que se tradujo en que dejó de estar presente el principio de reciprocidad. Como bien observa el ensayista boliviano Roberto Choque Canqui, "las relaciones autóctonas en base al principio de reciprocidad fueron distorsionadas por los caciques coloniales, porque estos, con el tiempo, han adoptado una actitud diferente a los kuraka o mallku prehispánicos por cumplir sus obligaciones con las autoridades reales, y no se sabe hasta qué punto se respetaba el principio de reciprocidad en relación con sus subordinados tributarios en sus obligaciones".[62]

Lo que definitivamente vino a trastornar la propiedad territorial fue la repartición de las tierras entre sus súbditos, con el encargo de cultivar y evangelizar a los indígenas. Esa repartición encontraba su fundamento jurídico en el dominio eminente de la Corona sobre las tierras conquistadas, el concepto de *realengo* como patrimonio del Rey en su condición de Jefe del Estado; y su fundamento filosófico económico, en una noción de derecho que se relacionaba con la propiedad de la tierra en su acepción liberal.[63]

---

61 Lipschutz, A. *Op. cit.* en nota 11, p. 51. Sergio Bagú, en tanto, rechaza la tesis del neofeudalismo para plantear un *capitalismo colonial*. Sostiene que, bajo la apariencia de un trabajo asalariado, el virrey Toledo habría inaugurado una forma de esclavitud, cuyo efecto fue acelerar el proceso capitalista. Citando a Marx y a Engels, Liborio descalifica la tesis de un *capitalismo colonial*. Liborio, Justo. *Op. cit.* en nota 11, pp. 75 y 76.

62 Choque Canqui, Roberto. *Sociedad y economía colonial en el sur andino*. La Paz, 1993, p. 31.

63 Según Bernardo Clavero, la negación del derecho del colonizado comienza con la afirmación del derecho del colonizador. Ello implica la sustitución de un derecho colectivo por un derecho individual, más concreta-

España introduce en los nuevos territorios la propiedad privada de raíces romanas, mediante las capitulaciones y los repartimientos. Las primeras eran acuerdos entre la Corona y el particular para reglamentar el descubrimiento y la población de las nuevas tierras, y constituyeron títulos jurídicos de propiedad privada a favor de los adelantados. Tienen raíces históricas en la época de los grandes descubrimientos geográficos y habían sido utilizadas por España tiempo antes en la conquista y colonización de las Islas Canarias. Los repartimientos[64] de tierras y solares fueron la forma de concretar en forma legal la propiedad privada. Podían ser efectuados por el monarca, por los gobernadores o por los mismos adelantados, sujetándose a las Reales Cédulas, Reales Provisiones, a las Capitulaciones y, sobre todo, a las Ordenanzas de nuevas poblaciones. No hay que creer, sin embargo, que fuesen simples repartimientos de tierras baldías que los españoles o no supieran o no estuviesen dispuestos a trabajar. Los repartimientos de tierras llevaban consigno, necesariamente, repartimientos de indígenas, en particular en los primeros tiempos de la dominación en América. Es en ese sentido que puede afirmarse que los repartimientos fueron el trasplante a América de instituciones propias del feudalismo, donde se fusionaban propiedad y soberanía.[65]

---

mente, derecho de propiedad privada. "Y el derecho de propiedad también puede serlo sobre las cosas en cuanto que resulte del ejercicio de la propia disposición del individuo no solo sobre sí mismo, sino también sobre la naturaleza, ocupándola y trabajándola". Se justifica así la ocupación de tierras *vacantes*, en cuanto América era un territorio poblado de individuos que no respondían a los requerimientos de la concepción del derecho del colonizador. Así, el discurso propietario es el antecedente de la concepción constitucional que vendría después". Clavero, Bernardo. *Op. cit.* en nota 57, p. 22.

64   Los repartimientos tenían sus antecedentes en las presuras y en las cartas pueblas de los tiempos de la reconquista española (Cfr. Urquidi, Arturo. *Op. cit.* en nota 30, p. 57).

65   "No vulnera esta tesis el hecho de que la Corona de España hubiera expedido durante la Colonia ciertas disposiciones protectoras de la propiedad de los indígenas, por la sencilla razón de que tales dispo-

Pero ya antes del descubrimiento del Perú, los repartimientos habían sido reemplazados por la institución de la encomienda. Esta tiene precedentes que arrancan desde los tiempos de la dominación romana en la península española, si bien, habiendo tenido en su origen, en la alta Edad Media, un carácter de relación personal —relacionada con el vasallaje—, fue con el tiempo transformándose en una relación real entre el señor y el campesino. En el Nuevo Mundo, la encomienda era un convenio de colaboración entre el español y el indígena, que implicaba una cesión temporal de los derechos y deberes del Rey a ciertos privilegiados, a título de recompensa. El encomendero no podía abandonar su lugar de origen y debía instruir al indígena en la fe católica, dirigirlo y defenderlo. El indígena debía trabajar para el encomendero. Teóricamente, el aborigen encomendado solo tenía obligación de pagar tributos, principalmente frutos de la tierra, a los encomenderos, y estaba exento de todo trabajo personal. Sin embargo, en muchos casos hubo una coexistencia de pago de tributos con servicios personales, que generó declaraciones oficiales reiteradas en contrario y en muchos casos, además, un notable abandono del adoctrinamiento.

Documentadamente, la historiadora María Rostworowski ha explicado: "Si bien la invasión española se hizo con la

---

siciones fueron dictadas después de más de un siglo de la ocupación de América; es decir, cuando ya habían sido constituidos, si no todos, por lo menos la mayor parte de los repartimientos, cordados por la monarquía a favor de sus súbditos. Las primeras disposiciones sobre la materia datan, en efecto, de los años 1532, 1588 y 1594, como puede verse en las leyes V, VII, Título XII, Libro IV, respectivamente, de la Recopilación de Indias. Y si bien la Ley IX, expedida por Felipe II en Madrid, a 11 de junio de 1594, prescribe 'que las estancias y tierras que se dieren a los españoles sean sin perjuicio de los indios y que las dadas en su perjuicio y agravio se vuelvan a quien de derecho pertenezcan', nada nos autoriza a pensar que esta disposición se hubiera ejecutado fielmente, y en todos los casos, ya que se sabe de antemano que durante la Colonia las leyes de la monarquía —al menos si iban en perjuicio de los conquistadores— *se acataban pero no se cumplían*, conforme reza un dicho sacramental de la época". Urquidi, Arturo. *Op. cit.* en nota 30, p. 61.

excusa de enseñar la religión a los indígenas, en realidad lo que interesaba a los hispanos era sacar el mayor provecho posible de los naturales y del país. No tuvieron escrúpulos para lograr su cometido: robaban, engañaban o mataban para alcanzar su enriquecimiento. De ahí que adoctrinar a los naturales no estaba en las verdaderas preocupaciones de los encomenderos y enseñar la religión era un mero pretexto para disculpar sus acciones y afirmar sus derechos sobre tierras americanas". Sin embargo, estos abusos hay que entenderlos en un contexto muy especial: "El estado de las doctrinas y la nula o defectuosa evangelización no se debía a una falta de legislación [agrega Rostworowski]. "La Corona se preocupó de elaborar un cuerpo de Leyes de Indias para normar la vida y el desarrollo de las colonias, pero las ordenanzas se cumplían a medias y eran omitidas con facilidad. El control de la Iglesia sobre tan vastos dominios era difícil y los religiosos que se enviaban desde la metrópoli no siempre poseían las cualidades requeridas".[66] O como explica Ots Capdequí: "Desde los primeros momentos se produjo un profundo divorcio entre el derecho y el hecho, entre las aspiraciones generales de los moralistas y teólogos victoriosamente reflejadas en las leyes y las exigencias incontenibles de las minorías colonizadoras de las distintas provincias americanas".[67]

---

66   Rostworowski, María. *Pachacamac y el Señor de los Milagros.* Lima, 2002, pp. 113 y 117. Esta perspectiva no solo puede encontrarse en Bartolomé de las Casas, sino también en pasajes de Pedro Cieza de León (*La crónica de los incas*) y Fernando de Santillán (*Tres relaciones de antigüedades peruanas*), entre muchos otros cronistas. Huaman Poma de Ayala escribía: "Os espantáis, señores, y les parece exagerado que yo les diga que no se multiplican los indios, pero ¿cómo queréis que no suceda esto si solo un cura tiene doce hijos y a todas las doncellas por mujeres? ¿Cómo se van a multiplicar los indios si reciben en el reparto solo a viejas?". Huaman Poma de Ayala, Felipe. *El primer nueva crónica y buen gobierno.* Lima, 1966, p. 1862.

67   Ots Capdequí, J. M. *Instituciones sociales de la América española en el período colonial.* La Plata, 1934, p. 213.

La encomienda se adjudicaba solo por dos vidas: la del conquistador beneficiado y la de su heredero. Cumplido ese tiempo, la tierra volvía a la Corona, que la podía adjudicar nuevamente. Pero "para recompensar los servicios de los primeros descubridores y colonos, el gobierno estaba dispuesto a tolerar tácitamente una segunda y una tercera sucesión. Se llegó así a la ley de disimulación, esto es, al encubrimiento legal de una ilegalidad. Los hijos de encomenderos que venían a Chile desde las provincias cercanas y participaban por lo menos cuatro años en las guerras araucanas obtenían el derecho de una sucesión adicional de la encomienda. Los reyes, como demostración especial de benevolencia, concedían también una prórroga de la sucesión. A la postre, se otorgó para el virreinato del Perú la autorización general de legar las encomiendas a un segundo heredero, o sea que eran válidas por tres vidas. En las épocas de penuria financiera de la corona se recurrió al medio de autorizar cada vez, contra el pago de la correspondiente suma de dinero, el goce de una encomienda por una vida más".[68]

Este sistema fue mantenido durante todo el siglo XVI, a pesar de dos aboliciones momentáneas en 1523 y 1542. Las *leyes nuevas*, obtenidas por Bartolomé de las Casas en 1542, significaron la prohibición de nuevas encomiendas, así como el acceso a ellas por herencia o donación. Al morir un encomendero, los tributos indígenas que se le hubieran adjudicado recaían en la Corona. En 1549 se dictó la prohibición de transformar en prestaciones personales de trabajo el pago de tributos que los aborígenes debían satisfacer al encomendero, aún en el caso de que los indígenas respectivos estuvieran dispuestos a ello. Al obligar a los indios de las comunidades a pagar sus tributos en especies y, más aún, después en efectivo, la Corona española los impulsaba a entrar al mercado. Así, desde mediados del siglo XVI en

---

68   Konetzke, Richard. *Op. cit.* en nota 50, México, 2007, p. 171.

adelante, las comunidades indígenas se vieron obligadas a vender sus productos en los mercados urbanos. Además, dado que la Corona había responsabilizado a los curacas —nobles indios— y los jiakatas —jefes de pueblos— del cobro del tributo y la organización de las levas de trabajadores forzados, todo el sistema tributario incentivaba el autogobierno de las comunidades libres.

En gran medida, los encomenderos abusaron de esta figura.[69] En los territorios que hoy son Bolivia, Francisco Pizarro dio a Gonzalo, su hermano, a título de repartimiento, todo el distrito de Charcas.[70] El encomendero tendía a tener la plena propiedad de la tierra y los indígenas se asimilaban a bienes muebles accesorios a ella. "Los ayllus, con la política de la encomienda, pasan del estatus de la autonomía, de hombres libres, a aquel de objeto poseído por el colono. Ellos no

---

69 Una documentada explicación de los abusos por los encomenderos se puede leer en Rostworowski, María. *Op. cit.* en nota 66, p. 103 y ss.

70 "A los conquistadores y colonizadores se les *encomendaban* indígenas para que los catequizaran. Pero como los indios debían al *encomendero* servicios personales y tributos económicos, no era mucho tiempo el que quedaba para introducirlos en el cristiano sendero de la salvación. En recompensa por sus servicios, Hernán Cortés había recibido veintitrés mil vasallos; se repartían los indios al mismo tiempo que se otorgaban las tierras mediante mercedes reales o se las obtenía por el despojo directo". Galeano, Eduardo. *Las venas abiertas de América latina*. Madrid, 2007, p. 62.

Es preciso destacar la distinción entre encomienda y repartimiento. El concepto de repartimiento parece ser más amplio que el de encomienda. Si bien originariamente toda encomienda significó reparto de indios, no todos los repartimientos fueron a título de encomienda. Emilio Romero cita a Antonio de León, en *su Tratado de confirmaciones reales* (Madrid, 1630), que afirma: "...repartir es cuando, descubiertas, pobladas y pacificadas las provincias, se encomiendan los indios naturales de ellas, la primera vez, entre los conquistadores y pobladores; y el encomendar es dar a los que, habiendo sido antes repartidos, vacan por muerte de sus poseedores". Pero más adelante reconoce: "Si bien esta rigurosidad de términos no se guarda tanto, usándose indistintamente las voces de repartimiento y encomienda". Romero, Emilio. *Op. cit.* en nota 19, p. 112.

solamente perdieron sus territorios, sino también su libertad (...). La desterritorialización es la manifestación concreta, violenta de la expresión de lo propio como privado, lo propio que se interioriza es del orden, la dependencia espiritual y física; es en esta apropiación donde el colono es dueño del indio y de las tierras cumpliendo misiones religiosas; la encomienda restablece la esclavitud para institucionalizar como la forma de explotación más humana de los indios".[71]

El indígena que abandonaba la encomienda era considerado un forastero que solo podía vivir como sirviente, *yanacona*. Muchas comunidades indígenas fueron absorbidas por los encomenderos y vieron transformado su derecho de propiedad en una suerte de usufructo colectivo. En ocasiones, incluso, el encomendero llegaba a apoderarse de una fracción del dominio colectivo, generando un desmembramiento de la comunidad.

A principios del siglo XVII, la encomienda estaba obsoleta. Casi todas las tierras pertenecían a particulares que las habían comprado a los propios indios o simplemente se habían apoderado de ellas. Por un lado, estaba la ignorancia del indígena en materia de derecho y de costumbres, y por el otro, que el sistema económico español y la propiedad privada provocaban confusión en los nativos.[72] Además, muchas chacras

---

71 Untoja, Fernando. *Op. cit.* en nota 20, p. 171.
72 "En las primeras décadas, en varias situaciones se nota que no comprendían a cabalidad la palabra *vender*. Este concepto era de difícil interpretación; lo vimos en el valle de Chillón, cuando los encomenderos exigieron a los chaclla que vendieran las tierras aptas para cultivos de cocales a sus vecinos, los canta, para terminar con las disputas, y por el precio de 200 camélidos. Al darse cuenta del resultado, los chaclla entraron en una profunda desesperación, porque no comprendían el significado definitivo del vocablo *vender*. Otro caso un tanto distinto fue el de doña Inés Huaylas Yupanqui, esposa de don Francisco de Ampuero. Su marido había vendido y puesto a censo tierras y casas que ella aportara al matrimonio. Años más tarde, doña Inés se presentó ante la Real Audiencia, reclamando y alegando que no sabía lo que era *vender*, y su hacienda le fue restituida". Rostworowski, María. *Op. cit.* en nota 66, p. 183).

indígenas eran apropiadas por los encomenderos mediante métodos simplemente fraudulentos: "Un frecuente método empleado por los españoles para apropiarse de las chacras de los indígenas consistía en cortar las acequias conductoras del agua para irrigar los campos. En la costa, una tierra sin agua no tiene valor y su precio es ínfimo. Es entonces cuando otorgaban a algún hispano las tierras yermas; el sujeto restablecía los canales hidráulicos y los naturales perdían sus campos".[73]

Estos nuevos propietarios eran los hacendados. Se trataba de una propiedad que era transmisible indefinidamente por sucesión en caso de muerte y se podía vender o arrendar libremente. Durante los siglos XVII y XVIII, la hacienda era una institución, si bien minoritaria, en crecimiento. En el Alto Perú, por ejemplo, la mayoría de la población campesina india estaba distribuida en 491 ayllus. Además, las haciendas eran mucho menos extensas que las encomiendas y no trabajaban en ellas los indígenas originarios del lugar, sino forasteros que habían ido para tal propósito. Muchos antiguos tributarios de encomiendas pasaron a ser, de esta manera, yanaconas al servicio del hacendado y recibían una pequeña parcela para su cultivo a cambio del trabajo. Muchos indios —explica Liborio Justo—, "huyendo de la imposición del trabajo forzado de la mita, abandonaban esas comunidades y se adscribían a las propiedades rurales de los encomenderos, ingresando en la categoría de yanaconas. Quedaban, así, adheridos a dichas propiedades, que no podían abandonar, y junto con ellas eran vendidos en caso de enajenarse estas. Los yanaconas también existían, como hemos visto, en la época de los incas, con lo que se prolongaron, de esta manera, durante la colonia. Los había de distintas categorías, una de las cuales, la de los que servían en labores domésticas, constituyeron los antecesores del *pongo*".[74]

---

73   Rostworowski, María. *Op. cit.* en nota 66, p. 184.
74   Justo, Liborio. *Op. cit.* en nota 11, p. 60.

Igualmente destructor de la comunidad agraria que la encomienda fue el sistema de la mita, de origen inca, pero aplicado tergiversadamente desde un inicio por los españoles. Colón, en sus repartimientos, estableció que todo aborigen mayor de catorce años debía tributar en oro, algodón u otro producto, o, en su defecto, por servicios personales. La mita fue redescubierta por el arzobispo Loaiza y reinstituida por el virrey Toledo en 1572, cuando residió en Chuquisaca, interpretada, deformada y vaciada de su contenido por los españoles, que la convirtieron en un servicio obligatorio de carácter *personal*. En su origen, la mita era representada simplemente por trabajos realizados sobre la base del principio de la reciprocidad; era un trabajo colectivo en beneficio del ayllu. Con los españoles, se transforma simplemente en una rotación de servicio obligatorio, con una reglamentación específica para cada rubro: mita para el servicio doméstico: quince días; mita pastoral: de tres a cinco meses; mita minera: diez meses. En general, los mitayos ganaban un salario escuálido y partían a sus trabajos provistos de sus propios alimentos. Más tarde existió también la mita en los obrajes, fabricaciones textiles.

Hubo, durante la colonia, varios intentos de suprimir o de atenuar la mita. El intento más serio fue el de los jesuitas de Chuquisaca. En 1685 se prohibió que la mita se extendiera a nuevas provincias. En lo que concierne a los territorios que hoy son Bolivia, la mita minera fue particularmente destructiva: afectó a collas omasuyo, pacajes omasuyo, pacajes urcosuyo, carangas, quillazas, soras, charcas y caracaras. Sumaban cerca de cinco mil mitayos que durante cuatro meses iban a trabajar a las minas de Huancavélica y Potosí. La mita, unida al aprovisionamiento monopólico por *pulperías*, fue, en los hechos, transformada en una forma de esclavitud vitalicia, perdiendo totalmente el sentido de *turno*, que es el significado de *mita* en quechua.[75] En 1697, el conde de la Monclova falló

---

75 "...la mita fue convertida en un terrible régimen de trabajos for-

a favor de la conservación de la mita, pero con la condición de que se pagase a los mitayos el mismo salario que a los mineros voluntarios. En 1704, el arzobispo de Lima y virrey interino del Perú, Melchor de Liñán, afirmaba tener por cierto que el oro y la plata "estaban tan bañados de sangre de indios, que si se exprimiese el dinero que de ellos se sacaba habría de brotar más sangre que plata".[76]

Felipe V firmó, el 3 de marzo de 1719, un decreto por el que se abolía la mita en las minas de Potosí. "Entonces ocurrió algo inesperado y hasta hoy inexplicado: antes de que se pudiera dar al decreto su redacción cancilleresca, el Rey exigió la devolución de aquel. En una consulta del 6 de mayo de 1724, el Consejo de Indias recordó al monarca que aún estaba pendiente su decisión respecto de este punto, y cuando en 1731 se consultó nuevamente a ese cuerpo, este reiteró su opinión de que el Rey debía promulgar el decreto de 1719. Mas este permaneció sin despachar en los archivos. No fueron

---

zados para los indios: por el sistema de aprovisionamiento de alimentos, ropa, alcohol, coca e instrumentos de trabajo, las *pulperías* de los propietarios y empresarios de minas, cobraban hasta diez veces el valor de las mercancías consumidas a los mitayos, que necesariamente debían recurrir a las pulperías para su subsistencia. Recargando en esa forma los precios, el mitayo se endeudaba por cantidades fantásticas y cuando llegaba el fin de su servicio resultaba que debía continuar trabajando indefinidamente, hasta su muerte, en realidad, para pagar las deudas mañosamente incrementadas por las pulperías. Muchos mitayos, en el trance desesperado de salir del infierno de la mita, llamaban a su mujer y a sus hijos para que les ayudaran en el trabajo redentor, pero haciéndose extensivo el sistema de pulpería a los familiares del mitayo. Estos más caían en la telaraña de la explotación y debía, también ellos, terminar sus días en el extenuante trabajo minero". Valencia V., Alipio. *Geopolítica del litoral boliviano*. La Paz, 1982, p. 75. Sobre la evolución de la mita se puede consultar Romero, Emilio. *Op. cit.* en nota 19, p. 164 y ss. Ricardo Levene, citado por Romero, afirma que "el servicio personal de los indios, admirablemente legislado, en principio, fue en la práctica uno de los medios más funestos para instituir su esclavitud" (p. 165).

76   Citado por Konetzke, Richard. *Op. cit.* en nota 50, p. 188.

sino las Cortes de Cádiz las que dispusieron, en el año 1812, la abolición de la mita. Pero, de hecho y en general, la nombrada institución ya había desaparecido por ese entonces de la América española".[77]

Desde un comienzo, los naturales fueron considerados súbditos de los Reyes Católicos, al igual que los castellanos. Por tal razón, se trasladaron a las nuevas tierras varias instituciones de la península, tales como las audiencias, los cabildos, los corregidores —que en el siglo XVIII serían reemplazados por las intendencias—, etcétera. Asimismo, se dictaron disposiciones idénticas a las de España, aunque con el tiempo fueron particularizándose, generándose un conjunto normativo especial que fue reunido en 1681 en la llamada "Recopilación de Leyes de los Reinos de las Indias", escrita por Antonio de León Pinelo y Juan de Solórzano Pereira, y publicada en Madrid en 1680. Se trataba de un compendio dividido en nueve libros, de los cuales el sexto se consagra a la legislación de los indios.[78]

España reconoció la propiedad comunal en el siglo XVI, quedando este marco hasta principios del siglo XIX. Por Cédulas Reales del 1 de noviembre de 1591, Felipe II reconoció el derecho de las comunidades indígenas a disfrutar sus tierras, pero siempre reconociéndose el derecho eminente de la Corona sobre las tierras colectivas, siendo los pueblos indígenas meros usufructuarios de bienes cuya propiedad quedaba en manos del Estado. Además, las Cédulas sostenían la preeminencia de los pueblos españoles, cuyas necesidades tenían que ser satisfechas con anterioridad a las de las comunidades indígenas.

Durante los siglos XVII y XVIII, los ayllus fueron evolucionando, de ser comunidades con tierras dispersas,

---

77 Konetzke, Richard. *Op. cit.* en nota 50, p. 189.
78 El título tercero, sobre las reducciones y pueblos de indios, y el título octavo, sobre repartimientos, encomiendas, y pensiones de indios, y calidades de los títulos.

verdaderos *archipiélagos* que buscaban la mejor productividad, compartiendo diversos pisos ecológicos, a adoptar el concepto europeo de comunidad; esto es, pueblos nucleares con tierras adyacentes.

De acuerdo con estas normas, los indígenas debían concentrarse en reducciones lo más grande posibles, bajo alcaldes indígenas y aislados del contacto con los españoles.[79] Esta medida tuvo dos finalidades: primero, facilitar la labor evangelizadora a las órdenes religiosas, y segundo, saber el número exacto de indígenas para estimar el tributo que estos debían entregar a los corregidores.

La carga tributaria variaba de acuerdo con el número de pobladores de una reducción o pueblo de indígenas. Y es que esta reglamentación no tuvo en cuenta la variabilidad en el número de la población andina —los aborígenes se

---

79   Los visitadores escogían los emplazamientos de las nuevas aldeas, de acuerdo con las disposiciones de la Corona española y los intereses económicos de los colonos. "Las recomendaciones en materia de construcciones para los nuevos pueblos eran estrictas. Estas eran construidas bajo el modelo español. Al centro de la aldea, una plaza principal y cuadrada, donde frente a frente se situaba la iglesia y el corregimiento. Se edificaba también un edificio para el corregidor y la misión. Las casas debían formar bloques rectangulares, homogéneos, y debían tener puertas hacia la calle para que los curas y corregidores pudiesen visitarlas en cualquier momento. Una serie de instrucciones eran prescritas para estas reducciones. El dominio territorial de una reducción no debía extenderse a más de una legua a la redonda, de manera que si un *indio* buscaba escapar, perdía todos sus derechos y ganaba cinco a seis arrobas de castigo. La transferencia de las moradas de los *indios* en los ayllus debía efectuarse rápidamente; pasado un cierto plazo, estas serían demolidas y los miembros de las comunidades, castigados; estas disposiciones fueron tomadas porque los visitadores se vieron con una resistencia tenaz frente al traslado masivo hacia las nuevas aldeas. Y este se hizo aún con mucha más fuerza y violencia. Así, los españoles debieron primeramente destruir las wak'as e incendiar las casas para llevar por la fuerza a los *indios* hacia las reducciones. Esta práctica de reducciones se extendió en todo el territorio del Tawantinsuyu". Untoja, Fernando. *Op. cit.* en nota 20, p. 240.

movían entre los diferentes pisos ecológicos para intercambiar productos agrícolas— ni los estragos que causaron las enfermedades europeas que llegaron al Virreinato del Perú en los primeros años de la conquista. Al llegar a la edad adulta, y hasta los cincuenta años de edad, los indígenas debían o bien pagar un tributo en especias o en dinero, o aceptar mercaderías que los corregidores les entregaban —especie de crédito forzoso—, o, por último, pagar su tributo a través de la mita minera. A partir de 1734, quedaron gravados por el pago de tributo tanto los indios que trabajaban en las propiedades privadas de los españoles como los agregados a los ayllus con menores o sin derecho a tierra. Con el tiempo, producto de la merma demográfica de los indígenas, la Corona comenzó a hacer censos más periódicos y exactos. Las listas se hicieron cada vez más completas y, hacia 1770, los padrones incluían a todos los hombres y mujeres adultos y a sus hijos.

En 1784 se realiza un Censo Real, que comenzó a aplicarse en la intendencia de La Paz y que implicaba registrar a todos los aborígenes de cada distrito, con su lugar de residencia, estructura familiar, condición laboral y edades de todos los hombres y mujeres desde los catorce años. Ante esta crítica situación, muchos indígenas preferían huir de las reducciones y llegar, en el mejor de los casos, a una hacienda, donde siempre faltaba la mano de obra.[80] Sin embargo, aquellos pertenecientes a comunidades nunca dejaron de pagar sus tributos. Era parte del *pacto colonial*: los indios apoyaban el derecho estatal a gravarlos a cambio de su reconocimiento y protección. Si bien hubo violencia y protestas, no eran contra la estructura básica de las disposiciones, sino contra las violaciones del orden

---

[80] Desde su perspectiva aimara, Fernando Untoja enjuicia severamente las reducciones como un "proceso de violencia donde se separa al hombre de la tierra y del territorio. El *esclavo* es liberado, pero adquiere la condición de siervo; se le atribuye una parcela de tierra, a condición de que sirva al latifundio o a la Iglesia. No tiene nada en propio, sino es apenas su cuerpo". Untoja, Fernando. *Op. cit.* en nota 20, p. 171.

establecido. Los miembros de las comunidades indígenas siempre estuvieron dispuestos a adaptarse a las cambiantes condiciones políticas y de mercado. Respondieron con violencia solo cuando las exacciones eran demasiado opresivas, cuando sus tierras quedaban amenazadas por el crecimiento de las haciendas o cuando los funcionarios se apartaban de sus deberes recaudadores e incurrían en abusos.[81]

Un *protector de indios* fue instituido para proteger a los naturales. Había un *protector general* en las capitales de audiencias y varios protectores en las principales ciudades. La finalidad original era evitar que los indígenas litigaran personalmente, pero con el tiempo la figura del protector pasó a asociarse en más de un sentido a la de un guardador, según las normas del derecho justinianeo.[82] Como ilustra Bernardo Claveró, el estatus del indígena durante la colonia era la confluencia del estado de rústico, de persona miserable y de menor. Lo primero implicaba la falta de participación, aún pasiva, en la cultura letrada de los juristas y de la cultura en general, lo que a su vez significaba que no les era exigible

---

[81] Klein, Herbert. *Haciendas y ayllus en Bolivia en los siglos XVII y XVIII*. Lima, 1995, p. 200.

[82] Al igual que disposiciones justinianeas que protegían a los menores y las viudas de no litigar fuera de sus provincias, el propósito inmediato de la norma toledana fue disuadir a los indígenas de litigar personalmente en la audiencia. Los protectores de indios, pero en particular el *protector general*, tenían la obligación genérica de velar por el buen estado de los aborígenes y protegerlos de los funcionarios públicos. La importancia de este cargo hizo que hacia 1620 el Consejo de Indias diera rango de fiscal. Para Juan de Solórzano Pereira, los protectores de indios debían compararse más propiamente con los tutores. Las similitudes en las funciones del curador de menores y del protector de indios son notorias. Los protectores estaban llamados a intervenir en aquellos contratos en donde los indios fueran parte, especialmente si los bienes transables eran inmuebles o de mucho valor. La falta de dicha intervención podía devenir en rescindir el contrato. Novoa, Mauricio. "Derecho indiano y demandas y reivindicaciones indígenas: un enfoque para el lenguaje y la comunicación", en "Razón y Palabra", México, abril-mayo de 2002.

buena parte del derecho objetivo. "Respecto de ellos, los jueces podían actuar sumariamente y a su arbitrio, sin atenerse ni a los procedimientos, ni a los preceptos del derecho, ni de la jurisprudencia, ni de las leyes, ni tampoco siquiera de las costumbres, aunque conviniese que se mirara a estas. Se trata en sustancia de un estado de desentendimiento y abandono, de discriminación y marginamiento".[83] Los indígenas eran también personas miserables, lo cual implicaba una incapacidad de valerse por sí mismos, como los huérfanos o las viudas, que justificaba un nuevo privilegio de amparo. Finalmente, tenían el estatus de menor, lo que representaba una limitación de la razón. Se consideraba que, teniendo uso de razón, pues animales no eran, no la tenían en plenitud, razón por la cual debían estar sujetos a patria potestad o tutela. Con estas características, el indígena participaba, a su manera, de un derecho ajeno, impuesto; un *derecho de la colonización* que si bien les da cierto espacio a sus costumbres, ello es siempre dentro de un derecho ajeno, sin ninguna posibilidad de limitar u orientar el derecho del colonizador.

9. El virreinato del Perú y la Audiencia de Charcas. Las primeras sublevaciones indígenas

Tras la muerte de Atahualpa, en 1533, gran parte de los territorios que hoy forman parte de Bolivia quedaron en manos de los conquistadores españoles. Tras algunas batallas, el Inca Manco II se retiró a la enigmática e invulnerable Vilcabamba, que sirvió de reducto a una resistencia simbólica e ineficaz que no pudo impedir la creación del Virreinato del Perú (1543) ni el dominio casi absoluto de los españoles sobre las tierras incas. Mientras tanto, el emperador Carlos V dividía el territorio del Perú para dos adelantados que harían historia:

---

83   Clavero, Bernardo, *Op. cit.* en nota 57, p. 13.

Nueva Castilla, por el Norte, para Francisco Pizarro, y Nueva Toledo, por el Sur, para Diego de Almagro, generando con esa división una serie de conflictos y batallas que provocarían la muerte de ambos.

Como reacción a las denuncias de Bartolomé de las Casas y a los sangrientos episodios que siguieron durante años a los conflictos entre Pizarro y Almagro, Carlos V dicta las Ordenanzas de Barcelona y crea, para hacerlas cumplir, el cargo de Virrey del Perú, inaugurado por Blasco Núñez de Vela. Tras varias batallas y conflictos, y como memoria de la conclusión de las guerras civiles, el licenciado Pedro de la Gasca funda, el 20 de octubre de 1549, la ciudad de Nuestra Señora de La Paz. En enero de 1545, el indígena yanacona Diego Huallpa descubre el cerro rico en medio de la que, en 1572, bajo el virreinato de Francisco de Toledo, se fundaría como la ciudad de Potosí. En 1542 se funda lo que más tarde sería Cochabamba, y en 1574, Tarija. Paralelamente, se extendían los territorios, explorando el río de la Plata y el río Paraguay, y se desarrollaban expediciones en busca de El Dorado y el Paititi. Hacia el norte y el oriente se desarrollan expediciones colonizadoras, enfrentándose a los tacanas, los moxos y, más tarde, a los chunchos.

Entre 1574 y 1577, dicta el virrey Toledo una serie de leyes conocidas como Ordenanzas de Toledo, en las que se puso término a las disputas y dudas acerca del derecho legal de dominio o posesión de España sobre las Indias, y se reinstauraron, pero normados bajo la óptica del español, el sistema de la mita y los yanaconas, esta última clase, como una forma injustificable de servidumbre del indígena. Asimismo, bajo el virreinato de Toledo se formaron las primeras reducciones: se reunían en un solo pueblo las aldeas prehispánicas dispersas, con el objeto de facilitar la cristianización y el control presupuestario. Las reducciones significaron la urbanización de vastos sectores rurales, bajo esquemas detalladamente previstos en las Leyes de Indias.

La más alta autoridad legislativa, judicial y administrativa del Alto Perú durante los tres siglos de la colonia fue la Real Audiencia de Charcas, asentada en la ciudad del mismo nombre, más tarde conocida como Chuquisaca, hoy Sucre. Fue creada por Cédula dada en Valladolid el 18 de septiembre de 1559, siendo sus límites fijados por Cédula del 29 de agosto de 1563. Posteriormente, el mismo rey Felipe II, quien había fundado la Audiencia, modificó su jurisdicción, quitándole el distrito y el nombre de Cuzco para hacerla depender de la Audiencia de los Reyes. Los límites de la Audiencia de Charcas finalmente quedaron definidos por el norte hasta el Collao —Ayaviri, al norte de lo que hoy es Juliaca—, provincias de Sayabamba y Carabaya; al noroeste, las provincias de Moxos y Chunchos; al este y sudeste, las tierras del Chaco boreal y las jurisdicciones de Tucumán, Juries y Diaguitas. Por el sur, la Audiencia de Charcas tenía jurisdicción hasta el paralelo 25º 30' —desembocadura del río Salado en el río Loa—. La Audiencia de Charcas, como la de Chile o la de Quito, estaba sujeta al virrey.

En Charcas se estableció también, durante la colonia, el Arzobispado de la Plata y la Universidad San Francisco Xavier, regentada por los jesuitas. "Con el establecimiento de la Audiencia y del Arzobispado de la Plata, Charcas adquirió unidad y cohesión en lo político, lo económico y lo social, constituyendo un núcleo característico, destinado a persistir y a afirmarse como entidad individual".[84]

El año 1776, a causa de las grandes distancias que existían desde el Paraguay y Buenos Aires hasta el Cuzco, se creó el Virreinato de Buenos Aires. Se desmembró entonces Charcas de su antigua jurisdicción y quedó creado en nuevo virreinato, con las provincias del Río de la Plata, Paraguay y Tucumán, más los cuatro distritos de La Paz, Potosí, Charcas y Santa Cruz. A su vez, la Audiencia de Charcas, conocida desde fines

---

84 Finot, Enrique. *Nueva historia de Bolivia*. Buenos Aires, 1946, p. 103.

del siglo XVIII como Alto Perú, tuvo bajo su jurisdicción cuatro intendencias: la de La Paz, la de Santa Cruz —parte de Cochabamba y gobernaciones de Moxos y Chiquitos—, la de Potosí y la de Charcas o Chuquisaca.

En las últimas décadas del siglo XVIII, la excesiva tributación indígena, sumada a las quejas de los indios contra los corregidores, la insistencia en usar a los naturales en las mitas mineras en Huancavelica y el respaldo de muchos sacerdotes a la causa indígena, generó el escenario propicio para la rebelión indígena. Por otra parte, Buenos Aires se había transformado en un centro comercial fundamental, a consecuencia del Reglamento del Comercio Libre entre España y las Indias, decretado en 1778, lo que generó una pugna con los intereses comerciales del Perú. Mientras en Buenos Aires no había encomiendas, sino unos pocos esclavos negros, formando una sociedad en cierta medida *democrática*, en el Perú la subsistencia de las encomiendas generaba una diferencia social abismal. Adicionalmente, el traslado del centro gubernativo de Lima a Buenos Aires trajo un momentáneo aflojamiento de la autoridad real. Todo ello explica las rebeliones indígenas de fines del siglo XVIII: Túpac Amaru desde el Cuzco, en alianza con el cacique Tomás Catari en Potosí y Julián Apaza —que se llamaría más tarde Túpac Catari—[85]en el sitio de La Paz.

Como es sabido, estas rebeliones terminaron en una sangrienta represión,[86] pero legaron no solo el mito, sino también una identidad indigenista. En efecto, lo que en un principio fue solo una rebelión del indígena contra la

---

85   Como pone de relieve Fernando Mires, "el mismo nombre histórico del caudillo parece ser una síntesis de la tradición y de las demandas exigidas por los indios de la región. En efecto, Túpac alude a los antiguos incas; Catari era el nombre de un legendario caudillo, Tomás Catari, que murió luchando contra los corregidores tras sucesivas revueltas". Mires, Fernando. *La rebelión permanente*. Buenos Aires, 1988, p. 53).

86   Crf. Lewin, Boleslao. *La insurrección de Túpac Amaru*. Buenos Aires, 1963.

mita, los obrajes y las haciendas, al poco tiempo incorporó a criollos e indígenas en una fuerza común, extendiendo la rebelión contra los corregidores, los repartos y los elevados impuestos, para terminar en una verdadera revolución, una visión colectiva de un nuevo orden social. Cabe considerar que las rebeliones indígenas, sin embargo, no fueron movimientos populares y espontáneos de los indígenas. Fueron rebeliones *señoriales* comandadas por los curacas, que se rebelaban de este modo contra los funcionarios puestos por la organización administrativa hispana. Hay que descartar de plano que se haya tratado de movimientos *de liberación*, por más que hoy en día se les dé ese sentido.

No hay que olvidar que, apenas iniciada la conquista, cada curaca asumió en el ayllu respectivo la autoridad del Inca y, desde ese punto de vista, el cacicazgo perpetuó jerarquías sociales privilegiadas que venían desde antes de la llegada de los españoles. Los curacas, en asociación con los conquistadores, cobraban el tributo de los indios y regulaban el trabajo de estos. "Quizá los caciques explotaron más que los encomenderos al pueblo indígena. A la caída de los incas, los caciques surgieron en enjambre como crueles mandoncillos en todos los ayllus".[87] Los curacas, transformados en caciques, mantuvieron privilegios que generaron una formación y un nivel cultural absolutamente distintos de la masa indígena. En pleno siglo XVIII, los hijos de los caciques iban en el Cuzco al Colegio San Francisco de Borja, como los hijos de los españoles al Colegio San Bernardo. Explica Liborio: "Pero ¿es posible esperar que esos caciques se propusieran una verdadera liberación de su pueblo, como se ha pretendido y se pretende? De ninguna manera, ya que ello hubiera implicado ir contra sus propios intereses y prerrogativas. Simplemente, querían librarse de su socio extranjero (...). Querían quedar, como

---

[87] Romero, E. *Historia económica y financiera del Perú*. Lima, 1937, p. 108.

antes, ellos solos, eliminando al usurpador de ultramar, restableciendo el Imperio precolombino. Querían volver atrás la rueda de la historia. Así lo expresaron en sus propósitos los principales caudillos indígenas levantados contra los españoles, todos los cuales aspiraban ser tenidos por descendientes de los Incas". Y más adelante, remata: "La rebelión fue de los caciques —curacas—, arrastrando a los mismos indios a los que ellos explotaban contra los usurpadores extranjeros, pero no de la masa de los indios contra sus explotadores (...). En general, los indios participaron en la rebelión como masas inertes, detrás de sus caciques".[88] Un dato es sintomático: de los diecisiete mil hombres que constituían el ejército de represión contra la rebelión de Túpac Amaru, cerca de catorce mil eran indios; el resto eran mestizos y unos cuantos españoles.[89]

Curiosamente, las reivindicaciones territoriales fueron lo menos importante en estas rebeliones. Las quejas eran principalmente contra los corregidores; en mucho menor medida contra la mita de Potosí y la explotación indígena. Mal que mal, el mismo Túpac Amaru se presentaba como el auténtico delegado del Rey de España frente a los *malos funcionarios de éste en las Indias*. En estas rebeliones no se cuestionaron las usurpaciones de tierras —lo que habría significado enemistarse, desde luego, contra la más grande propietaria colonial, la Iglesia católica— ni la explotación de los indígenas por los caciques. Sofocadas las rebeliones, los españoles se ensañaron no contra los indígenas, sino contra los caciques. El cargo de cacique dejó de ser hereditario y en algunos pueblos incluso pasó a ser sustituido por un alcalde elegido por los mismos aborígenes. La vida de la masa indígena continuó exactamente igual, salvo en detalles como la

---

88   Liborio, Justo. *Op. cit.* en nota 11, pp. 86 y 88
89   Valcárcel, D. *La rebelión de Túpac Amaru*. México, 1947, p. 112.

obligatoriedad de aprender el idioma español o la prohibición de usar la indumentaria inca.[90]

Sin embargo, para otros autores, las rebeliones encontraron, en la evocación del ayllu, una idea fuerza que logró cohesionar a los distintos estratos de indígenas en esta visión colectiva. Aunque no en lo inmediato, probablemente así haya sido en el largo plazo, como un germen de conciencia colectiva, en orden a recuperar la idea de comunidad. Para los más desarraigados, los *forasteros*, el ayllu representaba el sueño de la reincorporación a una comunidad de la que habían sido expulsados. Lo mismo para los indios mitayos y de los obrajes, pues las actividades minera e industrial habían sido muy secundarias durante el período incásico. "Pero, sobre todo, la idea del ayllu era atractiva para los indios agricultores, porque, aunque fueran pequeños propietarios individuales, siempre estaban amenazados por los latifundistas españoles y criollos".[91]

---

90 Liborio, Justo. *Op. cit.* en nota 11, pp. 91 y 92.
91 Mires, Fernando. *Op. cit.* en nota 85, p. 47.

Capítulo III
La propiedad indígena en Bolivia durante el siglo XIX

10. La formación de la República de Bolivia

Con motivo del apresamiento del rey Fernando VII por las tropas de Napoleón surgió entre los juristas y los magistrados de Charcas el llamado silogismo altoperuano, sustento jurídico de la revolución emancipadora: siendo que el vasallaje colonial se debía al legítimo Rey y no a España, y habiendo abdicado el legítimo Rey, la autoridad volvía al pueblo de donde era originaria. Así surgen, en 1809, el levantamiento de Chuquisaca, donde los oidores se niegan a recibir al enviado por la Junta de Gobierno de Sevilla, y la rebelión de La Paz —el 16 de julio—, bajo el liderazgo de Pedro Domingo Murillo. En 1810, en tanto, se producen levantamientos en Cochabamba y Oruro. Ambos movimientos eran separatistas, pero no pretendían alterar los pilares de la sociedad altoperuana. Todo ello con el apoyo del ejército auxiliar argentino, comandado por Antonio González y, más tarde, por el general Manuel Belgrano. La bandera de la emancipación indígena era solamente instrumental. Los criollos la necesitaban como un medio de agitación y de unificación, pero no aspiraban en modo alguno a la igualdad. "En lo íntimo de sus convicciones, poca gracia les hacía la teoría de que todos los hombres debieran ser libres e iguales en derechos. Ellos ambicionaban la igualdad con los españoles, pero no admitían equipararse con indios, negros y mestizos".[92]

En una etapa más avanzada surgen levantamientos indígenas funcionales a la causa independentista. Juan Manuel Cáceres, uno de los líderes de la rebelión del 16 de julio, había estado en comunicación con Titicocha, cacique de Oruro, elaborando en conjunto un programa revolucionario de doce puntos que consideraba la supresión del tributo indígena, la mita y los cacicazgos, y el reparto entre los naturales de las tierras pertenecientes a los españoles. En 1814, llegan a La Paz tropas independentistas venidas desde el Cuzco, donde se había sublevado el cacique Mateo Pumacahua y en Moxos triunfan los indígenas canichanas, sublevados al mando del cacique Juan Maraza.

Durante esos años, el territorio de Charcas no fue escenario de combates entre realistas y patriotas, como ocurrió en otros países, más bien lo que se extendió fue un espectáculo de grupos guerrilleros de indígenas instalados en un territorio determinado.[93] Estos grupos mantenían algún lazo con la Junta de Buenos Aires, pero con un fuerte sentido de independencia y desconfiados tanto de los ejércitos auxiliares argentinos

---

92   Urquidi, Arturo. *La comunidad indígena*. Cochabamba, 1947, p. 87.
93   El historiador boliviano general Miguel Ramallo señala al respecto: "Todo el Alto Perú estaba literalmente conmovido; cada pueblo, cada aldea, cada comunidad, cada hacienda y cada desfiladero era el centro de las operaciones de algún caudillo que se ponía en asombrosa comunicación con los otros (…). Los esfuerzos aislados de los caudillos patriotas por esto es que convergían a un solo centro, aunque en apariencia obraban aisladamente, y lo más singular y notable era que las multitudes sublevadas, casi en su gran mayoría, pertenecían a la raza indígena o a la mestiza; estas turbas inconscientes, armadas de hondas y makanas, se enfrentaban con audacia infinita y tenacidad increíble a las valerosas y aguerridas tropas que les oponían los secuaces del despotismo". Ramallo, Miguel. *Guerrilleros de la Independencia*. La Paz, 1919, pp. 27 y 28.

como de las tropas que venían desde el Perú. Estos grupos eran las llamadas *republiquetas* por el historiador argentino Bartolomé Mitre.[94] Con todo, la Junta de Buenos Aires tuvo una enorme influencia en despertar al indígena y atraerlo a la causa de la Independencia. En Chuquisca, Juan José Castelli, vocal representante de la Junta de Buenos Aires, "trataba a los indígenas con atención deferente. En las poblaciones de tránsito, los arengaba para explicarles los fines del *nuevo sistema*; lanzó también varias proclamas traducidas al quechua y al aimara. En todas partes, daba audiencias a los indios; los levantaba del suelo donde se postraban para saludarlo y los abrazaba y agasajaba, diciéndoles que todo aquello se había acabado y que todos éramos iguales".[95] En un año todo había cambiado.[96] Como era de esperar, la oposición de las clases dirigentes hacia la Junta de Buenos Aires fue abierta. "La clase rica del Alto Perú combatió por la causa española. La explicación de tal conducta se halla en el carácter de la clase terrateniente, beneficiaria del trabajo servil del indio. Poco tenía que ganar esta clase acomodada con la libertad de comercio y sí mucho que perder con la emancipación del indio".[97]

---

94   En su libro *Las guerrillas en la lucha por la independencia nacional. La guerra de las republiquetas*, Justo Liborio acota que la guerra de las republiquetas "fue la expresión más destacada del esfuerzo del pueblo del Alto Perú de romper su agobiante estructura feudal, siguiendo el impulso que le había impreso la Revolución de Buenos Aires el año 1810". Liborio, Justo. *Op. cit.* en nota 11, p. 108.

95   Chaves, Juan Carlos. *Castelli, adalid de Mayo*. Buenos Aires, 1957, p. 224, citado en Liborio, Justo. *Op. cit.* en nota 11, p. 103, nota 11.

96   El 25 de mayo de 1811, con motivo del primer aniversario de la instalación de la Junta de Mayo, Castelli preside en las mismísimas ruinas de Tiahuanacu, encuadrado en la Puerta del Sol, una ceremonia notable. "Un año antes le había tocado en suerte proclamar a orillas del Plata la caducidad de España, y un gobierno del pueblo y para el pueblo; hoy le corresponde anunciar a orillas del lago Titicaca la liberación del indio y la independencia de América". Chaves, Juan Carlos. *Op. cit.* en nota 95, p. 226.

97   Peñaloza, L. *Historia económica de Bolivia*. Tomo I, p. 257, citado en Liborio, Justo. *Op. cit.* en nota 11, p. 106, nota 20.

El 9 de febrero de 1825, el general José Antonio de Sucre, que había quedado al mando de la Audiencia de Charcas por encargo de Bolívar, dicta, muy a pesar del Libertador, un decreto que llamaba a una Asamblea Constituyente, la que se efectuó en Chuquisaca el 10 de julio de 1825. El 6 de agosto de 1825 se firma la Declaración de Independencia por siete representantes de Charcas, catorce de Potosí, doce por La Paz, trece por Cochabamba y dos por Santa Cruz: "Las provincias del Alto Perú, firmes y unánimes en tan justa y magnánima resolución, protestan ante la faz de la Tierra entera que su voluntad irrevocable es gobernarse por sí mismas y ser regidas por la Constitución, las leyes y autoridades que ellas propias se diesen y creyesen más conducentes a su futura felicidad". En agosto de 1825 se aprobó por la Asamblea Constituyente el nombre del nuevo Estado: "República de Bolívar",[98] y su primera bandera, con cinco estrellas representativas de los cinco departamentos de La Paz —que incluía Oruro—, Chuquisaca, Potosí —contando el litoral—, Cochabamba y Santa Cruz —con Moxos y Chiquitos—. Más tarde se crearían los departamentos de Oruro, Beni y Pando. En mayo de 1826, la Asamblea encarga el mando de la nación al general Sucre, que hasta esa fecha lo venía ejerciendo por delegación de Bolívar.

11. Evolución de la propiedad indígena durante el siglo XIX. De la propiedad comunal a la propiedad individual

Al momento de la Independencia, la situación económica de la nueva República era un desastre: los saqueos y las confiscaciones, los préstamos forzosos y el abandono de tierras,

---

[98] Días más tarde, se volvió a debatir el nombre de la nación y fue un diputado potosino llamado Manuel Martín Cruz quien sugirió el nombre actual, argumentando: "Si de Rómulo, Roma; de Bolívar, Bolivia".

minas y obrajes, así como las dificultades de transporte y comunicaciones para los pocos productos mineros o agrícolas ofrecían un panorama desolador. Ello motivó que las excelentes disposiciones que consideraban la supresión del tributo por los indígenas no pudieran ser aplicadas. Lo anterior, sumado a la eliminación de sus privilegios, ejercidos a través de los caciques, llevó al indígena a la total indigencia.

Bolivia nació con una población aproximada de un millón cien mil a un millón doscientos mil habitantes, sin incluir a los pueblos originarios de las tierras bajas. La población estaba dividida en cuatro grupos: los indígenas, que componían las tres cuartas partes de la población; los europeos y criollos, que llegaban a alrededor de doscientas mil personas; los mestizos, que eran cerca de cien mil; y los afroamericanos, que llegaban apenas a los siete mil, cuatro mil trescientos de los cuales eran esclavos. Los departamentos de La Paz, Oruro y Potosí reunían el 84 por ciento del total aborigen. Santa Cruz y Tarija no tenían población indígena registrada. En suma, se trataba de una sociedad fuertemente estratificada, con una estructura básicamente feudal, una agricultura fundada sobre todo en una cuasi servidumbre indígena, y las demás ramas de la producción, esto es, minería, obrajes e ingenios, configuradas bajo relaciones de producción capitalistas, en que una embrionaria burguesía estaba representada por peninsulares y criollos, y los sectores asalariados, por las masas nativas.[99]

99 Los criollos y las masas populares tenían claramente intereses divergentes. Los criollos perseguían suplantar a los peninsulares, manteniendo privilegios. Esa divergencia es descrita gráficamente por Machado Ribas: "Raro era el criollo blanco que no tenía por lo menos un negrito para su servicio. Y muchos eran los que tenían una verdadera fortuna en rebaño humano. Ninguna gracia hacía a estos la teoría de que todos los hombres nacen y permanecen libres e iguales en derechos, con el aditamento de que los derechos naturales del hombre son inalienables e imprescriptibles. Los criollos ambicionaban la igualdad con los españoles, mas no la de los negros con ellos, y aún los ricos miraban con alarma la pretensión de que quisieran igualárseles los pobretones". Machado, Lincoln. *Movimientos revolucionarios en las colonias españolas de América*. Buenos Aires, 1940, p. 164.

La mayor parte de la población boliviana vivía en las áreas rurales. Su situación era de extrema pobreza, debido sobre todo a los efectos de la guerra, que, como se ha dicho, había generado una profunda crisis de la economía a lo largo y ancho del territorio.

Al crearse el Estado boliviano, existían tres formas básicas de tenencia de la tierra: las comunidades, las haciendas y las tierras de dominio estatal. Las tierras de las comunidades indígenas tenían su origen en los ayllus prehispánicos y coloniales. Las haciendas fueron el resultado de procesos de compra y apropiación de tierras indígenas durante la Colonia. Finalmente, las tierras de propiedad del Estado eran básicamente las habitadas por los grupos indígenas de las tierras bajas, a los que no se consideró nunca propietarios de estas. Si bien la propiedad de las haciendas y la de los indígenas comunarios fue reconocida por Bolívar, a lo largo del siglo XIX se puede verificar un proceso lento, pero constante, orientado al desconocimiento del derecho de propiedad de los indígenas.

Las comunidades indígenas, al despuntar el siglo XIX, gozaban de excelente salud. Recientes estudios han puesto de manifiesto la sorprendente capacidad de respuesta de las comunidades frente a los desafíos que continuamente fue ofreciendo la economía de mercado.[100] Sin embargo, complejas razones llevaron a los criollos que asumieron el

[100] Herbert Klein concluye su investigación *Haciendas y ayllus en Bolivia en los siglos XVII y XVIII* con la siguiente y sorprendente tesis: "... los indios de la provincia de La Paz no tuvieron dificultad alguna para acumular capital y para producir para el mercado, incluso bajo las condiciones de una economía abierta que esencialmente definieron al mercado boliviano durante la mayor parte del siglo XIX. Ellos lograron adaptarse a estas muy competitivas fuerzas mercantiles, ya fuese trabajando en las haciendas o viviendo en comunidades libres. La respuesta fue a menudo compleja, dados los constreñimientos del mercado, y la libertad de respuesta no siempre fue total. Sin embargo, los modelos tradicionales de un mundo señorial, paternalista, cerrado, corporativo y, en última instancia, contrario al mercado capitalista, que algunos han aplicado a la *tradicional* sociedad rural latinoamericana, no es aplicable a los Andes bolivianos de los siglos XVIII y XIX". Klein, Herbert. *Op. cit.* en nota 81, p. 202.

poder a desentenderse de esas realidades. Al inaugurarse la República, las comunidades indígenas ya contaban con los dos primeros decretos que daban inicio a la legislación agraria boliviana anticomunitaria. Bolívar, imbuido de una ideología liberal importada por él mismo desde Francia, reglamentó la abolición del tributo indígena y la repartición individual de las tierras comunales, mediante los decretos de Trujillo, el 28 de abril de 1824,[101] y del Cuzco, el 4 de julio de 1825, válidos tanto para Bolivia como para el Perú. Así comenzó un proceso de individualización de tierras que por siglos fueron comunales. En un siglo, la legislación republicana habrá conseguido transformar tierras comunales en tierras de propiedad individual en mayor cantidad que durante toda la Colonia. En Perú, el gran estímulo para tal despojo masivo pareció ser la adquisición de tierras para el negocio de la exportación de lanas de alpaca hacia las fábricas inglesas. En Bolivia, sería el deseo de invertir en tierras que rápidamente aumentaban de valor con las líneas ferroviarias.

El sentido de estos decretos aparece obvio si se considera que la eliminación de las tierras comunales y su distribución entre los indígenas como propietarios individuales era, necesariamente, el paso previo a absorberlas por el latifundio que imperaba en la clase dirigente. Dice Liborio al respecto: "En esta forma, amuralladas tras las altas cumbres del gigantesco macizo andino y bajo el rótulo de República de Bolivia, persistieron formas caducas, prácticamente arqueológicas de propiedad, correspondientes a la Colonia y aún al Imperio incaico. Como un corolario de tal circunstancia, puede señalarse que todos los presidentes de la nueva República que sucedieron a Sucre, Blanco, Santa Cruz, Ballivián, habían sido anteriormente jefes u oficiales en los ejércitos realistas que lucharon contra los criollos insurrectos. No es de extrañar, así, que, al apartarse

---

101 En los considerandos, el Decreto del 28 de abril de 1824 dice: (Ver notas finales)

del Río de la Plata, el antiguo Alto Perú, a pesar de su separación política inicial y de su deseo de independencia, buscara integrarse, como hemos dicho, con la sociedad a la que realmente lo ligaban afinidades económico-sociales: el Bajo Perú. Dentro de esta tendencia, el boliviano Santa Cruz y el peruano Gamarra trataron de lograr tal integración — la cual, por lo demás, constituía el primitivo pensamiento de Bolívar—, obtenida efímeramente por el primero de aquellos, a través del establecimiento de la Confederación Perú-Boliviana". Y continúa: "Todos los primeros presidentes de Bolivia, antiguos militares realistas, fueron, a la vez, grandes latifundistas y, como tales, los mejores defensores de los intereses de aquella casta feudal, los famosos *gamonales*, que pasaron a dominar sin ninguna contestación".[102]

La idea de abolir las comunidades indígenas, para convertir a los indígenas en propietarios individuales y contribuyentes como cualquier otro ciudadano, idea generosa pero etnocida, formaba parte del liberalismo ilustrado.[103] Su desconocimiento de la realidad socioeconómica de los pueblos aimara y quechua, y su deseo de romper a toda costa con el pasado colonial, condujeron a Bolívar a pensar que la promulgación de un decreto convertiría, de la noche a la mañana, a cientos de miles de indios comunarios en *modernos* propietarios individuales de la tierra. "El lado vulnerable de la política agraria de Bolívar reside en el hecho de haber propugnado la constitución de la propiedad privada campesina a base del *repartimiento de las tierras de comunidad* y no mediante la fragmentación de los latifundios constituidos desde la época colonial. Semejante medida importaba no solo atentar contra la autonomía de esas organizaciones gentilicias, respetadas incluso por la dominación

---

102   Liborio, Justo. *Op. cit.* en nota 11, p. 114.

103   Platt, Tristan. "La experiencia andina de liberalismo boliviano entre 1825 y 1900: Raíces de la rebelión de Chayanta (Potosí) durante el siglo XIX", en *Resistencia, rebelión y conciencia campesina en los Andes, siglos XVIII-XX.* Compilador: Stern, Steve J., Lima, 1990, p. 267.

española, sino desconocimiento de los derechos territoriales de las nacionalidades indígenas tradicionalmente existentes".[104] El error se basaba en entender las tierras de comunidad como tierras del Estado —continuador de la Corona española y esta, a su vez, como subrogada en los derechos del Inca— y no, como en realidad se trataba, de tierras de las diversas nacionalidades indígenas, organizadas aún a esa fecha en forma de ayllus o entidades gentilicias.

A solo un año de haberse consumado la independencia del país, las autoridades se convencieron de la inaplicabilidad de los decretos bolivarianos, los mismos que quedaron en el papel y no pudieron ser implementados ni siquiera por el Presidente más liberal del período, el mariscal Antonio José de Sucre. La política antifeudal de Bolívar alarmó a la clase terrateniente, que rechazaba la propiedad privada campesina y la supresión de los servicios personales reemplazados por un régimen de salario. Por ley del 20 de septiembre de 1826 se dejaron en suspenso los decretos bolivarianos que ordenaban la repartición de las tierras a los indígenas, "entretanto los prefectos de los departamentos informen sobre el número de ellos y la porción de terrenos sobrantes para que según su localidad se modifique y asigne lo que a cada uno se le conceptúe necesario". "Si bien los mandatos dictatoriales de Bolívar no llegaron a cumplirse, en cambio ellos trascendieron en el orden pragmático legal, como precedentes jurídicos en que habían de inspirarse los futuros legisladores de la República. En efecto, en todos ellos privan el mismo espíritu individualista y el afán por constituir al indio en pequeño parcelario, disolviendo la propiedad comunal. Los decretos bolivarianos, en último análisis, asestaron, pues, un rudo golpe a las comunidades indígenas, ya que en virtud de ellos estas quedaban privadas de personalidad jurídica y, consiguientemente, de existencia legal".[105]

---

104 Urquidi, Arturo. *Op. cit.* en nota 30, p. 163.
105 Urquidi, Arturo. *Op. cit.* en nota 92, p. 96.

Es más, por Decreto Supremo del 2 de julio de 1829, la reacción contra la política liberal de Bolívar se tradujo en la reaparición de la servidumbre campesina.[106]

De acuerdo con una política más realista, y dadas las magras condiciones económicas de la novel República, el mariscal Andrés de Santa Cruz (1829-1839) vio que la única fuente importante de ingresos para el tesoro nacional era el tributo indígena. Hasta la década de 1850, el tributo indígena representaba entre el 26 y el 52 por ciento de los ingresos del gobierno[107]. Con el Reglamento del 28 de febrero de 1831, que pasó a llamarlo *contribución indigenal*,[108] se declaraba a los indígenas originarios propietarios de las tierras que hubieren poseído pacíficamente durante diez años, declarando nulas las enajenaciones y ventas hechas por los indígenas y ordenando que a través de un procedimiento sumario se les restituyeran los terrenos vendidos.[109] La norma, sin embargo, recién comenzó a ser aplicada en 1833. Pero en 1839, por Decreto del 26 de enero, Santa Cruz, viendo que los decretos de Bolívar no se cumplían y que se estaban vendiendo tierras con perjuicio al fisco, y de los mismos vendedores originarios, suspendió la posibilidad

---

106 El artículo 2º disponía que "Los gobernadores y curas podrán tener un pongo, un mulero y un mitani mujer de edad, con calidad de que turnen por semanas, que no podrán ser empleados en otros ejercicios, que no les exijan utensilios", y el artículo 3º agregaba que "a los gobernadores es permitido tener dos postillones, y a los corregidores uno, para la circulación de las órdenes oficiales; estos deben también turnar por semanas".

107 Stern, Steven. Op. cit. en nota 102, p. 271.

108 Hacia 1860, la recaudación por tributo indigenal representaba el 30 por ciento de los ingresos fiscales. De Mesa, J. *Op. cit.* en nota 1, p. 385.

109 "Artículo 1: Se declara a favor de los caciques extinguidos de sangre la propiedad de los terrenos que como tales poseían y gozaban en tiempo del gobierno español. 2º: Se declara igual propiedad a favor de los indígenas contribuyentes de los terrenos en cuya pacífica posesión se hayan mantenido por más de diez años".

de enajenar tierras y declaró nulas las enajenaciones hechas hasta ese momento por los indígenas propietarios. En la misma línea, una Suprema Resolución del 22 de noviembre de 1838 normó la sucesión hereditaria de los terrenos poseídos por los pueblos originarios.

Detrás de la *contribución indigenal*, lo que se estaba haciendo era reinstituir las revisitas coloniales o *padrones de indios*, en procura de poder contar con un instrumento legal recaudador: la Matrícula de Contribuyentes. En ella debía registrarse una extensa lista de datos que dieran cuenta de la tributación de indios originarios —comunarios de origen—, forasteros —indios que ocupaban tierras en otras comunidades—, yanaconas —peones de hacienda— y otras categorías menores. La gran mayoría de los indígenas pertenecía a la categoría de originarios, concentrados mayoritariamente en los departamentos de La Paz, Potosí y Oruro, y en menor medida, en Cochabamba y Chuquisaca.

Durante los primeros años de la República, el avance estatal sobre las tierras comunales no prosperó, debido esencialmente al peso que tenía el tributo en las arcas del Estado. De esta forma, se estableció entre los indígenas y el Estado un *pacto tributario*. Este pacto establecía que las comunidades aceptaban pagar el tributo a cambio de que la propiedad sobre sus tierras fuese reconocida por el Estado.[110]

El tributo era una carga muy fuerte sobre los indígenas, pero lo aceptaban, conscientes de que era la única manera de garantizar la supervivencia de la propiedad agraria comunal. Sin embargo, durante el gobierno de

---

110 Porcentaje del presupuesto que cubría el tributo. En http://bo.kalipedia.com/historia-bolivia/tema/bolivia-en-siglo-xix/porcentaje-presupuesto-cubria-tributo.html?x=20080806klphishbo_12.Kes&x1=20080806klphishbo_9.Kes&ap=1...(Ver notas finales)

José Ballivián, el 14 de diciembre de 1842, se dictó la *Ley de Enfiteusis*[111] —Circular Suprema N° 50, que desconocía la propiedad colectiva de la tierra. Ante la persistencia de la crisis minera, el dominio de las tierras cultivables aparecía como la única vía de sobrellevar la crisis económica. Aunque todavía no estaban preparadas para convertir en haciendas las inmensas extensiones de tierra ocupadas por las comunidades, la Ley de Enfiteusis allanó el terreno para la futura transformación de los comunarios en yanaconas —colonos de hacienda—.

Se declaraba que las tierras *poseídas* por los comunarios eran propiedad del Estado, considerándose a los originarios simples enfiteutas, es decir, poseedores de la tierra en goce y tributarios por los productos agrícolas que obtenían de ella. De este modo, el Estado tenía la facultad de adjudicar las tierras vacantes a favor de otro indígena, así como distribuir fracciones que se consideraran sobrantes de las comunidades. Claro está que la *Ley de Enfiteusis* de 1842 no respondía para nada a las características de la institución en el derecho romano ni en el derecho medieval y moderno en España,[112] pues históricamente el enfiteuta era un *propietario útil* o al menos, en todo caso, titular de un derecho real.

Mediante Decreto del 13 de febrero de 1843 se ordenó una visita a todos los terrenos sobrantes y baldíos, y de los que por algún título correspondieran al Estado, pero exceptuando las tierras de los originarios, por repartimiento o sucesión, siempre que no se hubiere avanzado sobre tierras fiscales. El Decreto del 26 de abril de 1844 tuvo por objeto realizar una equitativa

---

111   Un excelente análisis de la enfiteusis en su evolución histórica se encuentra en "Enfiteusis. ¿Qué hay en un nombre?", de Bernardo Clavero.
En   http://clavero.derechosindigenas.org/docs/Enfiteusis%20(AHDE,%201986).pdf (Ver notas finales)

112   Resultaba en todo caso paradójico que se instituyera una enfiteusis en 1842, cuando las Cortes de Cádiz la abolían en 1811 —aunque, tras el regreso de Fernando VII a España, en 1814, sobrevivió hasta 1890—.

distribución de terrenos sobrantes y baldíos entre los indígenas sin tierras o entre los originarios que poseyeran *muy limitadas porciones*. Finalmente, la Suprema Resolución del 14 de abril de 1844 señalaba que "para no atacar el sagrado derecho de posesión inmemorial que tanto respetaban nuestras leyes (...), los terrenos poseídos por los indígenas originarios (...), sea cual fuere la magnitud de ellos (...), quedaban exceptuados de desmembración (...), siempre que no se hubiesen cometidos avances sobre las propiedades comunarias o fiscales".[113]

Los principales lineamientos estaban muy claros: los grupos étnicos serían relegados al territorio que ocupaban al momento de la Independencia; luego, el Estado vendería estas tierras, incluso, de ser necesario, a los indios tributarios que las habitaban. De este modo, quedaban sentadas las bases legales para la venta de las propiedades comunales que Melgarejo decretaría en 1860 y para la primera reforma agraria del año 1874.

A diferencia de los decretos bolivarianos, se desconocía la propiedad colectiva de la tierra y, al ser de dominio público, nadie podría condenar al gobierno si en algún momento decidiera enajenar las tierras pertenecientes al Estado. El destino final de tal enajenación sería la apropiación de los predios comunales por parte de una nueva clase de hacendados. La resistencia indígena y el papel prioritario del tributo para el Estado lograron que la disposición no se hiciese efectiva. De cualquier manera, no fue durante el régimen de Ballivián que se hizo efectiva la usurpación de tierras de comunidad. Transcurrirían dos décadas de aparente tranquilidad (1843-1863), en las que la distribución de la población agrícola se mantendría básicamente estable.

Con estos antecedentes, en los años sesenta del siglo XIX se reanudó el debate sobre el rol de la comunidad indígena. Fue

---

113 Antezana, Luis. *La política agraria en la primera etapa nacional*. La Paz, 2006, pp. 45 y 46.

el momento en que las élites bolivianas recibieron la influencia de la nueva corriente liberal que dominaría el pensamiento de los gobernantes en toda América latina. Tanto la élite como los sectores políticos promovían el fomento del libre comercio, el reconocimiento de la superioridad de los modelos políticos surgidos desde la Revolución Francesa y la necesidad de abolir las comunidades indígenas, las cuales eran vistas como residuos coloniales poco deseables. El tema central de preocupación de la época estuvo vinculado a las formas de transformación del agro, la utilización plena de la tierra y el aumento de la producción y comercialización agrícola. La ideología liberal postuló que era necesario crear un mercado libre de tierras para llegar a esa meta. Algunos sostenían que los indígenas eran incapaces de transformarse en agricultores capitalistas y, consecuentemente, que las comunidades tenían que ser reorganizadas, dando lugar a las haciendas en manos de las élites; otros planteaban que la única medida para cambiar al indígena de un campesino orientado a la supervivencia a un agricultor capitalista era abolir el tributo y otorgar a cada comunero el derecho de propiedad sobre sus parcelas.

El ataque del Estado contra las comunidades indígenas se había formalizado en 1834, mediante una orden que negaba personalidad jurídica a las comunidades, prohibiendo a los tribunales admitir a tramitación peticiones a nombre de comunidades indígenas. De ahí en adelante, el ataque contra la propiedad comunal se manifestó en dos procesos paralelos: privatización y municipalización. "El municipio como criatura del régimen local de Estado y no como expresión de la comunidad humana respectiva comenzará por sustraer espacio donde manejarse y hasta aire que respirar. Se trataba de la descomunitarización; esto es, de acorralar y ahogar al común, a la entidad principal que anteriormente no se confundía con una institución subordinada de gobierno como esta municipal resulta ahora. El municipio se transforma durante el siglo

XIX, incluso cuando autónomo, en institución dependiente o subsidiaria del Estado".[114]

Si bien no fue violento tal ataque contra la propiedad comunal, esto no significa que la situación en las áreas rurales fuese de paz y armonía. Los abusos de los corregidores, de los hacendados que invadían las tierras comunales, utilizando a sus colonos como *ejército feudal*, y las exacciones a las que eran sometidos, hizo de los comunarios expertos litigantes; pero en caso de no prosperar sus demandas legales, venía la violencia. Y es que el tributo y la usurpación de tierras no era la única forma de agresión contra comunarios y yanaconas, ya que permanentemente estaban asediados y sometidos a servicios personales impuestos por la trilogía Estado-Iglesia-Ejército.

De los innumerables levantamientos indígenas que se llevaron a cabo durante el siglo XIX, indudablemente los más sobresalientes estuvieron representados por la participación de los indios comunarios tanto en el derrocamiento de Melgarejo como en el triunfo de los liberales ante los conservadores.

Mariano Melgarejo es una figura notable: no hay ninguna opinión, ningún autor que no se pronuncie negativamente sobre su personalidad y su gobierno. Para entenderlo, sin embargo, hay que conocer a su predecesor, de quien fue víctima: Manuel Isidoro Belzu. Presidente entre 1844 y 1855, Belzu fue el primer gobernante boliviano que no había estado vinculado a la causa realista. Considerado por la oligarquía como un demagogo ineficaz y por los nacionalistas como un precedente notable, puso en movimiento a las masas de indios y cholos.[115] Murió asesinado por Mariano Melgarejo, que fue,

---

114   Clavero, Bartolomé. *Geografía jurídica de América latina*. México, 2008, p. 63.

115   Cito una de sus arengas: "Una turba insensata de aristócratas ha venido a ser árbitro de vuestras riquezas y de vuestros destinos; os explotan sin cesar y no lo echáis de ver (…). ¿Hasta cuándo dormiréis así? Despertad de una vez; ha sonado ya la hora en que debéis pedir a la aristocracia sus títulos y a la propiedad privada sus fundamentos". Citado en Francovich, Guillermo. *La filosofía en Bolivia*. Buenos Aires, 1945, p. 81.

en cierto sentido, la reacción pendular. Alcides Arguedas, quien, como veremos, vio en el indio y en el cholo el origen de todos los males de Bolivia, tuvo para con Melgarejo un juicio igualmente inmisericorde: "Hijo del pueblo y educado bajo el corrompido ambiente del cuartel, la vida toda de Melgarejo no era sino un terrible amasijo de traiciones y felonías, a cual más viles y detestables (...). De gustos ordinarios, sensual, todo su pasado de miseria y de bajas frecuentaciones se traslucía en el menor de sus gestos. El estado de beodez era casi el común en él, se manejaba con hombres muy capaces de sacrificar los más altos intereses no ya siquiera de grupo, sino aún del país mismo, por satisfacer sus puntos de vista personales".[116]

Durante el gobierno de Mariano Melgarejo se llevó adelante un nuevo avance sobre las tierras de las comunidades, inspirado en las ideas de José Vicente Dorado, quien planteaba la necesidad de arrebatarles las tierras a los indígenas sobre la premisa de que estos, indolentes y carentes de conocimientos técnicos, mantendrían la agricultura en un permanente estancamiento, en tanto que los blancos progresistas mecanizarían el campo y lo harían más productivo.[117] El indio dejaría de ser un

---

116 Citado por Justo, Liborio. *Op. cit.* en nota 11, p. 119, nota 17.
117 Decía Dorado: "Arrancar estos terrenos de manos del indígena ignorante o atrasado, sin medios, capacidad o voluntad para cultivar, y pasarlos a la emprendedora, activa e inteligente raza blanca, ávida de propiedades, es efectivamente la conversión más saludable en el orden social y económico de Bolivia. Exvincularlas, pues, de las manos muertas del indígena es volverlas a su condición útil, productora y benéfica a la humanidad entera; es convertirlas en el instrumento adecuado a los altos fines de la Providencia". Citado en Rivera Cusicanqui, Silvia. *Oprimidos pero no vencidos. Luchas del campesinado aymará y quechua 1900-1980*. La Paz, 1998, p. 71. Lucas Mendoza, según cita Sergio Almaraz, se expresaba en términos parecidos: "El general Melgarejo ha vendido las tierras de los indios y ha creado muchos grandes hacendados; él mismo se ha hecho de grandes fincas. Sin embargo, los métodos de labor y los instrumentos de labranza son los mismos; los productos, de la misma clase. ¿Y quiénes son los que trabajan esos grandes feudos? ¿Serán los hacendados improvisados? No, los indios, despojados de su propiedad, los indios que no

propietario pobre y pasaría a ser un colono rico, o al menos acomodado. Bajo esta apariencia de pragmatismo se ocultaba una política feudalista. El gobierno determinó que si los indígenas comunarios querían ser legítimos propietarios de sus tierras debían comprarlas al Estado. Ante la imposibilidad de hacerlo, muchas de las comunidades fueron rematadas públicamente. Los adherentes al régimen resultaron ser los directos beneficiaros de estas compras, mientras que los antiguos dueños se convirtieron en colonos. Así, en tanto las colectividades indígenas vieron usurpadas sus tierras, que Melgarejo ordenó poner a la venta, "ante el desesperado llanto de toda una raza y cometiendo tales hecatombes bárbaras e inmisericordes que apena y repugna el describirlas, el sexenio transcurrió [agrega Arguedas], entre títulos sonoros para Melgarejo y ricos joyeles para su concubina."[118] Debido a estas acciones, los indígenas apoyaron a los opositores del gobierno y precipitaron su caída en 1871, logrando que todos los actos gubernamentales fueran anulados.[119]

---

han querido abandonar la gleba en la que han nacido. Pero estos cultivan para el patrón con disgusto, con repugnancia, el mismo terreno que antes cultivan con ardor, porque sabían que el producto lo recogerían para sí". Citado en Almaraz Paz, Sergio. *El poder y la caída. El estaño en la historia de Bolivia*. La Paz, 1998, p. 72.

118   Citado por Justo, Liborio. *Op. cit.* en nota 11, p. 119, nota 18. Almaraz (*Op. cit.* en nota anterior) agregaba, refiriéndose a los compradores de las tierras vendidas por Melgarejo: "La mayor parte de esos compradores son empleados civiles o militares que han pagado el precio de sus compras con liquidaciones de sueldo devengados. Los demás son favoritos o favoritas que han negociado esas liquidaciones y aún se asegura que para esta última clase se han forjado liquidaciones de sueldo imaginarias".

119   No corrió igual suerte la política de fronteras con Brasil. Refiriéndose al Tratado de límites con Brasil del 27 de marzo de 1867, absolutamente desafortunado para Bolivia, y a la responsabilidad que en él cupo a Melgarejo, dice Humberto Vásquez Machicado: "Fue el gobierno del sexenio el que presidió ese festín orgiástico de nuestras parcelas territoriales, que fueron repartidas graciosamente como regalos magnánimos del *héroe de diciembre* a diplomáticos, complacientes y sabidos, quienes,

Antes que Melgarejo, en medio de una amplia difusión de folletos, artículos de prensa y proyecto de ley que discutían sobre la política agraria que más le convenía al país, el presidente José María Achá (1861-1864), asesorado por su ministro de Hacienda, doctor Melchor Urquidi, había pretendido la *resurrección* de los decretos bolivarianos, postulando la repartición individual de las tierras baldías o sobrantes, sin tomar en cuenta que dentro de la organización comunal precisamente estas eran las tierras del común. Los terrenos que quedaban libres debían venderse en subasta pública para poder pagar los sueldos devengados a los empleados públicos. Así, cada indio comunario quedaría reducido a la propiedad de una extensión de dos o cuatro *tupus* —cada tupu media dos mil varas cuadradas; una vara = 0,83 metros—.[120] La *resurrección* de los decretos bolivarianos tuvo corta vida: la norma que ordenó darles vigencia fue derogada por Ley del 19 de junio del mismo año 1863, durante el mismo gobierno del general Achá.[121] Los gobiernos previos, de Belzú (1844-1855) y de Linares (1857-1861), también habían pretendido una restauración de los principios liberales, prohibiendo el cobro

---

a trueque de obtener ventajas para sus países, no vacilaron en enlodar la propia dignidad y el decoro que se debían a sí mismos como hombres y como representantes de una nación soberana (...). Solo la fuerza del ejército, completamente entregado a quien era su legítimo exponente en depravación y vicios, podía imponer un régimen tan oprobioso por encima de la voluntad ciudadana que alzábase airada en contra de tratados que hasta hoy gravitan fatalmente sobre nuestra vida y nuestro porvenir". Vásquez Machicado, Humberto. *Para una historia de los límites entre Bolivia y Brasil*. La Paz, 1990, pp. 282 y 285.

120   Decreto Supremo del 28 de febrero de 1863, que ordena poner en vigencia el Decreto del 4 de julio de 1825, expedido por Bolívar en Cuzco, y la ley del 28 de septiembre de 1831.

121   Resulta interesante transcribir algunos considerandos del Decreto Supremo del 28 de febrero de 1863, pues dan cuenta de un espíritu que inspiraría las leyes definitivas de 1874 y 1880. (Ver notas finales)

de tributos anticipados, frustrando los intereses sobre todo de los recaudadores no indígenas, y prohibiendo la demanda de prestaciones indígenas no remuneradas por parte de las autoridades regionales.

Al parecer, los aspirantes a convertirse en nuevos hacendados ya estaban preparados para competir con los terratenientes tradicionales, lo que daría lugar a una intensa polémica entre ambos sectores. En ese contexto, la política agraria de Mariano Melgarejo resultó funcional para quienes deseaban convertirse en *señores de la tierra* y también para los funcionarios civiles y militares, cuya única posibilidad de resarcirse de los sueldos no recibidos durante ocho o diez meses era a través del otorgamiento de tierras *subastadas* por el Estado.

El Decreto del 19 de marzo de 1866 fue el *arma legal* con la que Melgarejo llevó a cabo el primer ataque masivo y sistemático contra la propiedad comunal de la tierra. En 1866, Mariano Melgarejo declaró propietarios con dominio pleno a los indígenas que poseían terrenos del Estado, y para ello tenían que obtener del gobierno el título de su propiedad, previo pago de un monto no menor a los veinte pesos ni mayor a los cien, según la extensión y calidad del terreno que poseían. El indígena que dentro del término de sesenta días después de notificado no obtenía el título respectivo era privado de este beneficio y el terreno se enajenaba en subasta pública, previa tasación. "De esta manera se obligaba al indio, por una vez más, a recomprar las tierras que había poseído inmemorialmente, y que la misma Corona española, a la que históricamente calificó la República de usurpadora de tierras, le había reconocido, dándose el caso paradójico de que, en tanto la República había reconocido derechos incluso a los acreedores de la Corona española, en virtud de la llamada *deuda española*, no hacía lo mismo con quienes habían pagado a la misma Corona el uso y goce a perpetuidad de tierras, como era el caso de los indios".[122] Ventas sin previo aviso de remate, adjudicaciones ilegales por parte de los propios subastadores o sus parientes, mensuras y tasaciones falsas de los terrenos, ejecuciones antes del plazo estipulado y usurpaciones violentas fueron el marco de esta primera gran expoliación de tierras de comunidad. El diagnóstico de este proceso, hecho por Avelino Aramayo y citado por Carlos Montenegro, es crudo: "La locupletación por medio de la política es el único medio de industria que conoce la clase privilegiada de Bolivia (…). Por esto es que, a primer golpe de vista, se nota entre nosotros la miseria más espantosa de los pueblos que trabajan y la más repugnante opulencia en unos cuantos individuos que miran a sus víctimas con aires de protección".[123]

En abril del mismo año 1866, Melgarejo dicta otro decreto, ordenando que las tierras del Estado, conocidas con el nombre de sayañas, sean vendidas por cuenta del Estado, en especial las localizadas en los yungas del departamento de La Paz. Una ley del 28 de septiembre de 1868 declaró propiedad estatal todas las tierras de comunidad, las que podrían ser vendidas en pública subasta para cubrir la deuda interna y subvenir a los gastos del servicio nacional. Hacia 1860, el 65 por ciento de las tierras eran de comunidad y más de cuatrocientos ochenta mil indios eran propietarios, mientras solo había ochenta mil colonos de hacienda. En apenas un par de décadas esta realidad se habría invertido. No obstante, el tiempo resultaría insuficiente para la transformación efectiva de las comunidades en haciendas. Gracias al golpe de Estado de Agustín Morales y a la gran reacción de los comunarios y a los levantamientos indígenas en Huaicho —hoy Puerto Acosta— y en Ancoraimes, liderados por el líder indio Luciano Villca, Melgarejo terminó sus días

---

122   Peñaloza, Luis. *Historia económica de Bolivia*. Talleres Gráficos Bolivianos, La Paz, Bolivia, 1953, p. 289.
123   *Ibíd.*, p. 142.

en la frontera peruana, mediante una persecución que terminó con la vida de varios de sus soldados.[124]

Sin embargo, la embestida efectuada durante la presidencia de Melgarejo constituiría el antecedente más importante para lo que vendría durante los períodos conservadores (1880-1889) y liberal (1900-1920): la desestructuración de la organización comunal y su reemplazo por un sistema basado en las relaciones serviles entre hacendados y colonos, o mejor dicho, entre *patrones* y *pongos*.

El 31 de julio de 1871, el gobierno de Morales, por iniciativa de su ministro Corral, aprobó una ley que, desconociendo las medidas de Melgarejo y enfrentando la resistencia de los hacendados, declaró nulas las enajenaciones de las tierras de las comunidades y ayllus efectuadas en virtud de las leyes de Melgarejo, y ordenó la devolución de todas las tierras de comunidad. Entre las más importantes disposiciones se establece lo siguiente: a) que el precio de la consolidación hecha por los indígenas sería devuelto en el mismo valor en el que se realizó la venta; b) que la siguiente legislatura determinaría los fondos y las condiciones para la amortización de dicha deuda del Estado; y c) que no tenían derecho al reembolso los funcionarios públicos que hubiesen comprado tierras de comunidad, los compradores que hubiesen hecho pago simulado, los que hubiesen sido eximidos del pago y los que hubiesen adquirido tierras con dineros dilapidados por Melgarejo o sus ministros. Simultáneamente, el tributo fue suprimido del presupuesto nacional, pero su recaudación fue confiada a la administración departamental hasta su total abolición, en 1882. Los indígenas retomarían por la fuerza las haciendas formadas con las tierras vendidas de las comunidades y los gobernantes no tuvieron ni la voluntad, ni el poder militar para sacarlos de las propiedades reconquistadas.

---

124 Las rebeliones indígenas contra Melgarejo y su huída se encuentran magníficamente relatadas por Carlos Montenegro, *Ibíd.*, p. 143.

En 1874, bajo el gobierno de Tomás Frías, se produjo un nuevo intento de expropiación, mediante el dictado de la *Ley de exvinculación de tierras de comunidad* —5 de octubre—, que reconocía la propiedad de la tierra para los indígenas, pero de forma individualizada, fuese en calidad de originarios, forasteros, agregados o bajo cualquier otra denominación, por lo que podían, en consecuencia, vender o ejercer toda forma de dominio sobre sus terrenos desde la fecha en que se les extendieran sus títulos, "en la misma manera y forma que establecen las leyes civiles respecto de las propiedades de los demás ciudadanos" (artículos 1 y 5); y consideraba sobrantes los demás terrenos que no se hallaban poseídos por los indígenas y, como tales, pertenecientes al Estado (artículo 4).

El artículo 7 desconocía en forma definitiva las comunidades: "La ley no reconocerá comunidades. Ningún individuo, o reunión de individuos, podrá tomar el nombre de comunidad o aillo *(sic)* ni apersonarse por estos ante ninguna autoridad. Los indígenas gestionarán por sí o por medio de apoderados en todos sus negocios, siendo mayores de edad, o se harán representar, siendo menores de edad, con arreglo a las disposiciones civiles del caso". Se crean las Juntas Revisitadoras, que serán las instancias legales para el reconocimiento de los límites de las propiedades, para la extensión de los títulos de propiedad y para el cobro de impuestos. "Desde el momento en que las Juntas principien a ejercer sus funciones, serán desconocidas jurídicamente las comunidades y aillos. Ni las Juntas Revisitadoras, ni ninguna otra autoridad de la República admitirán ni darán curso en adelante a las solicitudes de que se dirijan a nombre suyo" (artículo 59).

Los títulos de propiedad solo costaban los diez centavos que valía el papel ad hoc. La legislación establecía, además, que los títulos de propiedad expedidos a favor de los indígenas originarios se declaraban perfectos y conferían el pleno dominio cuando hubiese transcurrido el término de cien días desde la publicación de la ley y ningún funcionario público podía comprar terrenos de origen ni recibirlos en usufructo o conducción en el distrito donde ejercían sus funciones, bajo pena de prevaricato. Simultáneamente, se aprobó un impuesto a los predios en los departamentos de Cochabamba y Tarija, que se pagaría en lugar de los antiguos diezmos, primicias y tributos indígenas.

Claramente, la futura oligarquía minero-terrateniente se vio favorecida por la Ley de exvinculación. En ella se establecía que "ningún individuo o reunión de individuos podrá tomar el nombre de comunidad o ayllu, ni apersonarse por estos ante ninguna autoridad". Así quedaba sentenciada la situación de los indios originarios y el estatus de indio comunario desaparecía de la legislación boliviana. Solo faltaba la aplicación de la ley y la consumación de algo a lo que las comunidades indígenas se habían resistido durante cinco décadas. Adicionalmente, la Ley de exvinculación de Frías gatilló la expansión del latifundismo: "Esta legislación de corte liberal permitió —mejor que la torpe subasta decretada por Melgarejo— un acelerado y prolongado proceso de expansión latifundista, que se desarrollará durante los cuarenta años subsiguientes, afectando principalmente a las zonas del altiplano paceño y, en menor medida, a los valles interandinos".[125]

Carlos Mesa Gisbert enjuicia el desenlace de este proceso de la siguiente manera: "La ley reconocía la propiedad soberana y personal de los indios sobre su tierra, pero rompía la comunidad; por eso se impuso el término exvinculación, porque fracturaba la base de una relación secular del indio con la tierra, que pasaba por la sayaña —parcela de tierra individual— dentro del ayllu —conjunto de tierras de varios comunarios no necesariamente colindantes entre sí—, en una unidad como propiedad comunitaria indivisible. La ley respondía a una visión ideológica y modernizadora que no

---

125 Rivera Cusicanqui, Silvia. *Op. cit.* en nota 117, p. 71.

entendió esta realidad histórica y cultural, en parte porque la suponía retardataria y en parte por los obvios intereses de expansión de los latifundistas".[126]

La invocación a los decretos bolivarianos de 1824 y 1825 fue definitiva para declarar a los comunarios propietarios absolutos de los terrenos que poseían: las sayañas —parcelas individuales— que cada uno trabajaba para la familia nuclear. El derecho a vender, alquilar o enajenar sus tierras libremente no hizo otra cosa que allanar el camino para la futura adquisición de dichas tierras por parte de los hacendados.

Entre el 2 y el 31 de diciembre de 1869 se habían producido trescientas cincuenta y seis ventas de tierras de comunidades en el departamento de Oruro y seiscientos cincuenta mil comuneros habían sido desposeídos, aunque esta cifra aparece inverosímil si se toma en cuenta que Bolivia en dicho tiempo contaba con menos de dos millones de habitantes. En el período entre 1866 y 1869 se subastaron doscientas dieciséis comunidades en el departamento de Mejillones —provincias de Omasuyos, Pacajes e Ingavi, Sica Sica y Muñecas—; ciento nueve en La Paz —Yungas, La Unión, Larecaja, Caupolicán y Cercado—; quince en Tapacarí —Cochabamba—; doce en Yamparaez —Chuquisaca—; cuatro en Tarata; tres en Oruro; y una en Potosí. En el departamento de Chuquisaca se habrían reconocido ventas en ochenta y dos tierras sobrantes entre 1866 y 1870, la mayor parte concentrada en la provincia de Yamparaez. Los beneficiarios de estas ventas fueron terratenientes tradicionales, que ampliaron las fronteras de sus haciendas, medianos propietarios, comerciantes e incluso caciques y mestizos.

Años más tarde, la Ley del 1 de octubre de 1880 disponía que "los indígenas que poseen tierra, sean de clase, originarios, forasteros agregados o con cualquier otra denominación tendrán el derecho de propiedad absoluta en sus respectivas

---

126   Mesa G., Carlos. *Op. cit.* en nota 1, p. 386.

posesiones, bajo los linderos y mojones conocidos actualmente". De esta manera, se estableció definitivamente el camino para la consolidación del latifundio. Esta ley fue implementada efectivamente después de 1880, llevando a la abolición legal de las comunidades y a la paulatina incorporación de las tierras indígenas al mercado libre de tierras. Las leyes de 1880 suprimieron el tributo, reemplazándolo en adelante por un impuesto predial. En lo inmediato se aumentó el tributo en un 20 por ciento y se ordenó una revisita de todas las propiedades, a fin de establecer el catastro y dar —o más bien vender— a cada comunero su título de propiedad.

Estas *revisitas* eran diferentes, en muchos sentidos, a los antiguos censos quinquenales de los tributarios indígenas. Estos últimos se basaban en evidencias demográficas aportadas por los propios indios y por las autoridades locales hasta las mesas de trabajo de los funcionarios fiscales, quienes solo llevaban a cabo inspecciones oculares en casos específicos de conflicto. En tanto, las revisitas implicaban una medición precisa y una valoración de cada propiedad por un agrimensor, quien dibujaba planos a escala y sobre la base de ellos hacía una estimación de la capacidad productiva que se consideraría para el cálculo del impuesto.

Procedimiento de las revisitas

Las comunidades fueron divididas entre todos los propietarios que tenían derecho a ellas y que se hallaban en la posesión proindivisa. Los propietarios o poseedores estaban en el deber de presentar ante el revisitador sus títulos de dominio y documentos de deslinde; si no seguían este procedimiento, se anotaban sus terrenos como pertenecientes al Estado y se procedía a su arrendamiento y consiguiente venta. El revisitador, antes de proceder a la división y partición, levantaba un acta en la que determinaba: a) los linderos de la comunidad; b) los indígenas que tenían parte en la propiedad y posesión; y c) la cuota o proporción que a cada uno de ellos correspondía en los terrenos. El revisitador citaba a los interesados y procuraba entre ellos un acuerdo sobre las bases de la división y partición. Este acuerdo prevalecía y servía de base para la partición. En caso de discordia, el revisitador resolvía sobre la base de la partición y ordenaba que el agrimensor practicase la operación con arreglo a ella.

Oposición de los indígenas

Cuando la partición no era posible debido a la oposición de los indígenas o por la propia naturaleza de los terrenos, el revisitador ordenaba la venta pública de los terrenos, previa tasación y mensura, y el producto se dividía entre los indígenas. La subasta tenía lugar ante la Mesa Revisitadora, en la capital de la provincia, previo señalamiento de día y fijación de carteles. No habiendo licitador, quedaron los indígenas en la posesión proindivisa, pero se entregaba a cada uno de ellos un título de propiedad con la determinación de la porción que le correspondía.

Desacuerdos entre las comunidades

Cuando en una comunidad o en una parcialidad poseída en lo proindiviso parte de los poseedores estaba de acuerdo con la división y la otra en contra, la Mesa Revisitadora ordenaba que se practicase la división siempre que los terrenos ofrecieran comodidad para ello; caso contrario, se procedía a su venta en subasta pública. En caso de que el indígena se opusiese al recorrido y al levantamiento del croquis, la Junta confería el título con arreglo a los libros de matrícula. Si el indígena aceptaba el recorrido de sus tierras y se levantaba el croquis con el propósito de señalar los mojones, el agrimensor procedía a recorrer las tierras y levantaba el respectivo croquis, haciendo constar los límites o mojones. Con arreglo a este croquis se confería el título de propiedad.

Consentimiento de las comunidades

En todos los casos en que los indígenas de una comunidad sin excepción ninguna consentían y convenían en que la propiedad se les adjudicase en lo proindiviso, la Mesa Revisitadora verificaba esta adjudicación por estancias, secciones o parcialidades, según la división que la costumbre o uso hubiera establecido en la comunidad. Previa mensura y valuación de los terrenos, el agrimensor mencionaba a todos los propietarios y la porción que a estos les correspondía en la comunidad. La adjudicación proindivisa de estos se realizaba franqueando a cada interesado el plano de esa parcialidad, mensurada y valuada, con mención expresa de la cuota parte que correspondía a cada poseedor sobre el valor de la tasación.

Terrenos en litigio entre comunidades y ayllus

Cuando existían terrenos en litigio entre distintas comunidades o diferentes ayllus se disponía la distribución equitativa entre los indígenas de ambas comunidades o ayllus, prefiriendo a los que tuviesen menos tierra. En general, se tomaban en consideración los documentos y pruebas de ambas partes, y se sujetaban a ellos en la medida de lo posible. Si el litigio se presentaba entre indígenas de una misma comunidad o ayllu, la Junta realizaba una equitativa distribución de los terrenos, teniendo siempre en cuenta las pruebas y documentos de ambas partes.

Terrenos en litigio entre propietarios y comunidades

En caso de que el litigio involucrara a propietarios y comunidades, o fuese entre indígenas particulares de una comunidad y propietarios, se continuaba el pleito ante los jueces ordinarios, con intervención fiscal. En caso de que la sentencia favoreciera a los propietarios, se les hacía la entrega de los terrenos, y si se resolvía a favor de la comunidad o de los indígenas, se procedía a la distribución equitativa entre los indígenas.

Terrenos de origen poseídos por mestizos y terrenos sobrantes

Los terrenos de origen poseídos por la clase mestiza u otros que no pertenecían a los indígenas fueron declarados propiedad del Estado, salvo que los poseedores hubiesen sido matriculados y poseído por más de quince años. En este caso, se los declaraba propietarios, previo pago del impuesto respectivo. Los terrenos sobrantes o que no estaban poseídos por los indígenas fueron inventariados en un libro especial, con designación del precio. Estos terrenos se ponían en arrendamiento entre tanto se verificara su venta pública, estando destinado el producto de la venta al servicio de la deuda interna.[127]

Las revisitas se hacían conforme un reglamento del año 1831, "Sobre el modo de practicarse las revisitas y matrículas de los indígenas contribuyentes", que contenía el registro de las familias contribuyentes que habitaban en cada repartimiento, pueblo y doctrina, y distinguía entre los originarios, caracterizados por el goce de las tierras comunes, y los forasteros, que carecían de ellas. Poco después de la actuación de la Mesa Revisitadora en un cantón, empezaban las ventas de tierras colectivas; aunque

---

127 Extraído del texto de Henáiz, Irene y Pacheco, Diego. "La Ley INRA en el espejo de la historia. Dos siglos de reformas agrarias en Bolivia".
En http://www.ftierra.org

la mayoría de los registros se realizaron entre 1881 y 1883, debido a que después de este período la resistencia indígena se incrementó y directivas del Ministerio de Gobierno ordenaron frenar las revisitas.

A fines de siglo, las comunidades estaban reducidas a menos de un 25 por ciento de su extensión original, ampliando el número de colonos semiesclavizados por el pongueaje[128] y una relación salarial de superexplotación, a cambio de la reducción de los comunarios libres. Lo único que se había conseguido era ampliar las ya grandes extensiones de terreno en manos de una pequeña oligarquía de hacendados, postergando de ese modo cualquier posibilidad de modernización del agro. "La ampliación del latifundio no pudo llevar adelante una modernización del agro, ni por sus relaciones de trabajo, ni por su productividad".[129] Una ley del 13 de noviembre de 1886, bajo el gobierno de Gregorio Pacheco, declaraba la posibilidad de vender o adjudicar en forma gratuita todas las tierras fiscales en el país, fuese a nacionales o extranjeros.

El Partido Conservador, luego del trauma de la guerra con Chile, sería el encargado de poner en práctica esta nueva arma *legal*. Su contraparte serían las grandes sublevaciones indígenas de fines de siglo, que culminaron con la alianza entre el partido liberal, con José Manuel Pando, y el líder aimara, Pablo Zarate Willka, quienes encabezaron la Guerra Federal de 1899, en la que los conservadores perdieron el poder a favor de los liberales, y los chuquisaqueños, la sede de gobierno de la Republica a favor de los paceños.[130] No era solo una lucha entre dos sensibilidades políticas o ideológicas. Estaba de por medio la crisis de la oligarquía de la plata asentada en

128 El análisis más completo sobre el pongueaje del indio boliviano se encuentra en Reyeros, Rafael. *El pongueaje: la servidumbre personal de los indios bolivianos*. La Paz, 1949.
129 Mesa, Carlos. *Op. cit.* en nota 1, p. 386
130 Fellman Velarde, José. *Historia de Bolivia*. Cochabamba, 1970, Tomo II, p. 289 y ss.

el sur; el fortalecimiento de La Paz como polo comercial por las nuevas vías ferroviarias que comunicaban con el Pacífico; la explotación de nuevas materias primas —caucho y estaño, principalmente—; y la ampliación de la frontera latifundista. Había llegado la hora de reemplazar la oligarquía sureña de la plata por la norteña del estaño.

La Guerra Federal fue no solo un conflicto entre *constitucionales-conservadores* y *federales-liberales*. El apoyo indígena a estos últimos representó la explosión de tensiones acumuladas interregionales. "En el trasfondo de esta guerra estuvo el movimiento indígena que se independizó muy pronto del control de los federales para actuar por cuenta propia. Zárate Willka, bautizado *el Temible* por la prensa, buscó un gran levantamiento del altiplano y valles que reivindicara a los indios y organizara una nueva sociedad. Si bien los objetivos no están claramente explicados, el reclamo secular agudizado por los abusos de las dos últimas décadas a partir de las leyes de exvinculación llevaron las cosas al punto de la explosión".[131]

Para hacer aún más complejo el conflicto, existió, en la resistencia indígena, toda una batalla legal que motivaba, a su vez, la recuperación de la memoria histórica de largo plazo de las comunidades. En efecto, muchas comunidades empezaron a invocar títulos de propiedad privada a favor de los caciques y las autoridades comunales, que databan de los siglos XVI y XVII, en que los kuraka y los mallku aparecían como ambiguos propietarios de sus ayllus: "En el altiplano, este proceso de resistencia implicaba la activación de horizontes cada vez más profundos de memoria colectiva, que permitían a los comunarios superar el presente de atomización de sus ayllus y recuperar un grado de organicidad perdido mucho tiempo atrás. La búsqueda de genealogías para la sucesión hereditaria de los caciques; los viajes a los Archivos de Sucre y Lima; la obtención y el manejo de copias legalizadas de documentos

---

131   Mesa, Carlos. *Op. cit.* en nota 1, p. 391.

antiguos, todo ello fue parte de las labores de agitación de los caciques altiplánicos".[132] En esa tarea, destacaron los *escribanos* o *apoderados*, que usaron los mismos argumentos que usaría Bolivia ante Paraguay: los títulos coloniales.

Insólitamente, como respuesta al apoyo del ejército indígena, la nueva oligarquía procedió al ajusticiamiento de líderes indígenas, acusados de haber excedido sus reivindicaciones comunales y de haberse autoproclamado *república independiente*. Entre estos republicanos que actuaron de una forma claramente oportunista se encontraba ni más ni menos que el propio Bautista Saavedra, abogado defensor de los indios presos en las primeras insurrecciones y autor de un erudito ensayo sobre el ayllu.

El 22 de abril de 1899, Zárate y su estado mayor fueron tomados prisioneros en Sicasica, desbaratándose de esta forma el movimiento indígena, que fue disuelto y reprimido sin contemplaciones. Los liberales no solo rompieron su alianza con el movimiento indígena, sino que se convirtieron en los más voraces expoliadores de tierra comunales, ejemplo de lo cual fue el presidente Ismael Montes (1904-1909; 1913-1917), que se convirtió en uno de los más grandes propietarios de las tierras aledañas al lago Titicaca.

Posteriormente, luego de la derrota en la Guerra del Pacífico, los indígenas propietarios fueron presionados para vender sus tierras, formándose así nuevas haciendas o latifundios. Sin embargo, la resistencia de las comunidades continuó entrado el siglo XX. La lucha legal contra las bases jurídicas de las leyes anticomunales había tenido algunos éxitos en los tribunales que amenazaban con poner en tela de juicio las numerosas compras de tierras comunales. Ello generó acciones represivas de parte de los terratenientes, con la ayuda del ejército y la policía, que, entre otras razones, explica en 1914 la rebelión de Pacajes, bajo el liderazgo del *gran cacique* Martín Vásquez.

---

132   Rivera Cusicanqui, Silvia. *Op. cit.* en nota 117, p. 84.

Sería una entre muchas otras rebeliones con carácter mesiánico, como veremos.

La derrota militar del ejército aborigen comandado por Zárate coincide con la publicación de los resultados del censo del año 1900 y una conciencia en la oligarquía liberal acerca de que se enfrentaba la declinación irreversible de la raza indígena, sentida como un lastre para el desarrollo. Los autores del censo comentaban: "Es preciso advertir que hace mucho tiempo se opera en Bolivia un fenómeno digno de llamar la atención: el desaparecimiento lento y gradual de la raza indígena. En efecto, desde el año 1878 esta raza está herida de muerte. En ese año, la sequía y el hambre trajeron tras sí la peste que hizo estragos en la raza indígena. Por otra parte, el alcoholismo, al que son tan inclinados los indios, diezma sus filas de una manera notable, y tanto que el número de los nacimientos no cubre la mortalidad (…). De manera que en breve tiempo, ateniéndonos a las leyes progresivas de la estadística, tendremos a la raza indígena, si no borrada por completo del escenario, reducida a una mínima expresión".[133] Estas conclusiones eran motivo de júbilo para la oligarquía gobernante, que, influida por el positivismo darwinista, celebraba la desaparición de la raza indígena. "El indio y el mestizo incásico radicalmente no sirven para nada en la evolución progresiva de las sociedades modernas", sentenciaba Gabriel René Moreno, considerado en Bolivia el más grande de sus historiadores. "Tendrán, tarde o temprano, en la lucha por la existencia, que desaparecer bajo la planta soberana de los blancos puros o purificados".[134] Y Juan Bautista Saavedra, que fuera presidente de la República (1920-1925) —a quien por ironías del destino se le conoció como *el Cholo Saavedra*—, retrucaba: "Si una raza inferior colocada junto a otra superior tiene que desaparecer, y si hemos de explotar a los indios aimaras y quechuas en nuestro provecho

---

133 Citado en Rivera Cusicanqui, Silvia. *Op. cit.*, p. 74.
134 *Ibíd.*

o hemos de eliminarlos porque constituyen un obstáculo y una rémora en nuestro progreso, hagámoslo así, franca y enérgicamente".[135]

El proceso de adquisición de tierras a fines del siglo XIX presentó diferencias importantes en las diversas regiones. En el sur y centro del país —Cochabamba, Chuquisaca y Potosí—, la creación de haciendas nuevas partiendo de comunidades fue excepcional. En Cochabamba, las comunidades eran pocas y habían sufrido un fraccionamiento interno; en Chuquisaca y Potosí existió fuerte resistencia campesina, lo que hizo difícil la adquisición de tierras. En el norte, muchos miembros de la élite paceña compraron tierras indígenas como un medio para obtener créditos. La apertura de las líneas férreas en el altiplano llevó a una dinámica de crecimiento económico en el campo y otorgó mayor valor a la tierra. Este fue un incentivo para comprar tierras de comunidades enteras a un precio muy bajo.

En el departamento de Chuquisaca se atribuyen las ventas a los conflictos entre herederos, las deudas con comerciantes y hacendados del lugar, y a causa de deudas por impuestos, sobre todo debido a la nueva contribución catastral. En general, no existía un incentivo económico para comprar tierras, por cuanto a mediados del siglo XIX era más lucrativa la inversión en acciones mineras de plata, y los problemas que afectaron a la minería incidieron también en el nivel de la renta de la tierra. En los valles, los factores que influyeron en las ventas estuvieron relacionados con la proximidad a un centro urbano y la existencia de vías de comunicación.

Entre 1880 y 1920 fueron vendidas 12 158 parcelas comunales, de las que 7616 correspondieron a contratos de venta, pero el 40 por ciento de las transacciones fueron realizadas entre 1880 y 1886, mientras que el 38 por ciento, entre 1905 y 1915. En general, se puede detectar que los momentos de mayor

---

135   *Ibíd.*

actividad en las ventas estuvieron relacionados con los cambios políticos. El primer cambio correspondió a la Guerra del Pacífico y a la toma del poder por parte de los conservadores, y el segundo, a la Guerra Civil de 1899, que entregó el gobierno del país al Partido Liberal. La mayoría de los estudios señalan el hecho de que las ventas nunca coincidieron con el valor de la comunidad que había estimado la revisita, previa a la concesión de títulos de propiedad individual, siendo así que los comuneros habrían enajenado sus tierras a precios muchos más bajos que lo estimado, y la transferencia de la propiedad se efectuó con presiones y violencia.

Los compradores se pueden dividir en distintas categorías: a) entre 1866 y 1870, no estuvieron vinculados a las tradicionales haciendas y eran empleados del Estado o militares próximos a Melgarejo; b) aquellos de los años de 1880 corresponden a hacendados y comerciantes de pueblos vecinos, que adquirían pequeños y medianos lotes, y grupos de propietarios que acumulaban propiedades en ecosistemas distintos —desde cocales de los yungas tropicales a pastos del altiplano—; y c) entre los compradores de principios de la década de 1900 se encuentran desde presidentes de la República —Pando, Montes y Bautista Saavedra— hasta gente que pertenecía a la oligarquía que dominaba el departamento de La Paz entre los años 1880 y 1920.

No hay claridad acerca de las posibles causas que explican la supervivencia comunal ante todas estas amenazas. De un lado está la poca atracción ejercida por las tierras comunales en tiempos de estancamiento económico del país durante los años anteriores al auge minero. Con el auge minero producto del estaño entró en escena el imperialismo de transnacionales, con su consiguiente impacto en las tierras comunales: el imperialismo inglés, manifestado en la construcción de ferrocarriles;[136] el imperialismo norteamericano, manifestado

---

136 El plan ferroviario, conocido como "Red Speyer", encarado por

en la concesión de préstamos a un gobierno que, hasta 1908, no tenía deuda externa; y el imperialismo del petróleo, a través de la Standard Oil, que en 1926 había acaparado siete millones de hectáreas.[137] Con el auge minero comenzó a existir, además, la concentración de grandes fortunas que manejaban todos los núcleos de poder. Entre Patiño, Aramayo y Hochshild controlaban la producción estannífera boliviana, la segunda del mundo. Un dato impresionante: las rentas de Patiño eran superiores a las del Estado boliviano. "El súper Estado minero había creado a su alrededor una serie de intereses dentro de Bolivia que iban desde ministros a diputados y directores de órganos de la prensa que lo servían incondicionalmente, y que en Bolivia eran conocidos con el nombre de *Rosca*".[138]

Otro factor que explica la relativa inmunidad de las comunidades indígenas fue el proceso de expansión mercantil de las comunidades, de distintas formas, en los diferentes territorios. Al norte de Potosí se dio un modelo cacical de mercantilización agraria, en el que la producción mercantil de los ayllus era controlada por las autoridades étnicas tradicionales. En el altiplano, en tanto, el proceso estaba directamente en manos de los comunarios. Sin embargo, este proceso de expansión mercantil de las comunidades era vulnerable. Así, en La Paz quedó bruscamente truncado por la llegada del ferrocarril y, con ello, de productos importados.

Sin embargo, se estima que los hacendados habían intentado comprar o usurpar tierras comunales antes de 1880, pero las comunidades resistieron hasta la Guerra del Pacífico. Asimismo, se ha hecho mención a las particularidades regionales en el proceso de desvinculación: en los valles, una

---

medio de un contrato firmado en 1906 con el Nacional City Bank de Nueva York, más tarde pasó a ser de control de los ingleses, mediante la Bolivian Railways.

137 Liborio, Justo. *Op. cit.* en nota 11, p. 132, quien toma los datos de Almaraz, Sergio. *Petróleo en Bolivia*. La Paz, 1958, p. 81.
138 Liborio, Justo. *Op. cit.* en nota 11, p. 135

relativa prosperidad habría causado precozmente una división de la propiedad comunal, la emergencia de un pequeño campesinado y, al mismo tiempo, el reforzamiento de las haciendas; en tanto que en el altiplano la fragmentación de las comunidades solo había empezado con la afirmación de la ciudad de La Paz como capital económica. En todo caso, hacia 1920 la mayor parte de las tierras comunales había sido enajenada, aunque siguieron existiendo comunidades indígenas hasta la reforma agraria de 1953.

Se puede concluir que, en general, las comunidades eran consideradas un obstáculo para el progreso y el desarrollo de un mercado de la tierra y de la mano de obra, al punto que la mayoría de los que intentaron hacerlas desaparecer se enfrentaron a resistencias que se valían de todos los recursos —desde peticiones, protestas y procesos hasta las revueltas y participación en guerras civiles—. Por otra parte, las haciendas no respondieron a los postulados ni expectativas creadas toda vez que no se constituyeron en propiedades modelo, sino solamente en escenarios de reproducción del poder regional y político.[139]

12. La colonización de las *tierras bajas*: entre misiones franciscanas y enganchadores de la industria de la goma

Desde mediados del siglo XVII, jesuitas y más tarde franciscanos intentaron evangelizar y pacificar las diversas etnias de las tierras bajas y en particular del Chaco, consiguiéndolo, aunque parcialmente, con los indios chiriguanos. Esta pacificación y conversión al cristianismo fue terreno fértil para que la población criolla e hispánica que se asentaría en la región se dedicara a la ganadería y a

---

139   Cfr. Henáiz, Irene y Pacheco, Diego. *Op. cit.* en nota 127.

la utilización de la mano de obra indígena. Al finalizar el siglo XIX, la gran mayoría de las tierras comunitarias fueron transformadas ya en haciendas o en pequeñas propiedades agrarias. El Estado boliviano consideró que las tierras bajas, pobladas por pueblos originarios, muchos de los cuales eran nómadas, eran tierras fiscales que debían ser colonizadas para *civilizar* la región. Con este objetivo, apoyó constantemente a los grupos de hacendados criollos, que avanzaron sobre estos territorios para establecer grandes estancias ganaderas en los llanos centrales y el Chaco, y barracas para la extracción de goma en la Amazonía. Asimismo, el Estado boliviano otorgó vastos territorios indígenas en premio a soldados como dádivas de campañas militares. Como consecuencia de este avance, los grupos indígenas más pequeños y aquellos que se caracterizaban por el nomadismo tuvieron que restringir su territorio y pasar a formar parte de la mano de obra semiesclavizada de los grandes propietarios; otros grupos, como los moxeños y guaraníes, se sublevaron contra el Estado y los propietarios, pero fueron duramente reprimidos.

En las tierras bajas, algunos grupos indígenas vivieron totalmente marginados de la vida nacional; otros sufrieron la explotación en las haciendas ganaderas y en las barracas gomeras, o permanecieron en las reducciones como neófitos. Las misiones franciscanas entre los mosetenes de la región del Alto Beni se establecieron en las primeras décadas del siglo XIX. La misión de San Miguel Arcángel, conocida como Muchane, fue establecida en 1804, y Santa Ana de Huachi, en 1815, pero los indígenas frecuentemente las abandonaban. Entre 1842 y 1855 se fundaron otras misiones en San Miguel de Huachi y Covendo. En el momento de auge de la explotación de quina, entre 1840 y 1870, muchos de los indígenas de la región, entre los que se contaron los mosetenes, tacanas y lecos, fueron *enganchados* en las explotaciones.

A mediados del siglo XIX, la región de la Amazonía fue controlada por los gobernadores republicanos y empezó una época de violenta ocupación del territorio por parte de los mestizos y criollos, llamados karayanas por los moxeños. Cerca del año 1880 se inició la explotación de goma en la región amazónica, y con ella comenzó la desestructuración de familias y pueblos. Numerosos moxeños y pueblos amazónicos fueron enganchados como *siringueros* —empleados en la extracción del caucho— y llevados hacia el noroeste.

En 1887, ante la sorpresa de las autoridades, los trinitarios abandonaron masivamente la ciudad ante un *llamado* que surgió de San Lorenzo. El movimiento, de carácter religioso-milenarista, estaba dirigido por Andrés Guayocho, un chamán que llevaría al pueblo a la Tierra Santa o Loma Santa, un lugar abundante en pesca y caza, donde no habría sufrimiento, pobreza ni explotación. La represión contra los indígenas, que se enfrentaron a los karayanas en Trinidadcito, fue cruenta. Andrés Guayocho y uno de sus adherentes, Juan Masapuija, fueron fusilados. A los indígenas que participaron en el movimiento, conocido como *guayochería*, se los flageló. Otros líderes, como Santos Noco Guaji y Manuel Moy, lograron consolidar la independencia de los moxeños en poblaciones alejadas del centro de interés económico, como San Lorenzo y San Francisco.[140]

Las misiones franciscanas del Chaco y la cordillera guaraní fueron prácticamente abandonadas por los franciscanos en la década de 1810. Hacia 1845, los religiosos lograron reorganizar su sistema, estableciendo diez misiones, entre las que destacan

---

140   Otro movimiento mesiánico de la época fue el conducido por el indio aimara Fernando Wanaku en 1920, en Achacachi, quien promovió una forma de resistencia pacífica contra el monopolio comercial de los hacendados, a través de ferias indígenas para productos de primera necesidad.

Macharetí, Caiza, Cuevo y Tarairí, por ser las más pobladas. Durante los años que siguieron, la labor de los franciscanos tropezó con las constantes luchas entre los diferentes pueblos de la región: guaraníes, tapietes y weenhayek.

Pueblos amazónicos como los araonas, pacahuaras, toromonas, catianas y caripunas fueron prácticamente extinguidos por las expediciones que realizaban los enganchadores de las explotaciones gomeras de la Amazonía. Los esse ejjas, en cambio, pudieron escapar, gracias a sus rápidos desplazamientos por ríos y selvas.

A partir de la década de 1840, el avance de los karai o criollos sobre las tierras guaraníes, con el respaldo de los gobiernos, fue constante. Se han identificado cuatro formas de avance: la presencia del Estado con el nombramiento de autoridades y el establecimiento de pueblos, la creación de fortines militares, el avance de las haciendas ganaderas y el trabajo de los misioneros franciscanos. Esta última forma de penetración fue la menos agresiva y la que los indígenas aceptaron de mejor grado.

Los guaraníes no dejaron de levantarse contra la expansión de la hacienda a lo largo de todo el siglo XIX. Los de Chimeo atacaron haciendas y cuarteles en 1825, bajo las órdenes de Pasanna, que fue asesinado en 1840. En 1849 se produjo una gran rebelión en la región del Parapetí, que se inició cuando el líder Akaresi de Karaparirenda murió reclamando sus tierras. Los otros líderes organizaron el levantamiento de todos los guaraníes, e incluso de los weenhayek del Pilcomayo, en la zona que hoy es el Gran Chaco.

En 1875, entre quince mil y veinte mil kerembas se reunieron bajo las órdenes del mburuvicha —líder, en guaraní— Chidare de Guacaya. En la batalla de Mbaekuaa, los guaraníes se replegaron al ver morir a su ipaje —chamán—. Los karai que lucharon en esta guerra recibieron tierras como recompensa. A raíz del avance hacendado, nuevamente el pueblo guaraní se levantó en armas en 1891, liderado por el cacique Apiaguaiki

Tumpa. El gobierno envió una fuerza armada de mil setecientos hombres, que se enfrentaron a cinco mil guaraníes el 28 de enero de 1892. Las armas de fuego abatieron a los guerreros indígenas, que luchaban con arcos y flechas. Tras la batalla, el prefecto ordenó el incendio de los campamentos y la ejecución del enemigo, incluidos mujeres y niños. Después de la derrota y la matanza, los guaraníes continuaron siendo esclavizados por hacendados y ganaderos.

El año 1872 marca el tránsito definitivo de la política proteccionista a la del librecambio, mediante la abolición del monopolio estatal en el rescate de minerales y la eliminación de la moneda feble —devaluada—. La recuperación de la economía argentífera se había venido operando desde mediados de siglo y, con las medidas librecambistas, los *patriarcas de la plata* se encontraban en condiciones de administrar la economía del país, así como de gobernarlo. De ese modo, Gregorio Pacheco (1884-1888) y Aniceto Arce (1888-1892), dos de los más grandes mineros de la plata, defenderían sus intereses desde el gobierno. En una aparente contradicción, estos serían los protagonistas del primer intento hacia el desarrollo capitalista del país, al mismo tiempo que los mayores promotores de la expansión de la hacienda, a expensas de las tierras comunales. La alianza minero-terrateniente llegaba de esa manera a un punto tal que muchos de los empresarios mineros se convirtieron en grandes terratenientes y viceversa —buena parte de los capitales invertidos en la recuperación de las minas de plata provinieron de la acumulación efectuada por los hacendados tradicionales—. Se trató de una oligarquía minero-terrateniente progresista en lo económico y conservadora en lo social, lo que se asemejaba a una perfecta fusión entre capitalismo y feudalismo.

En la actualidad, los pueblos indígenas que habitan el Gran Chaco son los weenhayek, guaraníes y tapietes. Los weenhayek se encuentran a lo largo del río Pilcomayo; son aproximadamente tres mil indígenas dedicados a la pesca y a la artesanía. Se trata de uno de los sectores más abandonados en términos de titulación de tierras. Los guaraníes, en la actualidad, son alrededor de dos mil, asentados en el área rural de Yacuiba, dedicados principalmente a la agricultura, y que se encuentran movilizados a través de la APG (Asamblea del Pueblo Guaraní) y la CIDOB (Confederación Indígena de Pueblos del Oriente de Bolivia).

13. El derecho de propiedad y las garantías individuales en el constitucionalismo y la codificación boliviana durante el siglo XIX

Apenas nacida la República de Bolivia se procedió a redactar por Bolívar, a petición de la Asamblea Constituyente, una Constitución que contemplaba un Presidente vitalicio. El texto de la Constitución de 1826[141] tenía una clara inspiración monarquista, pese a estar detalladamente reglada la organización interna del Estado en la más pura línea del constitucionalismo liberal. Desde el punto de vista de las garantías individuales a la libertad y al derecho de propiedad, era confusa y contradictoria.[142] Sin embargo, se establecía claramente la garantía del derecho de propiedad, no pudiendo "el Presidente de la República privar a ningún individuo de

---

141 Aprobada el 6 de noviembre de 1825 y promulgada por José Antonio de Sucre el 19 de noviembre.

142 El artículo 1, N° 1 señalaba que "La Nación Boliviana es la reunión de todos los bolivianos"; el artículo 149 garantizaba a "todos los bolivianos su libertad civil, su seguridad individual, sus propiedades y su igualdad ante la ley", y aclaraba que son bolivianos (artículo 11, N° 5): "Todos los que hasta el día han sido esclavos y, por lo mismo, quedarán de derecho libres en el acto de publicarse la Constitución; pero no podrán abandonar la casa de sus antiguos señores, sino en la forma especial que la ley determine". Esta ley nunca se publicó...

su propiedad, sino en el caso de que el interés público lo exija con urgencia; pero deberá proceder una justa indemnización al propietario".[143] Se trataba de una de las *restricciones al Presidente de la República*. Esta Constitución estuvo vigente hasta 1831.[144]

Producto del desgobierno provocado por la salida del mariscal Sucre, en 1829 llega a hacerse cargo de Bolivia en calidad de Presidente provisorio designado por el Congreso Constituyente el mariscal Santa Cruz, que hasta esa fecha se desempeñaba en la presidencia del Perú. Bajo su gobierno no solo se llevó a cabo una adelantada labor codificadora —en 1831, los Códigos Civil, Penal y de Procedimiento Civil; en 1834, Código de Minería y Mercantil—, sino que, además, se promulgó, el 14 de agosto de 1831, una nueva Constitución. En los artículos 149 y siguientes, dicha Carta Fundamental contemplaba las garantías individuales:[145] libertad civil,

---

143   Artículo 84, inciso 3º.

144   En la cual la misma restricción se contempló en el artículo 74.

145   Cabe destacar las siguientes normas: Artículo 149. La Constitución garantiza a todos los bolivianos su libertad civil, su seguridad individual, su propiedad y su igualdad ante la ley, ya premie, ya castigue; Artículo 150. Todos pueden comunicar sus pensamientos de palabra o por escrito, y publicarlos por medio de la imprenta, sin censura previa, bajo la responsabilidad que las leyes determinen; Artículo 151. Todo boliviano puede permanecer o salir del territorio de la República, según le convenga, llevando consigo sus bienes; pero guardando los reglamentos de policía, y salvo siempre el derecho de tercero; Artículo 152. Toda casa de boliviano es un asilo inviolable: su allanamiento será en los casos y de la manera que la ley lo determine; Artículo 153. Quedan abolidos todos los empleos y privilegios hereditarios, y son enajenables todas las propiedades, aunque pertenezcan a obras pías, a religiones u otros objetos; Artículo 154. Ningún género de trabajo o industria puede ser prohibido, a no ser que se oponga a las costumbres públicas, a la seguridad y la salubridad; Artículo 155. Todo inventor tendrá la propiedad de sus descubrimientos y de sus producciones. La ley le asegurará un privilegio exclusivo temporal o el resarcimiento de la pérdida que tenga, en caso de publicarlos; Artículo 156. Nadie ha nacido esclavo en Bolivia desde el 6 de agosto de 1825.

seguridad individual, la propiedad, la igualdad ante la ley y la inviolabilidad del hogar. Las Constituciones de 1834 y de 1839[146] mantuvieron intactas las referencias a la protección al derecho de propiedad de la Constitución de 1831[147] En la Constitución de 1839 desaparece la referencia a la expropiación, a la justa indemnización, garantizándose someramente *la propiedad*. Más adelante, el derecho de propiedad apareció como una garantía constitucional. Así, la Constitución de 1843 establecía que "la propiedad es inviolable; y solo por causa de interés público, comprobado legítimamente, se puede obligar a un boliviano a enajenarla, precediendo una justa indemnización";[148] la Constitución de 1851, en tanto, que toda propiedad "es inviolable"; sin embargo, "el Estado puede exigir el sacrificio de una propiedad, por causa de utilidad pública, acreditada en forma legal, precediendo una justa indemnización".[149] Semejantes conceptos se mantuvieron en la Constitución de 1861 (artículo 6), de 1868 (artículo 16), 1871 (artículo 10) y 1878 (artículo 13).

Durante el siglo XIX no se ve en ninguno de los textos constitucionales un reconocimiento a la diversidad étnica. Si bien en todos ellos hay una referencia a la libertad, solo en la Constitución de 1851 existe un explícito rechazo a la esclavitud[150] y una clara referencia a la igualdad de oportunidades: "Ante la ley en Bolivia todo hombre es igual a otro hombre, sin más restricción que la que la misma ley

---

Queda prohibida la introducción de esclavos en su territorio.

146 Ambas, bajo el gobierno de Santa Cruz; la de 1839 tuvo lugar en el contexto de la Confederación Perú-Bolivia.

147 Artículos 151 y siguientes de la Constitución de 1834, y 148 y siguientes de la Constitución de 1839.

148 Artículo 95.

149 Artículo 15.

150 Artículo 1º: Todo hombre nace libre en Bolivia: todo hombre recupera su libertad al pisar su territorio. La esclavitud no existe ni puede existir en él.

establece por motivos de utilidad pública. Todos los ciudadanos bolivianos por nacimiento son igualmente admisibles a todos los empleos y cargos públicos, sin otra preferencia que su merecimiento ni otra condición que la que la ley establece" (artículo 13).

Paralelamente, durante 1830, una Comisión Redactora, a solicitud del almirante Andrés de Santa Cruz, había desarrollado el trabajo de preparar un Código Civil para Bolivia. En el Oficio de fecha 17 de septiembre de 1829 con el que el ministro Mariano Calvo había solicitado la designación de una Comisión Redactora, se planteaba el trabajo de codificación sobre la base de tomar de los códigos vigentes todo lo que fuera justo, concordable y adaptable, entendiendo por códigos vigentes la legislación española, aún en vigor en Bolivia. Sin embargo, en gran medida y claramente, al menos en el libro II, sobre la propiedad y los derechos reales, el Código de Santa Cruz, que entró a regir en 1831, se basó fundamentalmente en el Code Civil de Napoleón. Este Código rigió durante algunos meses en el *Estado Sud-Peruano* y en el *Estado Nor-Peruano*, que junto a la República de Bolivia conformaron la Confederación de Andrés de Santa Cruz.

El Código de Santa Cruz hizo caso omiso de la realidad indígena. En su promulgación, Santa Cruz señalaba: "la legislación que os doy (...) es el fruto del saber de los siglos, madurado con los jugos de vuestro suelo, y puesta en armonía con vuestras circunstancias particulares". Sin embargo, eso no pasó de ser retórica. En un código generado con la urgencia política del momento y por un dictador que gobernaba mirando Europa resultaba una ilusión esperar alguna elaboración para las particularidades. El único artículo del Código de Santa Cruz que atiende en particular a la realidad indígena es el artículo 467, relativo a la forma especial de testar por los naturales.[151] El problema de la tierra, el reconocimiento de las

---

151 Ramos Núñez, Carlos. *Historia del derecho civil peruano, siglos*

comunidades agrarias, de tanta significación en el indígena, sobre todo en el altiplano, fue simplemente ignorado. Mirando hacia Europa, no parecía haber necesidad más que de dos códigos sustantivos: el Código Civil, Código de la Propiedad, y el Código de Comercio, Código del Mercado. El derecho agrario, así como el derecho laboral, se descartaban para darle el máximo espacio a la libertad, la libertad de trabajo y la propiedad privada.[152]

En 1839, cae Santa Cruz y se genera una reacción de rechazo hacia su obra en general y hacia la influencia del Código Napoleónico en el Código Civil Boliviano. Comienza así un nuevo proceso de redacción que culmina, en 1845, con la entrada en vigencia de un nuevo Código, bajo el gobierno del presidente José Ballivián, que resultó igualmente inspirado en el Code Civil, salvo algunas innovaciones puntuales del derecho español. Este Código regiría unos pocos meses, ya que el mismo presidente Ballivián ordenó, a poco andar, la redacción de un nuevo Código Civil y que rigiera, mientras

XIX y XX. Tomo I. Pontificia Universidad Católica del Perú, 2005, p. 35.

152   En referencia al proyecto de Código Civil de que conocían las Cortes de Cádiz por aquella época, Bartolomé Clavero escribe: "Era el código rural un código consistente en la carencia de código, ofreciéndole consistencia al código entonces verdadero y protagonista, el Código Civil. Se le descartaba por hacérsele espacio máximo a una libertad, la libertad de la propiedad privada para disponer de la tierra, para cercar y acotar, ceder o retener, arrendar o rescindir contratos o concesiones, cultivar o abandonar, comercializar, *reducir* toda otra propiedad, en suma. El interés de la privada seriamente se pensaba por quienes codificaban que constituía el barómetro más sensible de la necesidad social y el mecanismo más eficiente del progreso económico. La misma exposición de motivos recalca que hasta los problemas entonces más elementales y recurrentes, como el de las crisis por desabastecimientos, solo llegarían a superarse mediante el juego libre de un determinado interés privado, el de la propiedad. En este contexto, la propia política de dotación de infraestructura por el Estado se concibe como servicio a la propiedad privada o descomunitarizada". "Derecho agrario entre Código Francés, costumbre aymará, orden internacional y Constitución Boliviana".

En http://clavero.derechosindigenas.org

tanto, el de Santa Cruz. De este modo, el Código de 1831 rigió hasta 1973, año en que entra en vigor un nuevo Código Civil, entre cuyas novedades, para lo que nos interesa aquí, está el haber suprimido el título preliminar del de 1831, que identificaba la ley con el ordenamiento jurídico global. Se abrían así las puertas, al menos desde el Código Civil, a la existencia de derechos consuetudinarios que tendrían, años más tarde, un reconocimiento constitucional.

Capítulo IV
Evolución de la propiedad indígena en Bolivia durante el siglo XX

14. Cambios limítrofes y transformaciones económicas y sociales durante la primera mitad del siglo XX

Tras la Guerra Federal, en los albores del siglo XX, Bolivia parecía gozar de una aparente tranquilidad. Un país que en ese momento era el tercero de Sudamérica en superficie, después de Brasil y Argentina, y con un sistema político relativamente estable. Sin embargo, durante las décadas siguientes se iría generando, a causa de diferentes factores, una presión muy grande que explotaría con la revolución de 1952.

Esa presión surgió, por una parte, de la exclusión y la segregación. El juicio autocrítico del historiador boliviano Carlos Mesa es esclarecedor: "Bolivia era una nación aislada no solo del mundo, sino de la propia América del Sur; las fuertes corrientes migratorias tanto europeas como asiáticas que alimentaron a casi todas las naciones del continente no llegaron a nuestro territorio. Esto determinó una realidad muy distinta no solo de sociedades como la argentina o la chilena, sino incluso de países andinos como Perú y Ecuador, con fuerte presencia cultural propia. Pretender un país cuyo faro fuese París en el centro de los Andes, con una población mayoritariamente no occidental, era un despropósito. Peor aún, la base del razonamiento de la época partía de la idea de que los indígenas eran un lastre y no una potencialidad para el desarrollo. Ese razonamiento fue fatal para la historia nacional, porque implicó una política sistemática de exclusión por un lado y de despojo por otro".[153] Por lo demás, la segregación y el racismo tenían un impacto directo en el derecho de propiedad. Ya en 1906, Rigoberto Paredes describía en Inquisivi, cerca de La Paz, la realidad: "Los indios son desposeídos de sus terrenos con el mayor descaro, ya inventándoles escrituras en cuya confección no han tenido parte, ya simulando ejecuciones por pequeños créditos, que dan por resultado la pérdida de la única propiedad que poseen; todo esto con violencia y torturando al indio que trata de defenderse".[154] Sin duda, no era solo un problema de maldad del terrateniente. La segregación, el racismo iba ayudado por una mentalidad ancestral difícil de modificar. "Los indios [continúa Paredes] aún no han llegado a entender que son propietarios de sus *sayañas* (...). A pesar de la insistencia con que se trata de inculcar en el indio la idea de que el carácter de propietario no es privativo de la raza blanca y que él puede obtener cuando quiera, y de que lo tiene respecto de las tierras que posee, el indio no quiere comprenderlo. En él persiste el apego invencible al colectivismo agrario de sus

---

153   Mesa G., Carlos. *Op. cit.* en nota 1, p. 393. El racismo era un factor aglutinador de la oligarquía en ese entonces. Un libro que causó furor en la primera mitad del siglo XX fue *Pueblo enfermo*, de Alcides Arguedas, a quien A. Céspedes llamó "rentista de la denigración nacional" (según Justo, Liborio. *Op. cit.* en nota 11, p. 142). Sin embargo, ya en esa época hubo voces precursoras y aisladas que reivindicaban el valor del indígena. En primerísimo lugar, cabe destacar en tal sentido a Franz Tamayo, con su *Creación de la pedagogía nacional*. "¿Qué hace el indio por el Estado? Todo. ¿Qué hace el Estado por el indio? ¡Nada! Es preciso aceptar que en las actuales condiciones de la nación, el indio es el verdadero depositario de la energía nacional". Tamayo, Franz. *Creación de la pedagogía nacional*. La Paz, 1944, p. 68. La estratificación social en Bolivia respondía, como lo puso de relevancia en Perú José Carlos Mariátegui (en *El problema de las razas en América latina*), sobre la base de una estratificación racial.

154   Citado por Liborio, Justo. *Op. cit.* en nota 11, p. 148, nota 8

antepasados, que lo practica instintivamente, sin darse cuenta del papel verdadero que desempeña en el desenvolvimiento económico del país. Cuatro siglos de dominio ajeno no han bastado para borrar de sus costumbres las huellas de la organización social incaica de la que se ha compenetrado el alma indígena".[155]

La segregación hacia el indígena se manifestaba tanto a nivel de las haciendas como en las minas. En las haciendas, el hombre trabajando de *pongo* —empleado sin más paga que la alimentación— o *mulero*; la mujer, de *mitani*, también sin más paga que la alimentación, en labores domésticas. "Los colonos [describe Rafael Reyeros en 1937] son sirvientes absolutos del patrón. Su trabajo, sus esfuerzos, sus largas caminatas, incluso el esfuerzo de su mujer e hijos pertenecen al hacendado. Este hacendado es el gran latifundista gamonal, quien por lo común visita la propiedad para recoger las cosechas".[156] En las minas, el abuso era conocido internacionalmente. En su mismísima obra *El capital*, Karl Marx citaba a un sociólogo que relataba: "Los trabajadores de las minas de América del Sur, cuya tarea diaria —quizá la más pesada del mundo— consiste en sacar a la superficie, sobre sus espaldas, una carga de minerales de 180 a 200 libras de peso, desde una profundidad de 450 pies, viven solo de pan y de habas. Preferirían alimentarse de pan solamente, pero sus amos, habiendo descubierto que con pan no pueden trabajar tan fuertemente, los tratan como a caballos y los obligan a comer habas; las habas proporcionalmente son mucho más ricas que el pan en fosfato de cal".[157]

Por otra parte, en el cambio de siglo se consolida el latifundismo. "Si en el siglo XIX la influencia de los latifundistas era más bien producto de su prestigio social y origen de clase, tras las medidas legales de 1880 se convirtió

---

155   *Ibíd.*
156   *Ibíd.*
157   Liborio, Justo. *Op. cit.* en nota 11, p. 151.

en un factor real de poder, al haberse producido una expansión geométrica de las propiedades de hacienda en altiplano y valles. Los hacendados eran menos vigorosos e influyentes que los magnates mineros, pero estuvieron vigentes en las decisiones políticas, a tal punto, que algunos presidentes liberales fueron patrones de hacienda y propietarios de grandes extensiones en el altiplano".[158]

Otro factor que desencadenó la revolución de 1952, y con ello la transformación del derecho de propiedad en general y en el agro en particular, fue la progresiva pérdida de territorios. En 1903, Bolivia pierde en manos de Brasil ciento noventa mil kilómetros cuadrados de territorio. En 1904, pierde el litoral, con ciento veinte mil kilómetros cuadrados, a manos de Chile. Apenas treinta años después, en la guerra del Chaco,[159] pierde las tres cuartas partes del territorio en disputa, alrededor de cincuenta mil kilómetros cuadrados, y deja un saldo de cincuenta y cinco mil muertos y un país ya no solo aislado hacia el Pacífico, sino, además, hacia el Atlántico. Una guerra absolutamente innecesaria, que para muchos historiadores fue provocada por los intereses comerciales de las dos grandes transnacionales: la Standard Oil por el lado de Bolivia y la Royal Dutch Shell por el lado paraguayo-argentino.[160] "Tan

---

158   Mesa, G. *Op. cit.* en nota 1, p. 394
159   Para una lectura simple y clara de la guerra del Chaco, relatada por un solado boliviano, se puede consultar, de Querejazu Calvo, Roberto, *Historia de la guerra del Chaco*. La Paz, 1998.
160   Si bien en el Chaco no hay petróleo, lo relevante era el control de las vías fluviales para conducir el petróleo por la cuenca del Plata. Sin duda, hubo además otros intereses, como los vendedores de armamentos, etcétera. Pero sustancialmente no fue una guerra justificada por intereses nacionales. Sin embargo, para otros historiadores, la relación entre los conflictos de los grandes conglomerados petrolíferos y la guerra del Chaco no es tal. Escribe Dionisio Foiani: "El móvil de la guerra nunca fue el petróleo, pues Bolivia no disfrutaba de él y Paraguay no había ido a la guerra en busca de él. Argumentar que el bloqueo argentino al tendido de los oleoductos de la Standard a través de su territorio, decidido tras supuestas presiones de la Shell, fuera

ajena estaba Bolivia misma a tal guerra [explica Justo Liborio] que su ejército, en buena parte de la contienda, estuvo dirigido por un general prusiano, especialmente contratado, quien ya había sido antes instructor de este, y que antes de llegar a Bolivia pasó por Nueva York a cobrar el estipendio que le tenía asignado la Standard Oil. Más tarde, la guerra prosiguió sin él, bajo la acusación de inepto, pero los jefes que le sucedieron se revelaron igualmente incapaces, mostrando que el ejército de Bolivia solo era eficaz como guardia pretoriana del imperialismo y de los gamonales".[161] Y así, mientras "en el frente, el hambre y la sed hacían estragos entre los soldados (…), los jefes bebían champagne [escribió un periodista argentino que visitó el campo de lucha]. No es un eufemismo, una manera de decir. Miles de cajones con cerveza y licores eran destinados a los Estados Mayores. Los alimentos más exquisitos estaban a su disposición".[162]

Todo lo anterior generó un fuerte sentimiento de frustración y de nacionalidad, que llevaría a cerrar definitivamente el período de los gobiernos liberales y generar un cambio ideológico fundamental. No puede obviarse que el reclutamiento para la guerra incluyó indígenas. "Los indios que volvieron de la guerra tuvieron luego argumentos más que legítimos ante sus excamaradas criollos para hacer valer sus derechos como ciudadanos, en especial su derecho como propietarios (…). De las trincheras surgió así una nueva conciencia sobre los anacronismos y desigualdades que arrastraba el sistema político boliviano y, al mismo tiempo, una intensa recomposición de las jerarquías de casta hasta entonces vigentes".[163]

Hacia fines de la década de 1920, la ilusión de progreso indefinido que inspiraba el optimismo criollo tras la llegada

---

el detonante de la guerra, constituye una soberana estupidez". Citado por Royuela, Carlos. *Cien años de hidrocarburos en Bolivia*. La Paz, 1996, p. 71.
161 Liborio, Justo. *Op. cit.* en nota 11, p. 163.
162 *Ibíd.*
163 Rivera Cusicanqui, Silvia. *Op. cit.* en nota 117, p. 94.

de los ferrocarriles y la apertura de nuevas rutas comerciales había desaparecido. A la caída de las exportaciones de caucho se había unido la crisis de los precios mundiales del estaño. La falencia económica y social de los sectores rurales se había expandido a las ciudades y los centros mineros. Se desarrollaban las primeras luchas obreras por la organización sindical y una progresiva socialización de los procesos productivos en las grandes empresas mineras. La mezcla de gentes de distintas regiones y el prolongado contacto entre combatientes indios y reclutas mestizos-criollos reforzaban una conciencia crítica acerca de los problemas no resueltos del país. En este contexto llegan también las primeras nacionalizaciones en la década del 30: la caducidad de las concesiones de la Standard Oil —acusada de contrabando de petróleo a favor del enemigo durante la guerra del Chaco— y la creación de YPBF (Yacimientos Petrolíferos Fiscales Bolivianos). Finalmente, surgen los grandes referentes políticos que intervendrían en la primera reforma agraria: el Partido Obrero Revolucionario —1935, de clara tendencia marxista-troskista—, la Falange Socialista Boliviana —1937, movimiento anticomunista, influido por el falangismo español— y, naturalmente, la nueva Constitución de 1938, que representó un cambio de orientación hacia lo que se llamó el constitucionalismo social. Sin embargo, aparentemente, las explicaciones son más complejas aún. Desde la perspectiva indigenista, los orígenes del MNR (Movimiento Nacionalista Revolucionario), o al menos de la revolución de 1952, habría que encontrarlos no en un nacionalismo integrador, sino simplemente en el sentimiento, por parte de los sectores dirigentes, de evitar que la frustración provocada en el indígena por las derrotas militares y en particular por la guerra del Chaco transformaran al *indio* en un *revolucionario*.[164]

---

164   Según relata Esteban Calani, en un Seminario de la Federación Departamental de Campesinos Túpac Katari, celebrado en La Paz el 12 de octubre de 1992, Jorge Candia habría expresado que en un encuentro

De hecho, prácticamente todos los levantamientos campesinos desde mediados del siglo XIX y hasta la guerra del Chaco fueron motivados por la defensa que las comunidades hicieron de sus tierras despojadas o amenazadas de despojo. Pero esas rebeliones se mezclaban con una actitud ambivalente por parte de la oligarquía terrateniente: buscaban el apoyo de los comuneros, pero simultáneamente no dudaban en llamar al ejército para reprimir los levantamientos. Esa ambivalencia estará presente casi sin excepciones en la evolución del Movimiento Nacionalista Revolucionario.

15. El reconocimiento de la propiedad indígena en la Constitución de 1938

Bartolomé Clavero, en su obra *Geografía jurídica de América latina*, describe crudamente lo que él llama "el panorama de la historiografía y la doctrina constitucionales: prescindencia y presunción": "Prescinde de los tratados que interesan a los indígenas, tanto de los propios como de los ajenos, también de los que se suscriben entre Estados en la medida en la que también afectan a la humanidad indígena (…). El fraude resulta superior, porque ya no se trata tan solo de desconocer, sino también de fabular. La presunción es la de igualdad, de una igualdad de nacionalidad, cuando no incluso de ciudadanía, entre no indígenas e indígenas que, en el caso de Latinoamérica, contrastando además en esto fuertemente con Angloamérica, se habría formulado tan temprano como por la propia Constitución española de Cádiz en 1812, una Constitución destinada a regir, aunque lo consiguiera solo en parte

en la Universidad de Wisconsin, en los Estados Unidos, en 1935, el delegado boliviano había planteado que "los indios regresaron de la guerra del Chaco convertidos en revolucionarios, entonces hay que adelantarse a los indios". Calani González, Esteban. *Pensamiento político ideológico campesino*. La Paz, 2003, p. 76.

y no por mucho tiempo, en lo que ella misma llamaba las Españas, así, en plural, para comprender, entre otros territorios no europeos, el grueso de América con su población indígena inclusive".[165]

La Constitución de 1938, promulgada por Germán Busch, representa un giro drástico de inspiración. Está abiertamente en la línea de lo que en Bolivia se ha denominado constitucionalismo social, inspirado en la Constitución mexicana de 1917.[166] Se establece, por ejemplo, que el régimen económico "debe responder esencialmente a principios de justicia social, que tiendan a asegurar para todos los habitantes de una existencia digna del ser humano" (artículo 106). Es así como se destinan diez artículos al *régimen social* (sección decimocuarta) y quince artículos a sentar las bases del *régimen económico*.

Pero lo más innovador es que por primera vez se hace un formal reconocimiento a los pueblos indígenas y al campesinado como un estamento que requiere una legislación específica, abriendo las puertas a una legislación agraria especial, que vendría apenas dos décadas después: "El Estado reconoce y garantiza la existencia legal de las comunidades indígenas" (artículo 165); "la legislación indígena y agraria se sancionará teniendo en cuenta las características de las diferentes regiones del país" (artículo 166); "el Estado fomentará la educación del campesino, mediante núcleos escolares indígenas que tengan carácter integral, abarcando los aspectos económico, social y pedagógico" (artículo 167). Más o menos los mismos conceptos se recogen en las Constituciones de 1945 y de 1947. Bolivia hacía, de esta manera, un esfuerzo integracionista a nivel constitucional, siguiendo los pasos del Perú, que en su Constitución de 1920 había establecido que "el Estado protegerá a la raza indígena

---

165   Clavero, Bartolomé. *Op. cit.* en nota 114, pp. 44 y 45.
166   La Constitución Mexicana de 1917 fue un referente para las reformas agrarias en Latinoamérica. Así, por ejemplo, en el trabajo "Principios de política agraria nacional", de Mariátegui, José Carlos, en *Peruanicemos al Perú*. Buenos Aires, 2007, p. 135.

y dictará leyes especiales para su desarrollo y cultura, en armonía con sus necesidades".[167] En Bolivia, como en el Perú, se reconocía, si bien con las limitaciones de una supuesta determinación legislativa —que nunca llegó— y con un carácter tutelar, que excluía el reconocimiento en tono de igualdad, la realidad indígena. Con todas esas limitaciones, estos países representaban, en este sentido, una vanguardia si se los compara con otros Estados que, con equivalente presencia indígena, no vinieron a formular tal reconocimiento sino varias décadas después. Tal es el caso, por ejemplo, de México, cuyo primer reconocimiento constitucional de la realidad indígena data de 1992.[168]

16. Los orígenes del nacionalismo y del movimiento indigenista

Tras el desastroso resultado de la guerra del Chaco, el espíritu de descontento y la conciencia de la necesidad de cambio se filtraron en todas las capas sociales. "La guerra del Chaco, con su absurdo carácter de duelo multitudinario entre soldados

---

[167] http://www.congreso.gob.pe/ntley/Imagenes/Constitu/Cons1920.pdf

[168] El 28 de enero de 1992 se publicó en el Diario Oficial de la Federación el "Decreto que adiciona el artículo 4° de la Constitución Política de los Estados Unidos Mexicanos", mediante el cual se reconoció legalmente, por primera vez en la historia del México moderno, el carácter pluricultural de la nación y se reconoció, asimismo, a los pueblos indígenas. La adición señalaba: "La nación mexicana tiene una composición pluricultural sustentada originalmente en sus pueblos indígenas. La ley protegerá y promoverá el desarrollo de sus lenguas, culturas, usos, costumbres, recursos y formas específicas de organización social, y garantizará a sus integrantes el efectivo acceso a la jurisdicción del Estado. En los juicios y procedimientos agrarios en que aquellos sean parte, se tomarán en cuenta sus prácticas y costumbres jurídicas en los términos que establezca la ley".

Esta adición fue suprimida, y su contenido reformulado, con la reforma constitucional en materia de derechos y cultura indígenas del 14 de agosto de 2001.

Cfr. en: (Ver notas finales)

desnudos, es el fenómeno a partir del cual comienza la conciencia de la rebelión de las clases nacionales".[169]

En ese contexto nacen algunas logias militares y movimientos nacionalistas. El año 1943 se fusionan el Movimiento Nacionalista Revolucionario (MNR) y RADEPA (Razón de Patria), y el nacionalismo llega al poder con Gualberto Villarroel. En esos años, Carlos Montenegro, uno de los grandes ideólogos del nacionalismo boliviano, escribe *Nacionalismo y coloniaje*, considerado un clásico de la historiografía crítica boliviana, y Wálter Guevara, por su parte, publica el *Manifiesto a los ciudadanos de Ayopaya*, reflexión ideológica destinada a perfilar los contornos del ideario del MNR.

En esa misma época, los sucesos internacionales tenían también repercusiones políticas en Bolivia. El viraje de Rusia desde el Pacto Berlín-Moscú hizo que el PIR (Partido de Izquierda Revolucionaria), filosoviético, pasara a tomar una actitud obsecuente hacia la Standard Oil y las potencias democráticas. Durante la Segunda Guerra Mundial, Bolivia había sido un gran proveedor de los Estados Unidos y se había visto prácticamente forzada a declararle la guerra al Eje. Pero los mineros bolivianos eran ajenos a todo eso. "La guerra había resultado un brillante negocio para la oligarquía minera, que en los tres años transcurridos había logrado una utilidad superior a los ochocientos millones de bolivianos. En cambio, para los obreros había resultado un verdadero desastre, ya que los sueldos se habían congelado, mientras los precios de pulpería sufrían periódicas alzas".[170] El 13 de diciembre de 1942, una violenta represión a los mineros en huelga, en Catavi, generaría un proceso de oposición al general Peñaranda. Y en esa oposición destacó el MNR.

---

169 Zabaleta Mercado, René. *La formación de la conciencia nacional.* Cochabamba-La Paz, 1990, p. 41.

170 Barcelli, Agustín. *Medio siglo de luchas revolucionarias en Bolivia*. La Paz, 1957, p. 161, citado por Liborio, Justo. *Op. cit.* en nota 11, p. 196.

La propiedad indígena en Bolivia

Simultáneamente, las luchas indígenas campesinas pasan a adoptar en esta época nuevas formas, más aproximadas a las de la clase obrera. Se trata de una transformación que, por lo demás, es coherente con lo que sucede en toda Latinoamérica: en el campo y en el mundo indígena surgen nuevas formas de organización sindical y contactos con partidos políticos. El protagonismo ya no era tanto de las comunidades amenazadas, sino de los peones de algunas haciendas, muchas de las cuales se encontraban abandonadas, fruto de la prolongada ausencia de mano de obra, a causa de la guerra. Como contrapunto, surge, además, un ambiguo y precoz *indigenismo*, cuyo objeto era *integrar* al indígena a la sociedad. A título de ejemplo, puede recordarse el Primer Congreso Indigenista Interamericano, que tuvo lugar en Pátzcuaro, México, en 1940.

En ese contexto, en 1936 surge en Cochabamba tal vez el primer foco de rebelión con estas nuevas características: un grupo de peones quechuas recién retornado del Chaco se incorpora al PIR. En agosto de 1942 se realiza en Sucre el Primer Congreso de Indígenas de Habla Quechua, con el auspicio de la Confederación Sindical de Trabajadores de Bolivia y las federaciones obreras y universitarias de Sucre y Oruro. El 13 de mayo del año 1945, por iniciativa de varios dirigentes campesinos liderados por Francisco Chipana, se da comienzo, con el auspicio del gobierno del presidente Villarroel, al Primer Congreso Indigenal. En medio de la hostilidad de los sectores conservadores y terratenientes,[171] y después de varios días de

---

171 Sobre el particular es interesante el testimonio de los historiadores Jorge Dandler y Juan Torrico, quienes, sobre la base de un trabajo de campo, relatan: "En diversas localidades de Cochabamba, buscamos a campesinos que asistieron como delegados al Congreso Nacional Indígena. Los campesinos no solamente se acordaban del nombre de su delegado, sino que nos describieron lo que significó el Congreso y el gobierno de Villarroel: era el Primer Congreso Nacional de Campesinos y el presidente Villarroel abolió la servidumbre en las haciendas. Logramos entrevistar a algunos delegados que nos ofrecieron una relación más detallada de su participación en

deliberaciones, el 15 de mayo de 1945 concluía el Congreso, con el arribo a una serie de resoluciones, las cuales fueron inmediatamente promulgadas como decretos por parte del expresidente de la República, Gualberto Villarroel. El contenido de esos decretos establecía que cualquier transacción hecha por el indígena debía tener como base una remuneración justa, se abolían los servicios de pongueaje y mitinaje,[172] la educación indigenal debía ampliar su cobertura a la mayor cantidad de población y se debía tomar un conjunto de disposiciones transitorias, con el fin de mejorar la producción en el país. Asimismo, se autorizaba la libre circulación de los indios por las calles de las ciudades —que en el hecho estaba restringida hasta entonces, no obstante las reiteradas garantías constitucionales al respecto—. Finalmente, se creaban las Oficinas de Defensa Gratuita de los Indígenas. A pesar de que no se trató el tema del régimen de la tierra, fue un hito histórico en el reconocimiento de la mayoría indígena.[173] En el Congreso, Siles Suazo,

---

el Congreso y cómo los patrones intentaron obstaculizar toda tentativa de organización. Los hacendados calificaron a todo delegado como *agitador* o *cabecilla*, y muchos fueron expulsados de las haciendas durante el mismo gobierno de Villarroel". En "El Congreso Nacional Indígena de 1945 en Bolivia y la rebelión de Ayopaya (1947)", en Stern, Steve (compilador). *Op. cit.* en nota 103, p. 315.

172 "...quedan abolidos los servicios de pongueje y mitinaje (...). Se prohíbe a las autoridades, ya sean administrativas, judiciales, eclesiásticas, provinciales, cantorales, etcétera, obligar a los indígenas, colonos, comunarios o residentes pueblerinos o de ciudades a prestar servicios gratuitos (...). Todo servicio debe ser efectuado voluntariamente y remunerado por su justo precio (...). Aquellas autoridades que infrinjan esta disposición serán sancionadas con la destitución de sus cargos (...). Los pongos y mitanis en actual servicio quedan facultados para retornar a sus domicilios...". *Ibíd.*, p. 332.

173 Desde la perspectiva actual del indigenismo campesino, la visión del protagonismo del presidente Villarroel y la posterior reforma agraria es lapidaria: "Villarroel nos dejó otro frente de resistencia a los campesinos para seguir luchando y tomando más haciendas (...). No es concesión de ningún partido, no ha dado MNR las tierras a los campesinos, como se

en representación de su partido, el MNR, afirmó por primera vez que "la tierra debe pertenecer a los que la trabajan".[174]

Pese a las normas y las conclusiones del Congreso, históricamente ellas no fueron tan relevantes como lo que simbolizaban. De hecho, "no constituyeron una grave amenaza en el orden de la propiedad y el poder económico terrateniente. Fueron una afrenta solo en tanto representaban una intervención intolerable del Estado en los asuntos internos de la hacienda y en la medida en que legitimaban el cuestionamiento de las barreras de casta subyacentes en la relación colono-patrón, quebrando el sustento ideológico de la disciplina laboral de los colonos".[175]

Mientras tanto, en el valle de Ucureña, Cochabamba, surge espontáneamente el primer Sindicato Campesino. Los indígenas no estaban dispuestos a esperar mucho para ver en hechos concretos la afirmación de Siles Suazo en el Congreso Nacional Indigenal: "La tierra debe pertenecer a los que la trabajan". De ahí en adelante, los sindicatos se expandieron por todo el territorio como organizaciones que terminaron sirviendo de puente entre las comunidades y el Estado; aunque, como explica Fernando Mires, la de *sindicato* "era solo una denominación arbitraria para designar a las más diferentes unidades organizativas agrarias. Por ejemplo, a diferencia de un sindicato tradicional, los campesinos tenían como base de acción una hacienda una aldea, una provincia o una región. Para muchos campesinos, la palabra sindicato no significaba más que una traducción al español de la comunidad agraria ordinaria. Debido a esas razones, el dirigente de un sindicato era obedecido por los indígenas como un cacique, y en otros casos, como una versión moderna del antiguo patrón".[176]

---

pretende engañar y mentir ante la historia, somos dueños desde tiempos inmemoriales". Calani Gonzáles, Esteban. *Op. cit.* en nota 163, p. 76.

174 Mires, Fernando. *Op. cit.* en nota 85, p. 252 y ss.
175 Rivera Cusicanqui, Silvia. *Op. cit.* en nota 117, p. 102.
176 Mires, Fernando. *Op. cit.* en nota 85, p. 272.

El año 1947, a causa de la represión de varias huelgas de brazos caídos en el campo, motivadas por el incumplimiento de los decretos del Congreso de 1945, una rebelión indígena concluye en la toma violenta de haciendas en Chuquisaca, Potosí, Oruro, Cochabamba y La Paz. Fue lo que se ha conocido como la rebelión de Ayopaya.

Las causas de estas rebeliones son muchas. Se ha destacado que durante la colonia se desarrolló un sistema hegemónico de haciendas muy ligado a la comercialización de productos agropecuarios y artesanales para las minas de Potosí. Al terminar el período colonial, con la decadencia de la minería de la plata se produjo un deterioro en la orientación comercial y productiva de las haciendas, en cuyo contexto los terratenientes se convirtieron cada vez más en rentistas y los campesinos, en pequeños productores. Décadas antes de la reforma agraria ya existían en algunos rancheríos pequeños propietarios campesinos independientes de las haciendas. Además, había un proceso acentuado de subdivisión de las haciendas y distintas formas de tenencia, desde el colonato hasta diversas formas de arriendo. En cambio, en contraste, en la provincia de Ayopaya la hacienda ejercía un dominio casi hegemónico sobre la propiedad de la tierra, la producción y la mano de obra campesina. Finalmente, en la sierra de Ayopaya y Cochabamba el sistema de servidumbre era más brutal y tradicional que en los valles. "En las alturas regía toda la gama de servicios gratuitos: colonato —dotación de tierras en usufructo a cambio de trabajo y la entrega de los productos a la hacienda—, mitinaje y pongueaje —servicios domésticos de la mujer y el hombre en la casa de hacienda o residencia del patrón—, las cachas —el transporte gratuito de los productos de la hacienda al pueblo o la ciudad en mulas o llamas de los propios campesinos— y otros más".[177]

---

177 Dandler, Jorge y Torrico, Juan. "El Congreso Nacional Indígena de 1945 en Bolivia y la rebelión de Ayopaya (1947)", en Stern, Steve (com-

Frente a la rebelión de Ayopaya, la respuesta del gobierno fue extremadamente violenta: se creó una policía rural e incluso se usó la aviación para sofocar las acciones indígenas. Centenares de líderes aborígenes fueron apresados y enviados a regiones tropicales inhóspitas del país. Un año antes, el 21 de julio de 1946, el gobierno de Villarroel había concluido con el colgamiento del Presidente y sus colaboradores en la plaza Murillo por una multitud urbana enardecida contra quien había sido calificado como *el Presidente de los indios*. Una concepción maniquea de *lucha de razas* inspiraba el pensamiento de las clases dominantes. El PIR, por su parte, aliado con la oposición, acusaba al MNR de Villarroel de no haber hecho nada por la *clase indígena* y haberse solo concentrado en ganar electores y prosélitos.[178] La represión contra los sublevados, las torturas a los *cabecillas* campesinos para obtener delaciones, el temor de los indígenas que habían visto en Villarroel a un *verdadero padre*, como coinciden muchos relatos sobre el particular, la venganza en las haciendas extremaron las odiosidades a un punto al que se había llegado por primera vez.

En noviembre de 1946, un Congreso de Mineros celebrado en Pulacayo presagiaba nuevas formas políticas, colocándose en la primera fila de las masas revolucionarias bolivianas. El programa revolucionario aprobado por la Federación de Mineros, la llamada *Tesis de Pulacayo*, decía: "La particularidad boliviana consiste en que no se ha presentado

pilador). *Op. cit.*, en nota 103, p. 315.

178   José Antonio Arze, presidente del PIR, explicaba: "...en el aspecto social, el régimen derrocado prometió dar solución a los problemas que atañen a nuestro proletariado de las minas y de los campos. Bien sabemos que nada se hizo para mejorar las condiciones de vida de esos sectores (...) y a la clase indígena lo único que se le dio fue un pintoresco Congreso...". *La Razón*, 10/8/1945. En Dandler, Jorge y Torrico, Juan. "El Congreso Nacional Indígena de 1945 en Bolivia y la rebelión de Ayopaya (1947)", en Stern, Steve (compilador). *Op. cit.* en nota 103, p. 341.

en el escenario político una burguesía capaz de liquidar el latifundio y otras formaciones económicas precapitalistas; de realizar la unificación nacional y la liberación del yugo imperialista".[179] Por otra parte, el Congreso Nacional Indigenal dio lugar a un intenso debate político. El PIR pugnaba con el MNR en el apoyo popular y en ser el portavoz de las demandas campesinas, pero en una posición abiertamente marxista.[180] La agrupación RADEPA (Razón de Patria), una logia de militares jóvenes con estudios superiores en Italia y simpatías hacia el fascismo, apoyaba a Villarroel. El Partido Obrero Revolucionario (POR) destacó, reforzando los lazos entre las organizaciones sindicales mineras y el campesinado, pero se autorestringía por una posición doctrinaria que subestimaba la capacidad de automovilización del campesinado. Finalmente, el Partido Agrario Nacional (PAN), también conocido como Asociación Nacional Bolindia, surgía como una colectividad política abiertamente indígena. Fundado en Tiwanaku, en su *Ideario de Tiwanaku*, expresaba: "Bolivia fue, es y ha de ser india. Bolindia es Bolivia india, porque el indio es mayoría en Bolivia. El 90 por ciento de todos los bolivianos es indio. El PAN hará que la tierra sea del que la fecunde con su sudor. El problema indígena no es un problema étnico ni cultural, es económico, social y no político. Bolivia será grande cuando el indio sea libre".[181]

179   Cornejo, A. *Programas políticos de Bolivia*. Cochabamba, 1949, p. 341, citado en Liborio, Justo. *Op. cit.* en nota 11, p. 235.

180   En su Programa de Principios, de 1941, promovía una reforma agraria "orientada a liquidar el latifundio feudal improductivo, abolir la servidumbre del indio, convertir las comunidades indígenas en cooperativas agrícolas". Cornejo, Alberto. *Programas políticos de Bolivia*. Cochabamba, 1949, pp. 233-276.

181   Citado en Dandler, Jorge y Torrico, Juan. "El Congreso Nacional Indígena de 1945 en Bolivia y la rebelión de Ayopaya (1947)", en Stern, Steve (compilador). *Op. cit.* en nota 103, p. 326.

17. La revolución nacionalista. Antecedentes de la reforma agraria

Existe consenso entre los historiadores sobre que, al comenzar la década del 50, el modelo liberal en Bolivia estaba agotado. Bolivia era entonces una sociedad eminentemente rural, aunque la agricultura desempeñaba un rol secundario en la economía en relación con el sector minero. La agricultura estaba en manos de latifundistas que no habían invertido ni modernizado la producción; ningún incentivo había para ello, considerando que existía una mano de obra casi gratuita. La superficie cultivada del país representaba menos del 2 por ciento de la superficie útil y casi el 20 por ciento de los alimentos se importaba. La minería, si bien era la principal fuente de riqueza, era manejada por los *barones del estaño*, que tampoco habían hecho las inversiones necesarias para haber revertido los decrecientes niveles de producción. La influencia de la minería impidió articular el Occidente con las regiones de las tierras bajas y condujo a un aislamiento del trópico respecto de los centros de Occidente. A fines de la década de 1940, sin embargo, surgieron las primeras señales de la crisis de este modelo de crecimiento, generadas principalmente por la caída de los precios de los minerales.

No había un sistema de seguridad social adecuado y la legislación laboral era absolutamente incipiente. Por su parte, la población indígena, que en 1900 ascendía a un 57 por ciento, llegaba en el censo de 1950 a un 63 por ciento de los habitantes. Las buenas intenciones reflejadas en la Constitución de 1938 no habían prosperado. La estructura poblacional hacia 1950 exhibía una distribución asimétrica de la población entre occidente y oriente, y muy reducidos procesos de urbanización. En conjunto, el 86 por ciento de la población nacional estaba concentrado en el área andina y la mayoría en el altiplano del país. Las tierras bajas, en ese momento, no constituían áreas de atracción poblacional, debido a su frágil vinculación con el resto del país. A pesar del relativo auge de la producción minera de la época, la producción agrícola se mantenía en esquemas de autoconsumo y un limitado crecimiento del mercado interno, lo que influyó para que las comunidades indígenas y los colonos de las haciendas estuvieran marginados de la economía monetaria.

En cuanto a la estructura de tenencia de la tierra, el Censo Agropecuario de 1950 reflejaba que aún el latifundio improductivo, basado en un sistema de colonato, era la forma predominante de explotación agrícola: representaba un 44,3 por ciento de la superficie cultivada del país y un 9,4 por ciento de las unidades productivas. Siete mil propietarios concentraban en sus manos el 95 por ciento de la superficie cultivable del país, de la cual solo el 0,8 por ciento se hallaba efectivamente cultivado.

En las elecciones de 1951 triunfa el MNR, lo que provoca un verdadero pánico en la oligarquía, que presiona para entregar el poder a una Junta Militar, presidida por el general Ballivián, que, declarando nulas las elecciones, gobierna hasta abril de 1952. Ese año, uno de los miembros de la Junta Militar, el general Antonio Seleme, se manifestó dispuesto a traicionar al Ejército y apoyar una sublevación de sus enemigos del MNR, poniendo como precio la Presidencia de la República. El 9 de abril se desarrolla la lucha, con todas las masas populares de La Paz sosteniendo a los miembros del MNR, que estaban permanente a punto de rendirse. Finalmente, cuando la lucha se encontraba en su etapa más encarnizada, con cientos de muertos de ambos bandos, aparecen por la retaguardia del Ejército los mineros de Milluni, que deciden el combate. Triunfante la insurrección, Hernán Siles Suazo, quien la había liderado, se hace cargo del gobierno como Presidente Provisional.[182]

---

182   Un relato detallado de esas horas se encuentra en Valdivia Alta-

El 15 de abril de 1952 llega a La Paz, tras seis años de exilio, Víctor Paz Estenssoro, para hacerse cargo del gobierno mediante el Movimiento Nacionalista Revolucionario, que había fundado once años antes. Aunque las masas populares desconfiaban del MNR, Paz Estenssoro apareció apoyado por la Federación Sindical de Trabajadores Mineros Bolivianos (FSTMB), por el Partido Comunista —stalinista— y por el Partido Obrero Revolucionario —POR, de tendencia trotskista—. El 17 de abril, además, se forma la Central Obrera Boliviana (COB), que recoge y organiza a las milicias armadas que controlaban de hecho el país.

Se ha dicho que lo de 1952 en Bolivia fue la única auténtica revolución que ha habido en la historia de ese país. "Las razones son las siguientes: este proceso representó un desplazamiento de clases a nivel de las decisiones en el seno del gobierno y en el conjunto de la sociedad. La minúscula clase dominante que dirigía el país fue sustituida por una *clase media* —difícilmente definible en términos sociológicos— que, además, afectó severamente los intereses de la elite al expropiar las grandes minas y los latifundios. La emergencia campesina en el agro y de trabajadores mineros y fabriles en ciudades y centros mineros, a través de organizaciones con poder real, modificó radicalmente los estamentos de poder. Por eso se habla de revolución".[183]

Los objetivos de la revolución se centraron en la incorporación del indígena a la sociedad, mediante la redistribución de las tierras, la ampliación del sufragio universal —con la inclusión del analfabeto—, la transformación del sistema educativo y la diversificación económica de la agricultura. La nacionalización de las minas, en tanto, si bien no figuraba en el programa del MNR, terminó siendo una conquista ejecutada en el más breve plazo por presión de las bases y, además, contra las expectativas de estas, con toda clase de indemnizaciones.[184]

---

mirano, J. *La revolución del 9 de abril de 1952*. La Paz, 1953.
183   Mesa, Gibert. *Op. cit.* en nota 1, pp. 492 y 493.
184   La nacionalización de las minas sin indemnización y su entrega

Sin embargo, para llevar adelante su programa, el MNR debía subrepticiamente neutralizar a las masas revolucionarias, en lo que ha sido descrito como una ofensiva contrarrevolucionaria. Desmanteló las bases de la COB, suplantando sus milicias por las tituladas milicias del MNR y concediendo el voto universal, lo que permitió su más fácil manipulación; también anuló y burocratizó el control obrero en las minas. Pero lo más importante: el MNR reorganizó el Ejército bajo el pretexto de crear un Ejército de la Revolución Nacional.

Desde el punto de vista de la propiedad agraria, el MNR no tenía ninguna intención concreta de revolucionarla; tal vez ni siquiera de reformarla. De hecho, su programa no mencionaba la reforma agraria como concepto; solo decía, genéricamente: "Exigimos el estudio, sobre bases científicas, del problema agrario indígena, con vistas a incorporar a la vida nacional a los millones de campesinos marginados de ella y a lograr una organización adecuada de la economía para obtener máximo rendimiento". Con todo, la reforma agraria fue la iniciativa más profunda y de mayores consecuencias llevada a cabo por el MNR. "¿Cómo fue posible esta contradicción?", se pregunta Justo Liborio. Y responde: "Porque la destrucción del ejército burgués por el proletariado, en abril de 1952, permitió al campesinado realizar la reforma agraria por su propia cuenta".[185] Y cita a un autor norteamericano, que

---

a los mineros tuvo lugar por Decreto del 31 de octubre de 1952. Dijo Paz Estenssoro entonces: "[El poder económico] quiso hacer de una nación de tres y medio millones de hombres libres una factoría acomodada a los intereses explotadores de tres individuos (...). Cincuenta años de dominio oligárquico nos han dejado una nación en ruinas y, contrastando con esa pavorosa realidad, se alzaba la soberbia personal y la fortuna fabulosa de los tres magnates del estaño". Y haciendo una parodia del gesto histórico de Simón Bolívar, que en la coma del cerro de Potosí proclamara la libertad de América, Paz Estenssoro, en el mismo lugar, proclamó el "Acta de la Independencia Económica de Bolivia". Liborio, Justo. *Op. cit.* en nota 11, p. 277.

185   Liborio, Justo. *Op. cit.* en nota 11, p. 282.

explica: "La reforma agraria era ya una realidad antes de que fuera una ley. Los campesinos se estaban repartiendo por su propia cuenta la tierra y expulsando del campo a los latifundistas (...). El actual gobierno de Bolivia reclama justificadamente para sí mismo el mérito de la reforma agraria. Pero esta era una ley impuesta por un hecho consumado y la alternativa de ella era una desastrosa guerra civil".[186]

Ni durante el siglo XIX, ni durante el siglo XX hubo, propiamente, en Bolivia, un Código Agrario o una legislación laboral específica para el trabajo agrario. Sin embargo, a mediados del siglo XX comienza a desarrollarse, sin revisión de los modelos establecidos por los Códigos predominantes, el Civil y el Comercial. El reconocimiento de la propiedad indígena se aplica y acentúa en 1953 con la reforma agraria y con la referencia al trabajo agrario en el artículo 1 de la Ley General del Trabajo —inicialmente Decreto Supremo, y elevado a ley en 1942—, pero solo, decisivamente, con la *Ley INRA*, la Ley del Servicio Nacional de Reforma Agraria, en 1996.

18. La primera reforma agraria. El Decreto Ley 3464. Antecedentes, motivos y considerandos

Como se ha señalado, nunca estuvo en mente en los jerarcas del MNR una *reforma agraria*, aunque sí existió la conciencia acerca de la necesidad de un estudio y de dictar eventualmente normas particulares. En su Convención de 1964, el MNR había aprobado un Proyecto de Reformas Constitucionales del Régimen Agrario y Campesino. En enero de 1953 se creó una comisión para estudiar el problema agrario y campesino en

---

186   Match, R.W. *Bolivia. Diez años de revolución nacional*. París, 1962, citado en Liborio, Justo. *Op. cit.* en nota 11, p. 282.

sus aspectos económico, social, jurídico, técnico y educativo, disponiéndose que: "*la comisión propondrá al Supremo Gobierno, en el término de 120 días computables desde la iniciación de sus labores, un informe y proyectos de decreto*" —Decreto Supremo, 20 de enero de 1953—. El trabajo desarrollado por esta comisión duró aproximadamente seis meses, tiempo en el cual se elaboró el proyecto de reforma agraria, el mismo que fue promulgado mediante DL 3464 del 2 de agosto de 1953 —elevado a ley el 29 de octubre de 1956—, conocido como *Ley de Reforma Agraria*.

¿Qué sucedió entre enero y agosto? Hubo, desde luego, una frontal lucha entre, por una parte, las tendencias radicales del MNR, que postulaban las consignas "Toda la tierra a los campesinos" y "Tierra y libertad", y que perseguían una revolución agraria-campesina que eliminara todas las estructuras de propiedad y de producción vigentes; y, por la otra, el sector moderado, de exmilitantes del PIR (Partido de Izquierda Revolucionaria), que postulaba la conversión de las *haciendas feudales* en *haciendas capitalistas*. Por influencia, particularmente, de Arturo Urquidi, de esta segunda línea, finalmente fue aprobado un texto más bien reformista que revolucionario. Desde la óptica de Justo Liborio, trotskista, la influencia de Urquidi hizo que finalmente triunfara la tendencia *stalinista*.[187] Desde esa misma trinchera revolucionaria, y refiriéndose al Plan General para el Estudio de la Reforma Agraria, elaborado por Urquidi, y que finalmente prevalecería, Luis Antezana escribe: "El Plan era, en gran parte, más técnico que económico-político; se basaba en un notable mecanicismo y carecía de la menor historicidad (...); no tomaba en cuenta, ni mucho menos, el paso del feudalismo a la democracia, y más aún, ignoraba deliberadamente —ya que se trataba de un asunto que saltaba a la vista— la existencia del cambio histórico por la vía campesina, y se encasilló en el punto

---

187 Liborio, Justo. *Op. cit.* en nota 11, p. 284.

de vista del cambio reformista, o sea, la vía que favorecía a los hacendados".[188] Una prueba de la pugna estuvo en el enfrentamiento relativo a la supervivencia del latifundio. Mientras el ala extrema había propuesto la afectación en toda su extensión de la propiedad territorial definida como latifundio, sin mayores alcances (artículo 34), finalmente prevaleció una posición más moderada, que prescribía que "no se considerará como latifundio, para los efectos del artículo anterior, la propiedad en que el propietario hubiese invertido capital en maquinaria y métodos modernos de cultivo, y que se encuentre trabajada personalmente por él o por sus familiares inmediatos" (artículo 35). Es decir, se procuraba transformar al latifundio en mediana propiedad: "el dueño de la propiedad afectada tiene derecho de escoger las porciones que más le convengan para la constitución de su propiedad" (artículo 41).

"La distribución de la tierra fue parte de una propuesta más amplia dirigida a: a) asegurar el acceso de los campesinos a la tierra para estimular la producción de alimentos tradicionales; b) liberar las restricciones a la movilidad de mano de obra; c) alentar la vinculación de los productores rurales a los mercados de bienes; y d) promover el uso más eficiente de los factores productivos".[189] En este contexto, hubo algunas políticas dirigidas a modernizar las haciendas agropecuarias existentes, incentivar la creación de nuevas empresas y promover el asentamiento de pequeños productores en áreas de frontera agrícola.

La discusión respecto de la pervivencia de las comunidades indígenas estaba en un segundo plano, toda vez que, a causa de las políticas gubernamentales, estas se habían refugiado en la región del altiplano y, en general, en las áreas de altura, mientras que las comunidades en el resto del país se encontraban

---
188   Antenaza, Luis. *Bolivia: de la reforma a la contrarreforma agraria.* La Paz, 1992. p. 37.
189   Henáiz, Irene y Pacheco, Diego. *Op. cit.* en nota 127

fragmentadas. Ya no se presentaba la confrontación entre haciendas y comunidades indígenas, sino más bien entre pequeños productores colonos y haciendas.

El 2 de agosto de 1953, Víctor Paz Estenssoro promulga en Ucureña —actual Cochabamba— el Decreto Ley 3464, denominado Ley de Reforma Agraria. El día no fue casual. Fue escogido como *Día del Indio* para conmemorar la fecha de la muerte del poeta quechua y guerrillero Juan Huallparimachi, el 2 de agosto de 1815, el mismo día que, el año 2007, el presidente Evo Morales promulgaría el reglamento de la Ley 3545 de Reconducción Comunitaria de la Reforma Agraria.

Vale la pena reproducir los *considerandos* del texto legal. En un primer considerando se plantea una verdadera lección de historia, donde se repasa la organización inca, el abandono de la economía agraria, la sobredependencia de la minería y la explotación del mitaje minero, la concentración de la tierra posterior a la Independencia y la penetración financiera extranjera que mantuvo el régimen colonialista-feudalista. Dice así: "CONSIDERANDO: Que los incas, en la época precolonial, no obstante el escaso desarrollo de las fuerzas productivas y la técnica rudimentaria que caracterizaba su régimen económico aseguraron a su pueblo la satisfacción de sus necesidades, conservando las formas de apropiación y cultivo colectivo de la tierra, organizando una administración previsora y regulando la producción y el consumo;"

"Que la conquista y la colonización españolas, sin eliminar por completo las formas de producción del pasado indígena, dislocaron con violencia la economía agraria del incario y la transformaron en una economía predominantemente extractiva de minerales, determinando con ella la depauperación de la masa aborigen y la opresión del trabajador nativo, bajo el régimen forzado de la mita en el laboreo de las minas —particularmente en Potosí— y el yanaconazgo en la agricultura y los obrajes;"

"Que, a pesar de la protección material y espiritual de las Leyes de Indias, la raza indígena, por la imposición de un sistema semifeudal, con los repartimientos y encomiendas, fue injustamente despojada y sometida a servidumbre personal y gratuita, planteándose, por vez primera, el problema del indio y de la tierra no como un problema racial o pedagógico, sino esencialmente social y económico;"

"Que al despojo, la esclavitud y la servidumbre se agregó un agobiador sistema tributario, de tal manera inhumano y degradante, que fue causa principal de las sangrientas sublevaciones de Túpac Amaru, Julián Apaza y los hermanos Katari, en su afán de reivindicar las tierras usurpadas y liberar a la población nativa de las crueles exacciones de encomenderos, recaudadores, corregidores y caciques;"

"Que en 1825, al proclamarse la República, los criollos feudales desvirtuaron las aspiraciones político-económicas que impulsaron la Guerra de la Independencia, y en lugar de destruir la herencia colonial, realizando una efectiva revolución nacional y democrática, consolidaron el proceso de concentración de la tierra en favor de algunos latifundistas y mantuvieron la condición servil, el atraso cultural y la opresión política de la mayoría nacional, malogrando así las posibilidades de un desarrollo ulterior sobre bases económico-capitalistas;"

"Que, finalmente, la penetración financiera del imperialismo, iniciada a partir de la última década del pasado siglo, tampoco modificó la estructura feudal-colonialista del sistema y la propiedad agraria, y, por el contrario, la minería supeditó los intereses nacionales a los suyos propios, convirtiendo el país en una semicolonia monoproductora de sustancias extractivas, en términos tales que los ingentes recursos provenientes de ella, en lugar de promover la industrialización del campo, estrangularon, casi por completo, la tradicional economía de autoabastecimiento agropecuario (...)."

En un segundo considerando, el presidente Estenssoro formula un enjuiciamiento histórico a los terratenientes, en colusión con los grandes empresarios mineros. Señala el texto que "los poseedores feudales de la tierra, en estrecha alianza con el consorcio minero existente hasta el 31 de octubre de 1952, al constituirse en un freno para el desarrollo capitalista de la agricultura, al no superar los procedimientos primitivos de producción, aplicando medios técnico-agrarios modernos, al proscribir a la raza aborigen de la vida civilizada, y, en fin, al complicarse directa o indirectamente con las masacres periódicas de obreros y campesinos, han demostrado su incapacidad para evolucionar de acuerdo con las necesidades históricas del país".

En un tercer considerando, el gobernante señala que "en razón del desigual desarrollo de las fuerzas productivas nacionales, la constitución actual de una parte apreciable de la propiedad rural en Bolivia, establecida a base del despojo indígena, el fraude legal y la exacción por medios administrativos, es injusta, defectuosa, contradictoria e irracional".

En un cuarto considerando se citan diversas normas legales que disponen expresamente la nulidad de las adjudicaciones de tierras fiscales que no hubieran cumplido con las condiciones de población y cultivo, y agrega que, en ejecución de las mencionadas disposiciones legales, especialmente del Decreto Supremo del 28 de diciembre de 1938, todas esas tierras deben ser revertidas al dominio del Estado para los fines de colonización, inmigración y otros de necesidad y utilidad públicas.

En un quinto considerando, el gobernante cita el artículo 17 de la Constitución Política del Estado, conforme al cual la propiedad, para ser respetada, debe cumplir una *función social*, y el artículo 107 de la misma Carta, que otorga el derecho de imponer a la propiedad las modalidades que el interés público dictare, así como el de planificar, regular y racionalizar su ejercicio. Más adelante, agrega que "por los sistemas arcaicos empleados en su explotación y en las formas de servidumbre en el trabajo, la propiedad rural no ha cumplido su función social y se ha convertido, más bien, en un obstáculo para el progreso del país"; y que "la utilidad pública se halla determinada por la necesidad social de habilitar las tierras para el cultivo, concediéndolas en favor de quienes las trabajan".

Agrega el texto una serie de datos significativos. Según el Censo de 1950, solo el 4,50 por ciento, aproximadamente, de la totalidad de los propietarios rurales existentes en el país retienen el 70 por ciento de la propiedad agraria privada, con extensiones de mil a diez mil hectáreas, bajo formas de explotación semifeudal, y que, como consecuencia de esa injusta, desigual y defectuosa distribución de la tierra y de las formas primitivas de trabajo, se evidencian los bajos porcentajes de cultivo, con relación al área total poseída, según el siguiente detalle: propiedades trabajadas por el propio operador: 1,50 por ciento; propiedades trabajadas con ayuda de colonos, jornaleros, etcétera: 2,44 por ciento; propiedades arrendadas: 2,66 por ciento; propiedades de comunidades indígenas: 2,86 por ciento.

Agrega el texto legal que se hace necesario respetar la propiedad pequeña, "por constituir esta un medio esencial de vida para el trabajador campesino", y preservarse la propiedad mediana, "cuya producción sirve de base para el abastecimiento de las ciudades y las minas".

En otra parte, el texto legal formula un duro enjuiciamiento histórico de los gobiernos liberales y *oligárquicos*, como causantes de la escasa producción agropecuaria. Se señala en un *considerando* que, "como resultado de la desigual tenencia de la tierra y del defectuoso sistema de explotación que la caracteriza, Bolivia tiene escasa producción agropecuaria, aun para la satisfacción de las necesidades de abastecimiento interno, a cuya atención el Estado destina aproximadamente un 35 por ciento de sus disponibilidades en divisas, que podría invertirlas en otras urgentes necesidades"; "que la misma distribución injusta e irracional de la propiedad agraria y la punible despreocupación de los gobiernos oligárquicos, que no protegieron al trabajador campesino, provocaron la despoblación del agro boliviano, cuya masa humana, imposibilitada de conseguir en el campo medios adecuados de subsistencia, emigra constantemente, en busca de trabajo, a los asientos mineros, a los centros urbanos y a países extranjeros, irrogando, con ello, daños incalculables al interés demográfico de la Nación y a la producción agrícola y ganadera"; y "que tal situación no solo es imputable a la insignificante economía campesina, en el conjunto de la economía del país, sino también a la incapacidad de tales gobiernos que, olvidando los altos intereses nacionales y por no vulnerar los privilegios del gamonalismo latifundista, jamás legislaron un sistema racional de recatastración y tributación rurales".

Más adelante, se refiere a las consecuencias del despojo de la propiedad indígena y del régimen de servidumbre sostenido a lo largo de la vida republicana: un analfabetismo de un 80 por ciento de la población adulta de Bolivia, falta absoluta de educación técnica del productor campesino y desprecio por las tradiciones artísticas, los valores del folklore nacional y las calidades étnicas del trabajador nativo. "Por tal estado de servidumbre y consiguiente atraso e ignorancia, la población aborigen de Bolivia, albergada en viviendas antihigiénicas y miserables, privada de asistencia médica, desnutrida y menoscabada en el sentido espiritual y económico, registra pavorosas estadísticas de morbilidad y mortalidad, como lo han demostrado numerosos investigadores nacionales y extranjeros".

Finalmente, el presidente Estenssoro señala que "la Revolución Nacional, en su programa agrario, se propone esencialmente elevar los actuales niveles productivos del país, transformar el sistema feudal de tenencia y explotación de la tierra, imponiendo una justa redistribución entre los que la trabajan, e incorporar en la vida nacional a la población indígena, reivindicándola en su jerarquía económica y en su condición humana".

Concluye el preámbulo de la ley, señalando los objetivos fundamentales de la reforma agraria: "a) Proporcionar tierra labrantía a los campesinos que no la poseen, o que la poseen muy escasa, siempre que la trabajen, expropiando, para ello, las de latifundistas que las detentan con exceso o disfrutan de una renta absoluta, no proveniente de su trabajo personal en el campo; b) Restituir a las comunidades indígenas las tierras que les fueron usurpadas y cooperar en la modernización de sus cultivos, respetando y aprovechando, en lo posible, sus tradiciones colectivistas; c) Liberar a los trabajadores campesinos de su condición de siervos, proscribiendo los servicios y obligaciones personales gratuitos; d) Estimular la mayor productividad y comercialización de la industria agropecuaria, facilitando la inversión de nuevos capitales, respetando a los agricultores pequeños y medianos, fomentando el cooperativismo agrario, prestando ayuda técnica y abriendo posibilidades de crédito; e) Conservar los recursos naturales del territorio, adoptando las medidas técnicas y científicas indispensables; f) Promover corrientes de migración interna de la población rural, ahora excesivamente concentrada en la zona interandina, con objeto de obtener una racional distribución humana, afirmar la unidad nacional y vertebrar económicamente al oriente con el occidente del territorio boliviano".

19. Análisis del Decreto Ley 3464

19.1. Objetivo general

El Decreto Ley 3464, del 2 de agosto de 1953, elevado a la categoría de ley con fecha 29 de octubre de 1956, se planteó como objetivo sentar "las bases para la realización de la democracia económica y política en el área rural, mediante la afectación y dotación de tierras".

Para tal efecto, la normativa se sustentó en una idea matriz que rompe en la base con la idea del suelo/propiedad del Estado e introdujo la idea de suelo/propiedad de la nación. El artículo 107 de la Constitución de 1938 señalaba que "son del dominio originario del Estado, a más de los bienes a los que actualmente la ley da esta calidad, todas las sustancias del reino mineral, las tierras baldías con todas sus riquezas naturales, las aguas lacustres, fluviales y medicinales, así como todas las fuerzas físicas susceptibles de aprovechamiento económico. Las leyes establecerán las condiciones de este dominio, así como las de adjudicación a los particulares". Lo mismo se mantuvo en los textos constitucionales posteriores —Constitución de 1945 y de 1947—.

El Decreto Ley 3464, en tanto, declaró en su artículo 1 que "el suelo, el subsuelo y las aguas del territorio de la República pertenecen por derecho originario a la Nación Boliviana". Por lo tanto, no hubo una estatización de las tierras. El artículo 2 del DL agregaba que "el Estado reconoce y garantiza la propiedad agraria privada cuando esta cumple una función útil para la colectividad nacional" y que corresponde al Estado planificar, regular y racionalizar el ejercicio de la propiedad privada, y tender "a la distribución equitativa de la tierra para asegurar la libertad y el bienestar económico y cultural de la población boliviana".

Sin embargo, también se establece que "pertenecen al dominio patrimonial del Estado las tierras baldías, las que reviertan por caducidad de concesión o por cualquier otro concepto, las tierras vacantes que se hallan fuera del radio urbano de las poblaciones, las tierras pertenecientes a los organismos y autarquías dependientes del Estado, las tierras forestales de carácter fiscal y todos los bienes reconocidos en el mismo carácter de las leyes vigentes" (artículo 4).

19.2. Tipos de propiedad agraria

La reforma distinguió diferentes formas de propiedad agraria: a) el solar campesino; b) la pequeña propiedad; c) la mediana propiedad; d) la propiedad de las comunidades indígenas; e) la propiedad agraria cooperativa; f) la empresa agrícola; y g) el latifundio. A su vez, se estableció una zonificación territorial de la República para fijar, en relación con ella, la extensión máxima correspondiente a cada tipo de propiedad. Estas zonas fueron: a) Altiplano y Puna; b) Valles; c) Zona subtropical; y d) Zona tropical.

El solar campesino fue entendido como el lote donde tiene su vivienda el labriego; y solo cumple una función de *residencia rural*: es insuficiente para la subsistencia de una familia. La pequeña propiedad (artículo 7) era la que se trabajaba personalmente por el campesino y su familia —aceptándose incluso alguna colaboración externa eventual—, permitiendo satisfacer sus necesidades. La extensión podía ser, según la zona, de entre tres y ochenta hectáreas. La mediana propiedad (artículo 8) era la que, teniendo una extensión mayor que la pequeña, pero sin caer en las características de la empresa agraria capitalista, se explota con el concurso de trabajadores asalariados o empleando medios técnico-mecánicos, de tal manera que la mayor parte de la producción se destina al comercio. Su extensión podía, según la zona, fluctuar entre las veinticuatro y las seiscientas hectáreas. La empresa agrícola (artículo 11) era caracterizada por la inversión de capital suplementario en gran escala, un régimen de trabajo asalariado y el empleo de medios técnicos modernos. Su extensión, dependiendo de la zona, podía variar entre las cuatrocientas y las dos mil hectáreas. Con referencia a las propiedades ganaderas, el artículo 21 de la ley señalaba que una propiedad ganadera pequeña debía tener una extensión de quinientas hectáreas; una propiedad ganadera mediana, dos mil quinientas hectáreas; y una gran empresa ganadera, hasta cincuenta mil hectáreas, siempre que tuviera diez mil cabezas de ganado mayor. Para las empresas con menor número de ganado, debía haber no más de cinco hectáreas por cabeza de ganado.

Finalmente, el latifundio era descrito (artículo 12) fundamentalmente como la propiedad rural de gran extensión, variable según su situación geográfica, que permanece inexplorada o es explotada deficientemente.

Paralelamente, la *Ley de Reforma Agraria* distinguió, como formas especiales de propiedad, a las comunidades indígenas y a las cooperativas. Las comunidades indígenas fueron definidas como aquellas que se reconocen como tales por las leyes en vigencia, a favor de determinados grupos sociales indígenas. Recordemos que tienen sus antecedentes en la sociedad gentilicia llamada ayllu, más tarde agrupada en las reducciones o *pueblos de indios*, que llegan a tener un reconocimiento como *sujetos de derecho* y, por lo tanto, transforman, gracias a la intervención española, su *derecho de posesión* en un *derecho de propiedad*. La Convención Nacional de 1938 incorporó como precepto constitucional que "el Estado reconoce y garantiza la existencia legal de las comunidades indígenas", norma recogida en las Constituciones de 1945, 1947 y 1964. Coherente con ello, la *Ley de Reforma Agraria* reconoció la propiedad privada de las comunidades indígenas sobre sus tierras, atribuyéndoles, además, el carácter de *inalienables*. Además, estableció que "las tierras usurpadas a las comunidades indígenas, desde el 1 de enero de 1900, les serán restituidas cuando prueben su derecho, de acuerdo con la reglamentación especial". Esta norma sería más tarde complementada por los Decretos Leyes del 19 de mayo de 1954 y del 24 de noviembre de 1955. En cierta forma, este último tergiversó el presupuesto histórico, al aludir de un modo mucho más genérico a tierras "que hubieran sido convertidas en propiedades particulares".

Las tierras de cooperativas, finalmente, eran las concedidas a los agricultores asociados con ese carácter, las de pequeños y medianos propietarios aportadas a las cooperativas, las tierras de los campesinos favorecidos con la adjudicación de los antiguos latifundios y organizados en cooperativas, y las tierras pertenecientes a sociedades cooperativas (artículo 10).

19.3. Figuras jurídicas de la Ley

Para comprender mejor el mecanismo a través del cual operó la reforma agraria es preciso referirse a algunas figuras que se contenían en la ley. Se habla de *afectación* para referirse a la declaración del Estado, sin proceso previo, de la ilegitimidad de la propiedad agrícola que es estimada, bajo ciertas condiciones, como inconveniente para el bienestar colectivo y el progreso del país. La afectación se diferencia de la *expropiación* en que la afectación es una institución exclusiva del derecho agrario, en que el concepto de *utilidad pública* no solo se refiere a las obras de beneficio general, sino también a la utilidad de los particulares, en el entendido de que la tierra es un factor de producción social y sobre la cual el Estado tiene la atribución de regular en beneficio del interés colectivo, con o sin derecho a indemnización —si bien en el caso de la reforma agraria boliviana fue con indemnización—. En cambio, la expropiación es una institución general, de raíz civilista, que supone la noción general de *utilidad pública* y siempre exige una indemnización a posteriori. Por otra parte, la afectación se diferencia de la *confiscación* en que esta última es una medida punitiva, que implica necesariamente la aprehensión de lo confiscado por el Estado.

Totalmente distinta es la *dotación*, declaración por la cual el Estado confiere en propiedad a los campesinos las tierras afectadas a los terratenientes bajo ciertas condiciones.

La pequeña propiedad era inafectable en el límite establecido según zonas y subzonas (artículo 32), y la mediana propiedad era inafectable, con la excepción de las extensiones poseídas por los campesinos que pasaban a propiedad de los trabajadores, sin perjuicio de la dotación de tierras en otras zonas, en la extensión mínima de la pequeña propiedad (artículo 33).

En contraste, era íntegramente afectada, por no reconocérsele valor, al latifundio. Este era definido como "la propiedad rural de gran extensión, variable según su situación geográfica, que permanece inexplotada o es explotada deficientemente, por el sistema extensivo, con instrumentos y métodos anticuados, que dan lugar al desperdicio de la fuerza humana, o por la percepción de renta fundiaria, mediante el arrendamiento, caracterizado, además, en cuanto al uso de la tierra en la zona interandina, por la concesión de parcelas, pegujables, sayañas, aparcerías u otras modalidades equivalentes, de tal manera que su rentabilidad, a causa del desequilibrio entre los factores de la producción, depende fundamentalmente de la plusvalía que rinden los campesinos en su condición de siervos o colonos, y de la cual se apropia el terrateniente en forma de renta-trabajo, determinando un régimen feudal, que se traduce en atraso agrícola y en bajo nivel de vida y de cultura de la población campesina" (artículo 12).

Respecto del latifundio, como norma general quedaba extinguido: "No se permitirá la existencia de la gran propiedad agraria corporativa ni de otras formas de gran concentración de la tierra, en manos de personas particulares y de entidades que, por su estructura jurídica, impidan su distribución equitativa entre la población rural" (artículo 30). Sin embargo, no se consideraba latifundio "la propiedad en la que el propietario hubiera invertido capital en maquinarias y métodos modernos de cultivo, y que se encuentra trabajada personalmente por él o por sus familiares inmediatos" (artículo 35).[190] En ese sentido,

---

190 Se ha sostenido que el concepto de latifundio a que se refería la ley era el *latifundio feudal* y no el *latifundio capitalista*. Al no haberse hecho a tiempo esta distinción, la aplicación del concepto de latifundio

es una ilusión creer que la reforma agraria puso término al latifundio. Así, por ejemplo, en el Chaco, la reforma agraria permitió cinco hectáreas por cabeza de ganado. "Con el tiempo, esa permisibilidad se convirtió en un factor de conflicto, pues se llegó al extremo de que muchos campesinos fueron dotados con menos tierras que un animal, cuya existencia ni siquiera fue comprobada por las instituciones que llevaron a cabo esa redistribución".[191]

Otras figuras jurídicas introducidas por la *Ley de Reforma Agraria* y que requieren claridad son las de *restitución* y *reversión*. La *restitución* se refiere, como ya se ha explicado, solo a las comunidades indígenas; ellas eran el sujeto del derecho (artículo 42). La *reversión*, en tanto, tenía como sujeto de derecho al Estado. Consiste en que las tierras vuelven a la condición de tierras de dominio público. Tal ocurría con las *tierras baldías* y los gomales y castañales.

19.4. Diferentes comunidades

En el caso de las *comunidades*, el acceso a la tierra se instituyó diferenciando tres tipos: a) las comunidades de hacienda: compuestas por cincuenta familias, que, bajo el sistema de latifundio, estuvieron sometidas a una misma dependencia patronal; b) las comunidades campesinas agrupadas, compuestas por pobladores de varias fincas, que se asociaron voluntariamente hasta alcanzar cincuenta familias; y c) las comunidad indígenas: compuestas por campesinos que,

---

habría resultado unilateral y arbitraria, toda vez que mientras el mediano propietario quedó intacto, pese a operar como un explotador feudal, tal concepto habría caído con todo rigor únicamente sobre el propietario que tenía una mayor cantidad de tierras que aquel... Esta confusión habría influido negativamente en la producción y en el desarrollo agrícola de Bolivia. Sobre el origen de esta falta de claridad, así como sobre los responsables de ella, Cfr. Urquidi, Arturo. *Op. cit.* en nota 30, pp. 218 y 219.

191   Mendoza, Omar. *La lucha por la tierra en el Gran Chaco tarijeño*. La Paz, 2003, p. 45.

bajo la denominación de originarios y agregados, fueron y son propietarios de la tierra que ocupan, en virtud de títulos concedidos en la época de la colonia y la República, o de ocupación tradicional.

En relación a las comunidades indígenas, se establecieron los siguientes estatutos:[192] a) las comunidades indígenas son propietarias privadas de las tierras que poseen en conjunto; b) dentro de cada comunidad indígena se reconoce la existencia de propiedades privadas familiares, producto de las asignaciones familiares hechas en las revisitas o por la costumbre; c) las propiedades de las comunidades indígenas son inalienables, salvo las excepciones especiales que se establecerán en un reglamento; d) se establece que los campesinos de la comunidad indígena no reconocen ninguna forma de obligación de servicios personales ni de contribuciones en especie, de suerte que las autoridades políticas, militares, municipales y eclesiásticas que exijan tales contribuciones cometen delito de abuso de autoridad; e) los campesinos que carecen de tierras y que sin ser comunarios viven en la comunidad indígena, trabajando para los propietarios de aquellas, tendrán derecho a la dotación de tierras, en las partes incultivadas, en una extensión que no sea mayor al tamaño promedio de las que actualmente posee una familia de la categoría de agregados.

En síntesis, se reconoció que en una comunidad podían existir predios de uso colectivo y propiedades individuales, articuladas bajo un sistema de titulación mixta. Las áreas comunales se organizaron en función a la disponibilidad de tierras, cuya superficie no podía ser menor al 10 por ciento del total de las asignaciones familiares. En las áreas colectivas, el acceso al derecho propietario se adquiría a través de la dotación en lo *proindiviso*. En cuanto a la distribución y manejo de estas áreas, se determinó que era una facultad que incumbía solo a los propietarios y que debían regirse por sus usos y costumbres.

---

192   Artículos 57 a 62 del DL N° 3464.

La comunidad era reconocida, pues, como una propiedad privada, pero una propiedad sin la facultad de disposición. El acceso a este derecho comunitario fue concedido únicamente a aquellos campesinos sometidos al régimen de trabajo y explotación, en condición de siervos, arrimantes, pegujaleros, agregados y forasteros mayores de dieciocho años que se encontraban en posesión de la tierra con un tiempo de residencia de dos años anteriores a 1953. La propiedad privada seguiría primando.

Como se ha anticipado, el Decreto Ley 3464 sentó también las bases para la restitución de las tierras "usurpadas a las comunidades indígenas" a partir del año 1900 (artículo 42). Es decir, hizo justicia a las comunidades indígenas atomizadas por las leyes de exvinculación de comienzos del siglo XIX. Las comunidades indígenas podrían, pues, aspirar a recuperar las tierras mediante sus personeros. Estas tierras quedarían afectadas provisionalmente hasta que se dictara sentencia por "las autoridades respectivas". A los campesinos residentes, la dotación se haría con preferencia en el lugar de residencia; a los no residentes, pero que probaren su condición de comunarios, se les adjudicarían tierras no cultivadas que no hubieren sido objeto de adjudicación individual. En caso de que una sentencia tuviere por acreditado el derecho de los comunarios, el terreno que había quedado provisoriamente en poder del hacendado sería restituido sin indemnización a la comunidad.

Estas tierras serían explotadas en forma colectiva por la comunidad, respetando las parcelas poseídas individualmente por los colonos o pegujaleros, que pasan a ser propietarios de ellas. En caso de muerte de los comunarios, les sucederían sus herederos, y en su ausencia, la comunidad. En este último caso, las tierras objeto de esta sucesión serían destinadas a la explotación colectiva o al campo escolar, y sus rentas, administradas por la comunidad, en beneficio exclusivamente local.

A manera de resumen, en virtud de la *Ley de Reforma Agraria*, se pudieron distinguir las siguientes categorías y estatutos jurídicos:

Solar campesino	Lugar de residencia del campesino y su familia.	No se puede dividir ni embargar. En la medida en que no lo prohíbe la ley, se puede vender. No paga impuesto a la tierra.
Pequeña propiedad	La que trabaja personalmente el campesino y su familia.	No se puede dividir ni embargar. En la medida en que no lo prohíbe la ley, se puede vender. No paga impuesto a la tierra.
Propiedades comunitarias	Tierras tituladas colectivamente a comunidades para su subsistencia.	No se pueden vender, dividir ni embargar. No pagan impuesto a la tierra.
Tierras comunitarias de origen	Lugar donde viven las comunidades, pueblos indígenas y campesinos, según sus formas de organización económica y cultural.	No se pueden vender, dividir ni embargar. No pagan impuesto a la tierra.
Mediana propiedad	Propiedad donde, a través de asalariados y maquinaria, se produce básicamente para el mercado.	Puede ser vendida, hipotecada y, por tanto, embargada. Paga impuesto a la tierra.
Empresa agrícola	Propiedad donde existen inversiones, asalariados y maquinaria moderna para la producción, en función del mercado.	Puede ser vendida, hipotecada y, por tanto, embargada. Paga impuesto a la tierra.

20. Evaluación del proceso de reforma agraria bajo la vigencia del Decreto Ley 3464 y sus consecuencias

20.1. Característica global de la reforma agraria boliviana

La reforma agraria del DL 3464 no correspondió a un modelo predeterminado, sino más bien reunió características de diferentes esquemas históricos de reforma agraria. Desde luego, no correspondió al esquema zarista, pues no convirtió al campesino boliviano en un arrendatario, como ocurrió con la reforma del zar Alejandro II en Rusia. Tampoco a la reforma agraria tipo *prusiana*, caracterizada por la mecanización del campo por los terratenientes o *junkers*. Finalmente, no correspondió exactamente al esquema norteamericano, pues el campesino quedó en calidad de minifundista, en una situación muy diferente a la de los *farmers* o granjeros estadounidenses.

Desde el punto de vista de su inspiración, la reforma se inspiró en la idea de la función social de la propiedad, incorporada por el artículo 17 de la Constitución Política de 1938, reiterada en las Constituciones de 1945, 1947 y 1961, difundida desde el punto de vista de la teoría del derecho, principalmente por Léon Duguit.

Hay cierto consenso en que, mirado retrospectivamente, queda mucho más claro que *más que el acceso a la tierra, la reforma agraria se propuso poner fin al sistema de explotación feudal de la hacienda*. En efecto, la usurpación de tierras indígenas por los colonizadores españoles nunca alcanzó a representar una proporción significativa.[193] Lo que se pretendió

---

193   El historiador boliviano Jorge Ovando es muy claro cuando afirma: "Es sabido que, en lo que respecta a nuestro país, la usurpación de tierras indígenas por los colonizadores españoles alcanzó una escala mínima durante todo el transcurso del régimen colonial español. La pro-

con la reforma agraria, y en gran medida se consiguió, fue liberar las fuerzas productivas del estancamiento producido por el latifundismo y un sistema de servidumbre campesina. Muchos indígenas que habían transferido sus tierras y se habían convertido en arrendatarios pasaron a enfrentar un escenario nuevo, absolutamente diferente del que les había tocado vivir como miembros de las comunidades indígenas tradicionales. Este nuevo escenario mostró una preferencia por dotar de tierras a los colonos de las haciendas de antiguas tierras de comunidad. Asimismo, el espíritu de la reforma agraria, dirigido a afectar el mayor número de haciendas y titular a los colonos como pequeños productores, produjo una inadecuada interpretación de la realidad histórica de estas comunidades y una múltiple aplicación de formas de titulación, y, por tanto, de constitución de comunidades.

No existió, ni en las intenciones originales, ni en la implementación, el propósito de intentar reconstituir las antiguas comunidades indígenas. Los indígenas, convertidos en colonos de haciendas, serían transformados en *campesinos*, a pesar de que seguían produciendo sobre sus mismas tierras de comunidad. Estos campesinos, para acceder nuevamente a su derecho propietario, fueron priorizados en la afectación como *pequeños productores*, y no se dispuso ni siquiera la posibilidad de que aquellas comunidades reconstituyeran sus anteriores formas organizativas y de producción como comunidades indígenas. Dicho en otras palabras, se produjo

---

piedad feudal de la tierra en manos de los españoles o de los criollos, no obstante tenía un enorme peso específico en el sistema de la dominación de la metrópoli, no constituía en nuestro país sino una forma embrionaria, relativamente pequeña, en razón de que la actividad económica esencial no era la agricultura, sino la explotación minera, a la que el régimen español dedicó todas sus energías. Casi la totalidad de la tierra cultivable de nuestro país estaba en manos de sus verdaderos dueños, los pueblos indígenas". Ovando Sanz, Jorge. *Sobre el problema nacional y colonial de Bolivia*. Cochabamba, 1962, pp. 195 y 197.

una individualización en los procesos de producción, en desmedro de la vida comunitaria.

Este proceso de individualización fue acompañado de la formación de una pequeña burguesía agraria integrada a la ciudad, microempresarios agroganaderos que fueron beneficiados y víctimas de prestamistas y de bancos internacionales.

20.2. El problema de las múltiples dotaciones

Pese a que el DL 3464 prohibía la duplicidad de dotaciones, esta regla fue ampliamente vulnerada. Según datos estadísticos, 3142 personas se beneficiaron con dobles dotaciones, con un total de 8,6 millones de hectáreas; 482 personas, con triples dotaciones, con 3,1 millones de hectáreas; 174 personas recibieron cuádruples dotaciones, sumando 1,6 millones de hectáreas; y 72 personas obtuvieron cinco o más dotaciones, por una superficie total de 844 mil hectáreas. Totalizan 4172 beneficiarios por una extensión equivalente a más de 14,3 millones de hectáreas. De acuerdo con la Ley, se prohibía más de una dotación por familia, pero se dieron muchos casos de varias dotaciones de tierras al interior de una familia.[194]

20.3. El latifundio en el proceso de colonización

El DL 3464 previó, en su artículo 114, áreas colonizables, es decir, tierras de primer nivel que se daban en concesión a personas nacionales o extranjeras. Este proceso fue impulsado inicialmente por la Corporación Boliviana de Fomento, mediante el régimen de colonias,[195] y, más tarde, por el Instituto Nacional de Colonización, con la Ley de Colonización, que

---

194   Romero, Carlos. "La cuestión agraria y propuestas de debate para la reforma legal". Temas de la Agenda Nacional, en http://www.cejis.org/archivo/pub/libros/cejis-temas-de-la-agenda-nacional.pdf
195   Decreto Supremo 4439 del 22 de junio de 1953.

entró en vigencia el año 1996. "En total, fueron adjudicadas 4 297 590,40 hectáreas, distribuidas en 7203 predios en todo el país, de las cuales 556 540,8864 hectáreas distribuidas en 508 predios se encuentran en el Beni; 902 427,9091 hectáreas distribuidas en 1717 predios fueron adjudicadas en Cochabamba; 977 812,3885 hectáreas distribuidas en 3695 predios fueron otorgadas en La Paz; 1 809 723,9723 hectáreas distribuidas en 1209 predios fueron dotadas en Santa Cruz; y 51 085,2484 hectáreas distribuidas en 69 predios fueron entregadas en Tarija. Tanto por dotación, en aplicación de la *Ley de Reforma Agraria*, como por adjudicación, siguiendo la Ley de Colonización, entre 1953 y 1992, fueron distribuidas 63 520 056 millones de hectáreas a nacionales en todo el país. "Pero las irregularidades y la corrupción distorsionaron la aplicación de la reforma agraria, especialmente en tierras bajas, y constituyó una estructura agraria neolatifundaria con bajos niveles de producción y productividad. Fue lo que justificó la intervención del Consejo Nacional de Reforma Agraria y el Instituto Nacional de Colonización el 24 de noviembre de 1992, y la concertación de una nueva política de tierras".[196]

20.4. LA DESIGUALDAD EN LA DISTRIBUCIÓN DE LAS TIERRAS

En las publicaciones especializadas existe consenso acerca de la desigual distribución de las tierras entre las distintas zonas de Bolivia y las desproporciones existentes entre las superficies distribuidas y los beneficiarios como porcentajes del total. Como dato ilustrativo, se puede considerar el departamento de Santa Cruz, que es el lugar donde existe la mayor concentración de tierras. Siendo el departamento más extenso del país, apenas

---

196   Romero, Carlos. *Op. cit.* en nota 194

cuatro personas son dueñas de 803 mil hectáreas de tierra, casi la misma extensión que poseen 743 empresarios con predios de entre mil y mil quinientas hectáreas. La desigualdad es tal que los cuatro potentados del departamento tienen diez veces más tierra que 4190 beneficiarios dueños de predios menores a una hectárea, según datos del Instituto Nacional de Reforma Agraria (INRA, 2008).[197]

Esta desigualdad se ha atribuido a la falta de voluntad política y de orientación, así como a la corrupción. "El desorden y el caos imperaban en el Consejo Nacional de Reforma Agraria. La institución encargada de legislar el tema de tierras en Bolivia se había convertido en un botín político, en uno de los principales entes recaudadores de la clase gobernante corrupta. La Ley 3464 no fue más el instrumento jurídico capaz de garantizar la justa distribución de la tierra entre los que realmente la necesitaban. La idea de incorporar en la vida nacional a la población indígena abusada y marginada durante siglos, reivindicándoles su condición de ciudadanos, dejó de ser una prioridad. El recurso tierra sirvió para pagar apoyos y lealtades políticas de los gobiernos de turno. Los problemas de inseguridad jurídica se agravarían a lo largo de las dictaduras militares, que fueron muy generosas en la distribución clandestina, prebendal y gratuita de tierras, especialmente en el oriente y el norte del país. El creciente caos dio lugar a que se otorgaran derechos sobrepuestos no solo entre derechos de propiedad, sino de estos con concesiones mineras, forestales y áreas protegidas. La reforma agraria devino un proceso de distribución de tierras sin título. La mayoría de los supuestos beneficiarios de la reforma no pudieron concluir con el trámite de titulación y solo adquirieron un derecho precario y, por tanto, inseguro".[198]

---

197   Valenzuela, Carlos. *Tierra y territorio en Bolivia*. La Paz, 2008.
198   Sanjinés, Esteban. "La aplicación del proceso de reforma agraria en Bolivia".

20.5. CONFUSIÓN ENTRE TIERRAS DE COMUNIDAD Y TIERRAS DE ORIGEN

Hubo poca claridad en orden a qué debía entenderse por comunidades indígenas. En efecto, hubiera sido preciso distinguir entre las *tierras de comunidad* y las *tierras de origen*. Las primeras se referían propiamente a las comunidades indígenas, los ayllus, donde la propiedad pertenece en comunidad y en conjunto a la comunidad como ente colectivo. En cambio, las *tierras de origen* eran aquellas tierras exvinculadas de las comunidades indígenas de las que habían formado parte, pasando a ser propiedades privadas, mediante la Ley de 1874. Aunque el artículo 42 de la *Ley de Reforma Agraria* se refería solo a las *tierras de comunidad*, hubo bastante confusión práctica en las demandas por usurpación de tierras, la que ni siquiera fue superada con las normas complementarias que se dictaron.

20.6. UNA NUEVA ESTRATIFICACIÓN SOCIAL AGRARIA

La reforma agraria fue concebida en función de un proceso de industrialización que, en la realidad, nunca llegó. Ello llevó a que los excedentes de las grandes haciendas simplemente se desviaran hacia los bancos, generándose nuevos sistemas de explotación del indígena y del campesinado, pero, esta vez, a través del sistema financiero.

Se ha atribuido el fracaso de la reforma agraria de 1953 a la falta de normas claras, la burocracia y la manipulación política, y la corrupción administrativa. "Los criterios de expropiación eran muy vagos (...). Los criterios de definición de mediana y pequeña propiedad tampoco eran muy precisos (...). Tan amplios eran los criterios de expropiación que es difícil evitar la sospecha de que tal amplitud fue premeditada, a fin de que la reforma se realizara bajo la prioridad política, vale decir, atendiendo a la capacidad de fuerza y presión de los campesinos en las diferentes regiones".[199]

El eje central del proceso de reforma agraria, la redistribución de las tierras, terminó siendo secundario. "Este proceso redistributivo duró algo menos de una década, pero a principios de los años 60 perdió fuerza y fue presa de una maraña de contradictorias normas reglamentarias, resoluciones administrativas y decretos amañados, en medio de una burocracia sin Norte ni rumbo, que navegó en medio de una corrupción generalizada. A esas alturas de la revolución nacional, la reforma agraria no tenía fuerza ni liderazgo político. Peor aún, comunarios y parceleros que habían accedido a sayañas, pegujales, aynoqas y tierras de pastoreo común quedaron abandonados a su suerte. Tibios intentos de promoción de cooperativas y de asistencia técnica y apoyo crediticio se empantanaron en el manejo prebendal y en la ineficiencia de los gobiernos de turno".[200]

21. Iniciativas y normativas posteriores a 1953

A partir de la reforma agraria de 1953, y durante los años que la siguieron, existió en la clase dirigente la expectativa de que el programa de modernización capitalista que acompañaba a la reforma agraria provocase un cambio social irreversible. El sufragio universal y la ampliación de la base política y económica a todos los bolivianos mediante un sistema de educación universal; la apertura de nuevos caminos al oriente, la nacionalización de las minas agrupadas en la COMIBOL generarían —se pensaba— un cambio drástico en las estructuras sociales. "El país de indios gobernados por *señores*

199 Mires, Fernando. *Op. cit.* en nota 85, p. 274.
200 Urioste, Miguel, citado en Henáiz, Irene y Pacheco, Diego. *Op. cit.* en nota 127.
En http://www.ftierra.org

desaparecería con la revolución. Los señores se convertirían en burgueses y demócratas, y los indios, en ciudadanos, integrados en una nación soberana, independiente e igualitaria, fundada en el sólido cimiento del mercado interno y la recuperación de la economía exportadora por el Estado. El indio desaparecería también en el mestizaje, la castellanización y la parcelación de las comunidades".[201] El MNR creyó que ese cambio social debía hacerse no contra los campesinos, sino aliándose con ellos. A su vez, los campesinos encontraron en el MNR el mejor aliado para oponerse a los patrones; veían en el MNR y en Villarroel, en la célebre expresión de este último en el Congreso Indígena de 1954, a "un padre que cuida a sus hijos". Esta alianza sería el preludio de lo que más tarde, con los gobiernos militares iniciados con Barrientos, se llamaría el Pacto Militar Campesino. Este último, sin embargo, no fue una realidad homogénea, sino que experimentaría, con el paso de los años, grandes transformaciones.

En el contexto de esa alianza, el 19 de mayo de 1954, bajo la presidencia de Víctor Paz Estenssoro, se dicta el DL 3732, que modifica el DL 3464, motivado por la constatación de que "la legislación republicana en materia agraria-campesina, en lugar de reivindicar las tierras usurpadas a los indígenas durante la conquista y la colonización española, consolidó el despojo y facilitó el proceso de concentración propietaria en manos de escasos latifundistas"; "que aprovechándose del atraso económico y cultural de los indígenas, abusando del poder político y al amparo de leyes y decretos antinacionales, los regímenes feudo-liberales que se sucedieron en el poder a partir de 1900 acentuaron dicho proceso, en términos tales que sectores apreciables de la población rural de procedencia comunaria perdieron sus tierras o abandonaron sus cultivos";

---

201 Rivera, Silvia. *Luchas campesinas contemporáneas en Bolivia*, en "El movimiento *katarista*, 1970-1980", en Zavaleta, René (editor). *Bolivia hoy*. Ciudad de México, p. 130.

y que "los latifundios obtenidos usurpando a las comunidades indígenas mediante el fraude legalizado, la influencia política y la extorsión administrativa, por más que hayan sido sancionados por una justicia puesta al servicio invariable de la oligarquía gamonal y minera, deben ser restituidos a sus legítimos propietarios".

El DL 3732 ordena que las tierras de comunidades indígenas que, desde el 1 de enero del año 1900, hubieran sido convertidas en propiedades rústicas particulares deberán ser restituidas sin indemnización, mediante demandas de restitución de tierras de comunidad ante los jueces agrarios de las jurisdicciones respectivas, bajo el procedimiento contenido en el Decreto Ley 3471 del 27 de agosto de 1953 para las demandas de afectación y dotación de tierras. Se dispone que las demandas de restitución sean dirigidas contra el actual poseedor o propietario, quedando a salvo el derecho del demandado para la acción ordinaria de repetición contra quien hubiera convertido las tierras de comunidad en propiedad privada o sus herederos.

El texto agrega que tienen derecho a ejercitar la acción de restitución de las tierras de comunidad los propios comunarios que hubiesen sido desposeídos y, por muerte de ellos, solamente sus herederos en línea directa.

En las tierras que sean materia de restitución, los campesinos con dos o más años de antigüedad al 2 de agosto de 1953, que han sido declarados propietarios de sus sayañas y con derecho preferente a la dotación complementaria, no podrán ser despojados bajo ningún concepto por parte de los excomunarios. Se declaran también, a partir del 2 de agosto de 1953, sin efecto ni valor alguno las diligencias posesorias seguidas ante los tribunales ordinarios sobre tierras o propiedades sujetas a la demanda de restitución, sin el cumplimiento previo de las disposiciones de reforma agraria.

El DL 3525 del 15 de enero de 1954 había establecido un procedimiento de indemnización para los comunarios que por cualquier causa hubieran abandonado las tierras de las que fueron sus comunidades para trasladarse a otras en condición de colonos, sin perjuicio del reconocimiento de propiedad en sus nuevas tierras.

El 24 de noviembre de 1955, Paz Estenssoro dicta un nuevo Decreto Ley que ordena extender títulos ejecutoriales de propiedad colectiva a favor de cada comunidad, con indicación de los campesinos favorecidos y la extensión de sus tierras.

Las tierras de comunidad serán explotadas en forma colectiva, respetando las parcelas poseídas individualmente por los campesinos que pasan a ser propietarios de ellas. Se señala, asimismo, que a los campesinos asentados en las tierras de la excomunidad que fallecieren sin dejar herederos les sucederá la comunidad y tales tierras serán destinadas a explotación colectiva o escuelas, siendo administradas sus rentas por la comunidad, en beneficio exclusivamente local. Finalmente, se dispone un cambio de competencia: todas las acciones petitorias sobre tierras de comunidades indígenas y las posesorias por sucesión o transferencia que se encuentran pendientes ante los tribunales ordinarios serán remitidas de oficio a conocimiento de los respectivos jueces agrarios.

A partir de los 60, la radicalidad inicial de la reforma agraria se fue moderando y de revolución se pasó a una involución. La ausencia de objetivos claros —una vez cambiada la estructura de las tierras—, la inflación creciente, la crisis económica interna, las divisiones al interior del MNR generaron una fuerte dependencia clientelar entre los ayllus, o comunidades, o sindicatos, y el gobierno. Además, desde 1959, con la llegada de Fidel Castro al poder en Cuba, los Estados Unidos —que con ciertas dudas habían terminado apoyando al MNR— terminaron exigiendo la desmantelación de los sindicatos —vistos como una amenaza comunista— y su sustitución por un plan de *Desarrollo de Comunidades*.

En ese contexto, con el apoyo de los Estados Unidos, en 1964, el general Barrientos barre con el MNR e inicia dieciocho años de regímenes militares, bajo el puntal del Pacto Militar Campesino (PMC). Los militares aparecieron como los nuevos salvadores de los campesinos ante las luchas que existían al interior del campesinado. Debían compensar, además, el alejamiento respecto de los mineros. A los ojos del PMC, los *comunistas* aparecían como los grandes culpables de las luchas fratricidas entre campesinos y sindicatos de diferentes tendencias. De esta manera se consolidó, como culminación de un proceso populista, la subordinación pasiva de los campesinos a un régimen autoritario. El *pacto* se podía resumir así: los militares prometían obras en el campo, a cambio de la lealtad política campesina. Dicha subordinación, sumada al efecto adormecedor de la reforma agraria, con sus dotaciones de pequeñas parcelas a familias campesinas, fue, con un largo alcance, el tiro de gracia al movimiento campesino de izquierda. Después reaparecían, como veremos más adelante, de esta *contradicción*, vertientes diferentes y contrapuestas de indigenismo. Pero, en ese momento, el PMC fue eficaz para el gobierno. No hay que olvidar que cuando en 1967 apareció la guerrilla del Che Guevara en Ñancahuazú —o Ñankaguasu—, en pleno territorio guaraní, hubo incluso un *Regimiento Barrientos* de Cochabamba, formado por campesinos anticomunistas. Ello, unido al hecho de que la reforma agraria estaba muy reciente y a que el área era demasiado aislada y su gente, ajena a la retórica ideológica, explica en gran medida la frustrada incursión del Che en el mundo campesino.

En los 60, además, la reforma agraria había traído ya consigo una transformación radical a nivel social. Muchos patrones y mestizos emigraron de los pueblos a las ciudades, dejando territorios que pasaron a ser ocupados por comunarios. Estos hicieron surgir verdaderos *pueblos campesinos* que aparecían como una reconstrucción de las antiguas comunidades. Paralelamente, el crecimiento demográfico y la necesidad de alcanzar mejores influencias a nivel de los sindicatos produjeron que muchas antiguas comunidades se dividieran, generando una fragmentación de parcelas familiares. Antiguos comunarios pasaban a formar una nueva clase social, la de los *residentes*, caracterizados por un estilo de relacionamiento intercultural entre campo y ciudad.

Desde principios de la década de 1960 y hasta fines de la década de 1980 se desarrollaron varias iniciativas en la misma línea de modernización capitalista; la ilusión de forjar una nueva burguesía *nacionalista*, al margen de las dependencias internacionales, había cedido paso al pragmatismo y —lo que en los inicios del MNR parecía impensable— a la dependencia respecto de los Estados Unidos. En esa tendencia, se dictaron nuevas normas complementarias a la *Ley de Reforma Agraria*, tendientes a reorganizar técnica y administrativamente el Servicio Nacional de Reforma Agraria, estudiar propuestas de las organizaciones campesinas y, en general, adecuar la legislación agraria a las nuevas necesidades. Entre ellas cabe mencionar el Decreto 05702 de 1961, *Decreto Jordán Pando*, la Circular Nº 1 de 1966, bajo el gobierno del general Barrientos, que prohibió, bajo sanciones penales, la venta de tierras que no hubieren sido sometidas a proceso agrario; y el Decreto Ley 16536, bajo el gobierno del general David Padilla, destinado a reglamentar las transferencias mediante un burocrático procedimiento ante el Consejo Nacional de Reforma Agraria. Desde la izquierda radical se ha calificado a los años siguientes y todas esas normas como parte de la contrarreforma agraria. La verdad, sin embargo, es que se trató de normas que pretendieron ir corrigiendo al paso los errores que contenía el DL 3464 y que se evidenciaron en su aplicación práctica. Paralelamente, existió la intención de enfrentar el problema de la propiedad indígena, cuestión que la reforma agraria no había enfrentado sino solo tangencialmente.

Ya bajo el gobierno de Víctor Paz Estenssoro se había creado una comisión especial para estudiar los aspectos jurídicos, sociales y económicos de las comunidades campesinas de origen. Esta comisión elaboró un Proyecto de Ley General de Comunidades Indígenas, considerando que el Decreto Ley de reforma agraria de 1953 contenía disposiciones generales sobre las comunidades indígenas del país y que era necesario complementarlas y reglamentarlas.

Más tarde, bajo la presidencia de Hugo Banzer Suárez, se aprobó la Ley de Organización y Procedimientos del Servicio Nacional de Reforma Agraria (SNRA), bajo Decreto 10399, creándose el Instituto Nacional de Reforma Agraria (INRA) como el organismo investigador, planificador y coordinador del proceso social agrario para el cumplimiento de los fines siguientes: a) la planificación integral y superior en materia agraria y campesina; b) la elaboración de disposiciones legales y reglamentarias mediante el derecho de iniciativa ante el Poder Ejecutivo; c) la programación de sistemas de fomento, cooperativismo y crédito agrario; d) la planificación de sistemas de colonización, de explotación racional y de mecanización y extensión agropecuaria; y e) la coordinación de los planes de desarrollo económico, social y promoción rural campesina.

Asimismo, se crea la Corte Nacional Agraria, y bajo el Ministerio de Asuntos Campesinos y Agropecuarios (MACA) se organiza la Inspección del Trabajo Agropecuario para conocer los problemas emergentes de esa labor, garantizando, además, los derechos de propiedad y posesión de las tierras. Finalmente, cabe destacar que durante el gobierno de Hugo Bánzer se entregó el 43 por ciento del total de las tierras distribuidas en el período comprendido entre 1953 y 1993.

El quinquenio en que más distribución de tierras se hizo fue el de 1969-1973, con más de nueve millones de hectáreas —el 15,86 por ciento—, período caracterizado por una gran inestabilidad política, en la que el Bloque Campesino

Independiente defendió con violencia el estatus de los campesinos frente al intento del general Barrientos de imponer un *impuesto único* a los campesinos, según la superficie de las tierras dotadas. Particularmente afectado resultó el Pacto Militar Campesino en las zonas altas, donde los modelos de economía y producción aimaras, centrados en el autoconsumo, significaban que un impuesto único que resultaba particularmente oneroso. En estos años hubo, además, una creciente izquierdización del país, caracterizada por el surgimiento del movimiento katarista. Pero a nivel cupular se sucedieron cortos gobiernos militares que terminarían en el golpe de Bánzer, en 1971.

En agosto de 1971 se desarrolla, financiado por el gobierno, el Sexto Congreso Nacional Campesino, en Potosí, del que debían surgir las nuevas autoridades de la Confederación Nacional Campesina. Dos grandes tendencias dividían al movimiento campesino en esa época: de un parte, la izquierda tradicional, constituida por la Asamblea Popular, con poca representatividad en las bases campesinas; y de otra, el movimiento katarista: un grupo campesino que buscaba la revalorización de lo propio en lo cultural y beneficios de tipo cooperativista en lo económico. El *katarismo* apelaba a lo que se ha llamado la *memoria larga*; indígenas, sobre todo aimaras, que volvían a recordar sus raíces étnicas y culturales, defendidas en los tiempos de la lucha anticolonial, olvidando momentáneamente la *memoria corta*: sus conquistas de la reforma agraria.

Agosto de 1971 termina con el golpe militar de Banzer. Con ello comienza la dictadura militar más larga de la historia de Bolivia (1971-1978) y con ella se ven afectadas todas las iniciativas e innovaciones campesinas, con la salvedad del Centro Cultural Tupaj Katari, que —pese a la persecución de Flores y los kataristas— continuó consolidándose económica y también ideológicamente hasta el Manifiesto de Tiwanaku —julio de 1973—, primer esfuerzo de sistematización del katarismo.[202] El rápido desarrollo del katarismo culmina,

---

202 El principal documento de este referente fue el Manifiesto de

por así decirlo, con la llegada de su líder, Jenaro Flores, a la dirigencia de la CNTCB.

La política de Banzer continuó, sin embargo, con la distribución de las tierras: en el quinquenio 1974-1978, se distribuyen casi 17,5 millones de hectáreas. El año 1972 se otorga al presidente del Consejo Nacional de Reforma Agraria (CNRA) la facultad para proceder a la reorganización técnico-administrativa del SNRA, encomendándole, al mismo tiempo, la organización de una comisión para el estudio y revisión de las nuevas disposiciones agrarias, ignorándose los resultados de esta comisión. Bánzer no hablaba quechua como Barrientos; no era, ni cercanamente, lo que se podía decir de su antecesor, un *general del pueblo*. Tampoco pretendió serlo. Resolvió sus conflictos con los campesinos a la fuerza y se preocupó más bien de favorecer a los grandes productores de las tierras bajas del oriente.

En 1974 se crea una tercera comisión integrada por representantes de la Presidencia de la República, el Ministerio de Asuntos Campesinos y Agropecuarios (MACA), el Servicio Nacional de Reforma Agraria (SNRA) y organizaciones de los trabajadores campesinos, con el objeto de estudiar los anteproyectos existentes y la elaboración de un proyecto final. Por esta época toma nuevos bríos la expansión del movimiento *katarista* como un amplio movimiento ideológico con diversas manifestaciones institucionales y organizativas en algunas ciudades como La Paz y Oruro, además de diversas áreas rurales aimaras.[203] En 1977 surge oficialmente la Confederación Campesina "Tupaj Katari" como una reestructuración de las comunidades, fruto de un trabajo sigiloso y metódico en la clandestinidad. Y bajo esa

Tiwanaku, suscrito por el Centro Campesino Tupaq Katari, el Centro MINKA, la Asociación Nacional de Profesores Campesinos, la Asociación de Estudiantes Campesinos de Bolivia y el Centro Cultural PUMA. Cfr. Rivera Cusicanqui, Silvia. *Op. cit.* en nota 117, pp. 154 y 155.

203   Hurtado, Javier. *El katarismo*. La Paz, 1986.

hegemonía katarista surge, en 1979, la nueva Confederación Sindical Única de Trabajadores Campesinos de Bolivia (CSUTCB), que desconoce abiertamente los compromisos y lealtades que había configurado el Pacto Militar Campesino y se introduce, con un alto grado de influencia, en la Central Obrera Boliviana (COB). En esos años, el katarismo expandió su influencia gracias, paradójicamente, a sus divisiones y subdivisiones. Diferentes carismas y sensibilidades fueron justificando diversas agrupaciones. Por ejemplo, el MRTK (Movimiento Revolucionario Tupaj Katari), vinculado a la CSUTCB, pretendía unificar lo campesino con lo indígena, la memoria corta con la memoria larga. En cambio, el MITKA (Movimiento Indio Tupaj Katari) era impulsado por los *residentes*: indígenas urbanos con un enfoque más *indianista* que *campesino*, liderados por Felipe Quispe, quien, en una mezcla de tradición y modernidad, planteaba como petitorio al gobierno mil tractores para retomar la conducción del paisaje andino en forma coherente con el respeto milenario a la biodiversidad;[204] una mezcla del mito progresista de la tecnología relacionado con ritualismos que buscaban recuperar la *memoria larga* o, como se puede leer en muchos documentos, *un mirar atrás, que es también ir hacia delante*.[205]

Muchas explicaciones se han dado a este renacer de las movilizaciones indígenas en los albores siglo XXI. Creemos que una buena explicación sintética es la que sigue, dada en un

    204   "Nosotros estamos pidiendo tractores para producir, a fin de que ustedes coman bien, señores. Nosotros no estamos pidiendo fusiles, como el Falm, Zig, M1, M2, no estamos pidiendo Uzi o Galil para hacer guerra de ayllus; nosotros estamos pidiendo herramientas. No, queremos trabajar. Aquí hay brazos para trabajar. La Confederación Única de Trabajadores Campesinos no está solicitando municiones, proyectiles para sembrar a la espalda de nuestros opresores. No. Hemos solicitado semillas para sembrar. Ese es nuestro pensamiento; este es un pensamiento filosófico científico". Rojas, Gonzalo. *Por qué el Mallku se yergue como el gran acusador. El movimiento étnico-campesino en el 2000 boliviano*. La Paz, 2001, p. 13.

    205   Cfr. Rivera Cusicanqui, Silvia. *Op. cit.* en nota 117.

interesante trabajo publicado por la Universidad Autónoma de México, en el que describe "al proceso de independencia y constitución del Estado boliviano en términos de refundación y *modernización* —si cabe el término— del proceso colonial. Este punto de vista pone en cuestión el mito bolivariano, según el cual la Independencia trajo consigo la liberación de los pueblos de América latina. Sin embargo, el proceso libertador, más que emancipar a los pueblos indígenas originarios de Bolivia, liberó a los criollos bolivianos —descendientes de los colonizadores— del yugo de la colonia y estos se aprestaron a tomar el control de las instituciones republicanas, generando un proceso de colonialismo interno. En definitiva, la Independencia fundó la república criolla: el poder colonial pasó de una mano a otra, pero las estructuras de exclusión y explotación subyacentes no fueron cuestionadas, sino aprovechadas en beneficio de una minoría racialmente determinada.

"Este fenómeno de colonialismo interno tiene varias dimensiones. Desde un punto de vista institucional, se refleja en el persistente acaparamiento del poder político por parte de las élites mestizo-criollas. Desde un punto de vista de estratificación social, se traduce en procesos de exclusión económica, política, social y cultural, según los cuales corresponden a los indios los peores lugares de la pirámide social. Así, la estratificación social se produce a través de una superposición de procesos clasistas y racistas, con una tendencia a que coincidan los privilegios de clase con los sectores mestizo-criollos y a que los sectores subalternos sean indios. Por último, y no menos importante, el colonialismo interno tiene una dimensión de opresión de las nacionalidades indígenas en su conjunto, que no son reconocidas por el sistema político".

La antropóloga Marta Cabezas continúa: "En este marco, el indio ha sido visto por las élites como el principal límite para la construcción del Estado-nación y se han sucedido diversos proyectos de exterminio cultural y explotación económica de los indios. En definitiva, el racismo de Estado forma parte del origen mismo de la República de Bolivia, que hoy quiere borrar los movimientos sociales a través de una Asamblea Constituyente que la refunde. Como contrapartida, los indios se ven situados fuera del sistema político republicano y articulan sus demandas desde sus organizaciones sociales, a través de procesos de resistencia, presión y negociación con el poder establecido, en un intento constante, no solo de supervivencia material y cultural, sino también de conformación de procesos de contrahegemonía y hegemonía alternativa —asociada a la restitución de sus valores propios— frente a los proyectos cambiantes de dominación y hegemonía colonial. De esta forma, los movimientos sociales se convierten en los lugares fundamentales de participación política de los sectores subalternos —mayoritariamente indígenas—, politizando los espacios sociales, haciendo política en los márgenes de un sistema político que de otra forma les es vetado. Este proceso de colonialismo interno da como resultado un campo político polarizado, donde conviven de forma conflictiva proyectos anticoloniales y proyectos de mantenimiento del statu quo. En consecuencia, el campo político boliviano en su conjunto —con la especificidad de cada momento histórico— puede ser comprendido a través de las tensiones y equilibrios entre los procesos de dominación/hegemonía sostenidos por los defensores del statu quo colonial que actúan desde el Estado, desde la *política formal* y desde la propiedad de los medios de producción, con los de resistencia/adaptación/presión/contrahegemonía de los movimientos y organizaciones sociales de sustrato indígena, articulados bajo diferentes formas organizativas, coetáneas y contradictorias, de base campesina, vecinal, sindical, gremial, política o étnica."

"En un contexto donde no se reconoce a los indios como sujetos políticos ni colectivos, ni individuales —recordemos que no fue hasta la revolución de 1952 que los indios lograron estatus ciudadano—, la rebelión se convierte en el lenguaje fundamental a través del cual el indio formula sus demandas a la sociedad, al igual que la represión militar y la masacre son las respuestas históricas del Estado a estas demandas."[206]

En 1981, bajo el gobierno de Celso Torrelio Villa, se crea una comisión encargada de proyectar la reglamentación para la transferencia de las propiedades rústicas, ganaderas y mixtas, conformada por representantes del Ministerio de Asuntos Campesinos y Agropecuarios (MACA), del Consejo Nacional de Reforma Agraria (CNRA), de la Federación de Ganaderos del Beni, de la Confederación Agropecuaria del Oriente (CAO) y de la Federación de Ganaderos de Santa Cruz. Esta comisión no llega a constituirse y no se elabora ningún reglamento. Fue una época de varias iniciativas, pero pocos frutos. Las expectativas de la democracia tras doce años de gobiernos militares autoritarios explotaron bajo la forma, más que nada, de bloqueos de caminos, tomas de oficinas y proyectos.

Pero hubo transformaciones valiosas también, particularmente en las tierras bajas del oriente, que hasta entonces habían estado más bien ajenas a las grandes problemáticas campesinas. En 1982 se crea la CIDOB (Confederación Indígena del Oriente Boliviano); cinco años más tarde, la Asamblea del Pueblo Guaraní. También en esos años, los pueblos indígenas del Beni, zona de las antiguas reducciones jesuíticas de Moxos, se organizan a través de cabildos locales y de su *coordinadora de cabildos* para defender sus territorios de las amenazas de los madereros y los ganaderos. Otros pueblos como los sirionó y los yucaré siguieron su ejemplo. En 1988, varios representantes indígenas de las tierras bajas hacen un planteamiento sin

---

[206] Cabezas, Marta. "Bolivia: tiempos rebeldes, coyuntura y causas profundas de las movilizaciones indígena-populares".
En http://redalyc.uaemex.mx/pdf/623/62304102.pdf (al 12/10/2010)

precedentes al gobierno: que se les reconocieran dos grandes territorios, compartidos por las etnias involucradas. La falta de respuesta oportuna dio pie a la primera *marcha*: la *Marcha por el Territorio y la Dignidad*, con la que estos pueblos orientales, unidos a través de la Coordinadora de los Pueblos Indígenas del Beni (CPIB), lograron arrancar del gobierno, finalmente, 1,5 millones de hectáreas reconocidas como *territorios étnicos*. Más adelante, volveremos sobre el alcance de estas movilizaciones.

En 1984, durante el gobierno de Hernán Siles Suazo, se organiza la Comisión Agraria Nacional (CAN), encargada de actualizar y complementar las disposiciones legales dictadas a partir del 2 de agosto de 1953, en compatibilidad con el proyecto de *Ley Agraria Fundamental*, presentado por la Confederación Sindical Única de Trabajadores Campesinos de Bolivia (CSUTCB), junto a otras organizaciones. El propósito era lograr un nuevo cuerpo de legislación agraria, acorde con los requerimientos del avance social. La comisión no elabora ningún proyecto o disposición legal.

En 1987, siendo presidente de la República Víctor Paz Estenssoro, se encomienda al Ministerio de Asuntos Campesinos y Agropecuarios (MACA) un estudio integral para la reestructuración del Consejo Nacional de Reforma Agraria (CNRA), el Instituto Nacional de Colonización (INC), el Centro de Desarrollo Forestal (CDF) y la Dirección General de Trabajo y Justicia Campesina (DGTJC), que incluía las normas que regirían su funcionamiento y se disponía que el estudio finalizase los últimos días de enero de 1988. Se define la necesidad de reestructurar la administración pública, incluyendo los aspectos legales e institucionales del sector agropecuario para situar a este en un moderno esquema que posibilitara el sostenido desarrollo agropecuario y rural del país.

En 1988, el Ministerio de Asuntos Campesinos y Agropecuarios (MACA) elabora el Anteproyecto de Ley General de Desarrollo Agropecuario, donde se diseña un marco institucional para el régimen agrario, tierra y desarrollo rural.

22. El Convenio 169 de la OIT

En un trabajo sobre la evolución de la propiedad indígena en Bolivia no puede dejar de considerarse como un hito la ratificación, el 11 de julio de 1991, por parte del Estado boliviano, del Convenio 169, adoptado el 27 de junio de 1989, por la Organización Internacional del Trabajo, sobre pueblos indígenas y tribales.[207] Este Convenio inspiró, en parte importante, la reforma constitucional de 1994, que importó, en Bolivia, la constitucionalización definitiva del derecho indígena y de la justicia agraria, esta última como una exención jurisdiccional, cuyo origen estaba en la Constitución de 1967, pero queda firmemente asentada en el artículo 176 de la *Ley INRA*.

A septiembre de 2009, este Convenio había sido ratificado por veinte países, principalmente latinoamericanos, por orden de ratificación: Noruega, México, Colombia, Bolivia, Costa Rica, Paraguay, Perú, Honduras, Dinamarca, Guatemala, Países Bajos, Fiji, Ecuador, Argentina, Venezuela, Dominica, Brasil, España, Nepal y Chile. Dicho Convenio tiene el carácter de tratado internacional y, por lo tanto, vinculante para los países que lo ratificaron. Para los demás, y que hayan ratificado el Convenio 107, este los sigue rigiendo.

El Convenio, según en el mismo se expresa, se dicta observando las normas internacionales enunciadas en el Convenio y en la Recomendación sobre poblaciones indígenas y tribales (1957), en la Declaración sobre concesión de la independencia a los

---

[207] La nota característica de los pueblos indígenas y tribales es la autoidentificación. Además, hay características comunes: estilos tradicionales de vida; cultura y modo de vida diferentes a los de los otros segmentos de la población nacional, por ejemplo, la forma de subsistencia, el idioma, las costumbres, etcétera. Sin embargo, mientras los pueblos tribales solo tienen una organización social y costumbres y leyes tradicionales propias, los pueblos indígenas tienen, además, instituciones políticas propias y el vivir en una continuidad histórica en un área determinada.

países y pueblos coloniales (1960), en la Convención sobre la eliminación de todas las formas de discriminación racial (de 1965), en el Pacto Internacional de Derechos Económicos, Sociales y Culturales, y el Pacto Internacional de Derechos Civiles y Políticos (ambos de 1966), y en los numerosos instrumentos internacionales existentes sobre la prevención de la discriminación. Asimismo, considera que la evolución del derecho internacional desde 1957 y los cambios sobrevenidos en la situación de los pueblos indígenas y tribales en todas las regiones del mundo hacen aconsejable adoptar nuevas normas internacionales en la materia. Como precedente del Convenio 169, en la misma OIT, puede mencionarse el *Convenio relativo a la protección e integración de las poblaciones indígenas y de otras poblaciones tribales y semitribales en los países independientes* 107, de 1957, pero con grandes diferencias.

En efecto, el Convenio 107 se fundaba en que "en diversos países independientes existen poblaciones indígenas y otras poblaciones tribales y semitribales que no se hallan integradas todavía en la colectividad nacional, y cuya situación social, económica o cultural les impide beneficiarse plenamente de los derechos y las oportunidades de que disfrutan los otros elementos de la población". Es decir, se sustentaba en un concepto *político*, manifestado en la voluntad de *proteger* e *integrar poblaciones* dentro de un Estado, dentro de la "colectividad nacional de que forman parte". Suponía un modelo de derecho internacional *interestatal*, donde no cabía un reconocimiento a las poblaciones no constituidas en Estado. Era un *reconocimiento protector e integrativo*, concordante con los Pactos de 1966, que formulaban un *reconocimiento* de *derechos a las personas*[208] que integraban poblaciones indígenas,

---

208   A nivel regional, tanto la Declaración Americana de los Derechos y Deberes del Hombre (1948) como la Convención Americana sobre Derechos Humanos (1969) suponían también solo el reconocimiento de derechos individuales.

evitando deliberadamente la adjudicación de derechos a colectividades en cuanto tales, a los *pueblos* indígenas, amén de a las personas. El concepto era, pues, que las poblaciones indígenas al interior del Estado, sin consideración alguna, no eran *pueblos*, sino *minorías*.[209]

El Convenio 169, en tanto, implica un reconocimiento *jurídico* de las instituciones, ya *no de poblaciones, sino de pueblos*, diferencia notable desde que el concepto de pueblo implica un reconocimiento de autonomía política. El Convenio reconoce las aspiraciones de los pueblos indígenas y tribales a *asumir el control de sus propias instituciones*, formas de vida y desarrollo económico, y a mantener y fortalecer sus identidades, lenguas y religiones, dentro del marco de los Estados en que viven, y deja constancia de que en muchas partes del mundo esos pueblos no pueden gozar de los derechos humanos fundamentales en el mismo grado que el resto de la población de los Estados en que viven, y que sus leyes, valores, costumbres y perspectivas han sufrido a menudo una erosión. El Convenio, desde el

---

209   Un descarnado análisis de las diferencias entre *minorías indígenas* y *pueblos indígenas* lo ofrece Bernardo Clavero: "Los pueblos están para hacerse Estados, para ser sujetos colectivos, mientras que las minorías, para protegerse, integrarse y finalmente diluirse, para ser objeto de protección, integración y, en fin, disolución". El concepto de minoría se predica de agrupamientos humanos en relación a estados y no respecto del contexto de la población mundial. El concepto, además, "no guarda relación efectiva con el tamaño del grupo, [que] se aplica con independencia de que la presunta minoría realmente lo sea en relación al Estado, pues no faltan casos, en la misma América, de que constituya realmente mayoría, y con independencia, también de que exista vinculación a este, pues tampoco faltan casos de grupos que no la tienen, que no podrían ser ni mayoría, ni minoría (…). Minoría resulta así un concepto sin el sentido estadístico de población cuantitativamente menor, por lo que no es de excluir que guarde la significación colonial de cualitativamente inferior. Indica la circunstancia de no ocuparse en su propio estado una posición dominante que constitucionalmente se presume de mayoría". Clavero, Bernardo. *Op. cit.* en nota 57, p. 71.

(Ver notas finales)

punto de vista estrictamente del derecho aplicable, sigue reflejando la tensión entre el derecho propio, la diferencia, y el derecho común, la equiparación. Por otra parte, reconoce la contribución de los pueblos indígenas y tribales a la diversidad cultural, a la armonía social y ecológica de la humanidad, y a la cooperación y comprensión internacionales.

Si bien en el artículo 1 establece que "la utilización del término *pueblos* en este Convenio no deberá interpretarse en el sentido de que tenga implicación alguna en lo que atañe a los derechos que pueda conferirse a dicho término en el derecho internacional", hay, sin embargo, una consideración más colectiva y activa de la población indígena, pues en el artículo 32 se establece un concepto de territorio no solo político, sino también jurídico. En efecto, se señala que "los gobiernos deberán tomar medidas apropiadas, incluso por medio de acuerdos internacionales, para facilitar los contactos y la cooperación entre pueblos indígenas y tribales a través de las fronteras, incluidas las actividades en las esferas económica, social, cultural, espiritual y del medio ambiente". Si bien planteada *como deber del Estado y no como derecho del indígena*, tal afirmación parece afectar, si no jurídicamente, a nivel político, las fronteras internacionales.

El Convenio se aplica: "a) a los pueblos tribales en países independientes, cuyas condiciones sociales, culturales y económicas los distingan de otros sectores de la colectividad nacional, y que estén regidos total o parcialmente por sus propias costumbres o tradiciones, o por una legislación especial; y b) a los pueblos en países independientes, considerados indígenas por el hecho de descender de poblaciones que habitaban en el país o en una región geográfica a la que pertenece el país en la época de la conquista o la colonización, o del establecimiento de las actuales fronteras estatales, y que, cualquiera sea su situación jurídica, conservan todas sus propias instituciones sociales, económicas, culturales y políticas, o parte de ellas".

Establece el Convenio que es deber de los gobiernos que lo ratifiquen "asumir la responsabilidad de desarrollar, con la participación de los pueblos interesados, una acción coordinada y sistemática con miras a proteger los derechos de esos pueblos y a garantizar el respeto de su integridad", lo que deberá incluir, entre otras medidas, aquellas que "promuevan la plena efectividad de los derechos sociales, económicos y culturales de esos pueblos, respetando su identidad social y cultural, sus costumbres y tradiciones, y sus instituciones"; y "que ayuden a los miembros de los pueblos interesados a eliminar las diferencias socioeconómicas que puedan existir entre los miembros indígenas y los demás miembros de la comunidad nacional, de una manera compatible con sus aspiraciones y formas de vida". Se señala, asimismo, que en la implementación de estas y otras medidas los gobiernos deberán consultar a los pueblos interesados, mediante procedimientos apropiados y en particular a través de sus instituciones representativas, cada vez que se prevean medidas legislativas o administrativas susceptibles de afectarlos directamente; establecer los medios a través de los cuales los pueblos interesados puedan participar libremente, por lo menos en la misma medida que otros sectores de la población, y a todos los niveles, en la adopción de decisiones en instituciones electivas y organismos administrativos y de otra índole, responsables de políticas y programas que les conciernan; y establecer los medios para el pleno desarrollo de las instituciones e iniciativas de esos pueblos, y en los casos apropiados, proporcionar los recursos necesarios para este fin.

En otro aspecto, ya de implementación, se señala en el Convenio que, al aplicar la legislación nacional a los pueblos interesados, deberán tomarse debidamente en consideración sus costumbres o su derecho consuetudinario, y que estos pueblos deberán tener el derecho de conservar sus costumbres e instituciones propias, siempre que estas no sean incompatibles con los derechos fundamentales definidos por el sistema jurídico nacional ni con los derechos humanos internacionalmente reconocidos (artículo 8).

La segunda parte del Convenio se refiere a las tierras de los pueblos indígenas o tribales, y se impone a los gobiernos que lo apliquen el deber de "respetar la importancia especial que para las culturas y valores espirituales de los pueblos interesados reviste su relación con las tierras o territorios, o con ambos, según los casos, que ocupan o utilizan de alguna otra manera, y en particular, los aspectos colectivos de esa relación". En lo concerniente a la propiedad indígena, se establece expresamente que "deberá reconocerse a los pueblos interesados el derecho de propiedad y de posesión sobre las tierras que tradicionalmente ocupan. Además, en los casos apropiados, deberán tomarse medidas para salvaguardar el derecho de los pueblos interesados a utilizar tierras que no estén exclusivamente ocupadas por ellos, pero a las que hayan tenido tradicionalmente acceso para sus actividades tradicionales y de subsistencia" (artículo 14). Para tal efecto, se señala que se deberán tomar las medidas necesarias para determinar las tierras que los pueblos interesados ocupan tradicionalmente y garantizar la protección efectiva de sus derechos de propiedad y posesión, así como instituirse procedimientos adecuados en el marco del sistema jurídico nacional para solucionar las reivindicaciones de tierras formuladas por los pueblos interesados.

En lo relativo a la explotación de los recursos naturales existentes en las tierras de los pueblos indígenas y tribales, se establece la obligación de los gobiernos de protegerlos especialmente, de forma que tales pueblos puedan participar en la utilización, administración y conservación de dichos recursos naturales. En caso de que pertenecieren al Estado los minerales o los recursos del subsuelo, o tenga derechos sobre otros recursos existentes en las tierras, los gobiernos deberán establecer o mantener procedimientos con miras a consultar a los pueblos interesados, a fin de determinar si los intereses de esos pueblos serían perjudicados, y en qué medida, antes de emprender o autorizar cualquier programa de prospección o explotación de los recursos existentes en sus tierras. Se indica que los pueblos interesados deberán participar siempre que sea posible en los beneficios que reporten tales actividades y percibir una indemnización equitativa por cualquier daño que puedan sufrir como resultado de esas actividades.

También se refiere el Convenio a los desplazamientos de los pueblos indígenas o tribales desde sus tierras originarias. Se señala que cuando excepcionalmente sea indispensable el traslado y la reubicación de esos pueblos solo deberán efectuarse con su consentimiento, dado libremente y con pleno conocimiento de causa, y frente a la imposibilidad de obtenerse su consentimiento, el traslado y la reubicación, solo deberá tener lugar al término de procedimientos adecuados establecidos por la legislación nacional, incluidas encuestas públicas, cuando haya lugar, en que los pueblos interesados tengan la posibilidad de estar efectivamente representados. Asimismo, se señala que, siempre que sea posible, estos pueblos deberán tener el derecho de regresar a sus tierras tradicionales en cuanto dejen de existir la causas que motivaron su traslado y reubicación, y, cuando el retorno no sea posible, tal como se determine por acuerdo o, en ausencia de tales acuerdos, por medio de procedimientos adecuados, dichos pueblos deberán recibir, en todos los casos posibles, tierras cuya calidad y cuyo estatuto jurídico sean por lo menos iguales a los de las tierras que ocupaban anteriormente, y que les permitan subvenir a sus necesidades y garantizar su desarrollo futuro. Cuando los pueblos interesados prefieran recibir una indemnización en dinero o en especie, deberá concedérseles dicha indemnización, con las garantías apropiadas. Esa indemnización procederá sin perjuicio de reparar, además, plenamente a las personas trasladadas y reubicadas por cualquier pérdida o daño que hayan sufrido como consecuencia de su desplazamiento.

Otro aspecto importante que establece el Convenio es el relativo al derecho consuetudinario sobre los traspasos de derechos sobre las tierras. Se consagra en el Convenio (artículo 17) que los gobiernos deberán respetar las modalidades de transmisión de los derechos sobre la tierra entre los miembros de los pueblos interesados establecidas por dichos pueblos y consultar a los pueblos interesados siempre que se considere su capacidad de enajenar sus tierras o de transmitir de otra forma sus derechos sobre estas tierras fuera de su comunidad. Asimismo, se establece que los gobiernos deberán adoptar las medidas necesarias para impedir que personas extrañas a esos pueblos puedan aprovecharse de sus costumbres o de su desconocimiento de las leyes para arrogarse la propiedad, la posesión o el uso de las tierras pertenecientes a ellos.

En cuanto a las políticas agrarias, el Convenio establece que estas deberán garantizar a los pueblos interesados condiciones equivalentes a las que disfruten otros sectores de la población, en lo relativo a la asignación de tierras adicionales a dichos pueblos, cuando las tierras de que dispongan sean insuficientes para garantizarles los elementos de una existencia normal o para hacer frente a su posible crecimiento numérico, y en lo relativo al otorgamiento de los medios necesarios para el desarrollo de las tierras que dichos pueblos ya poseen.

23. La Declaración de las Naciones Unidas sobre los Derechos de los Pueblos Indígenas

La Organización de las Naciones Unidas ha tenido también su propia evolución en relación al reconocimiento de las comunidades indígenas: desde uno que miraba a la protección a otro de autodeterminación.[210] El artículo 20 consagraba que "toda persona tiene deberes respecto de la comunidad, puesto que solo en ella puede desarrollar libre y plenamente su personalidad". En esa época, tal norma no admitía doble lectura: las obligaciones individuales se referían al Estado. Con instrumentos adicionales, podría darse otra lectura: en 1960, la Declaración sobre la Concesión de la Independencia a los Países y Pueblos Coloniales declaraba que "la sujeción de pueblos a una subyugación, dominación y explotación fundamentales es contraria a la Carta de las Naciones Unidas y compromete la causa de la paz y la cooperación mundiales" (artículo 1); y, por lo tanto, "todos los pueblos tienen el derecho a la libre determinación; en virtud de este derecho, determinan libremente su condición política y persiguen libremente su desarrollo económico, social y cultural" (artículo 2). En los Pactos de 1996, de Derechos Civiles y Políticos, y de Derechos Económicos, Sociales y Culturales, este segundo artículo se eleva a derecho fundamental, el de *todos los pueblos* a la libre determinación política, económica, social y cultural, postergando a continuación el desenvolvimiento de los derechos humanos individuales. Sin embargo, subsiste la discriminación: la discriminación es, desde entonces, entre *pueblos* y *minorías*. La discriminación quedaba sujeta a una actividad jurisdiccional. Pues, como se ha sostenido acertadamente: "¿Quién aplica la distinción? ¿Quién clasifica? No hay libre determinación en este punto primero de la identidad de los agrupamientos humanos. Las propias Naciones Unidas, esto es, los Estados reunidos en ellas, se reservan el poder de decidir quién es pueblo y quién es minoría. Para ello, no recorren la geografía humana, midiendo

---

210   Esta evolución puede constatarse en otros ámbitos. Compárese, por ejemplo, la Declaración de los Derechos del Niño de 1959, que consideraba a los niños y adolescentes como objetos de protección y dirección, con la Convención de los Derechos del Niño de 1989, que los considera como sujetos de libertad (artículo 12).

mayorías y minorías. Si lo hicieran, en más de unas latitudes de América, incluso tomándose como referencia de medida los Estados por encima de los pueblos, la mayoría resultaría indígena, y el resto, la minoría (...). Mayoría realmente se forma por quienes se identifican con la cultura que caracteriza al Estado; minoría, por cuantos y cuantas lo hacen con una cultura propia a la comunidad y ajena así al Estado".[211]

El desenvolvimiento ha venido a tener lugar gracias al artículo 27 del Pacto de Derechos Civiles y Políticos, administrado por el Comité de Derechos Humanos de las Naciones Unidas, jurisdicción competente para aplicarlo, entendiendo, por ejemplo, "que el derecho a la cultura de las llamadas minorías ha de aplicarse, particularmente si se trata de grupos indígenas, grupos de procedencia anterior al Estado en el propio territorio, no solo a la cultura inmaterial que se dice de forma expresa —'a tener su propia vida cultural, a profesar y practicar la propia religión, y a emplear su propio idioma'—, sino también a la material relacionada con tierras y recursos".[212]

El 13 de septiembre de 2007, la Asamblea General de las Naciones Unidas aprueba la *Declaración de las Naciones Unidas sobre los Derechos de los Pueblos Indígenas* —UNDRIP es la sigla en inglés—, que es un paso más allá en el reconocimiento de los pueblos indígenas, sus derechos y su cultura.[213] La Asamblea General de la Organización de las Naciones Unidas aprobó por ciento cuarenta y tres votos a favor y once abstenciones la Declaración, pese a que varios países, como los Estados Unidos, Canadá, Australia y Nueva Zelanda, se opusieron, argumentando que la Declaración concede a los indígenas

---

211   Clavero, Bartolomé. *Op. cit.* en nota 114, p. 171.
212   *Ibíd.*
213   Como antecedente, por Resolución 47/135 del 18 de diciembre de 1992, las Naciones Unidas habían aprobado la Declaración sobre los derechos de las personas pertenecientes a minorías nacionales o étnicas, religiosas y lingüísticas.

poderes legales y de propiedad excesivos. No obstante, no todos los ciento noventa y dos países miembros participaron en la votación y la Declaración no es jurídicamente vinculante,[214] pero reconoce que los 370 millones de indígenas que se calcula que viven en el mundo tienen derecho a la *autodeterminación*, a determinar libremente sus relaciones con los Estados en un espíritu de coexistencia, beneficio mutuo y pleno respeto, y a poseer "tierras, territorios y recursos que han sido suyos tradicionalmente" o que hayan comprado, usado o adquirido.

En efecto, en lo concerniente a la propiedad inmueble como parte fundamental de la identidad indígena, el artículo 8 compromete a los Estados a establecer mecanismos eficaces para la prevención y resarcimiento de: a) todo acto que tenga por objeto o consecuencia privar a los pueblos y las personas indígenas de su integridad como pueblos distintos o de sus valores culturales o su identidad étnica; b) todo acto que tenga por objeto o consecuencia enajenarles sus tierras, territorios o recursos; c) toda forma de traslado forzado de población que tenga por objeto o consecuencia la violación o el menoscabo de cualquiera de sus derechos; d) toda forma de asimilación o integración forzada; y e) toda forma de propaganda que tenga como fin promover o incitar a la discriminación racial o étnica dirigida contra ellos.

La Declaración se refiere también a la protección del derecho ancestral de los pueblos indígenas sobre los territorios y recursos que siempre han poseído, ocupado o de otra forma utilizado o adquirido, y al derecho a poseer, utilizar, desarrollar y controlar las tierras, territorios y recursos que poseen en razón de la

---

214 Se considera, en virtud de la jurisprudencia del Tribunal Internacional de Justicia, que las Declaraciones adoptadas por la Asamblea General pueden usarse como evidencia de la ley internacional consuetudinaria o de los principios generales de la ley. También se ha reconocido que las Declaraciones han servido para desarrollar, con el tiempo, nuevas normas consuetudinarias. Qué normas son vinculantes para los Estados es una cuestión a evaluarse en cada caso en particular.

propiedad tradicional u otra forma tradicional de ocupación o utilización, así como aquellos que hayan adquirido de otra forma. A tal efecto, se establece que los Estados asegurarán el reconocimiento y protección jurídicos de esas tierras, territorios y recursos. Dicho reconocimiento —se agrega— respetará debidamente las costumbres, las tradiciones y los sistemas de tenencia de la tierra de los pueblos indígenas de que se trate.

El artículo 10 de la Declaración se refiere, por otra parte, a los desplazamientos masivos de los indígenas y prescribe que "los pueblos indígenas no serán desplazados por la fuerza de sus tierras o territorios. No se procederá a ningún traslado sin el consentimiento libre, previo e informado de los pueblos indígenas interesados, ni sin un acuerdo previo sobre una indemnización justa y equitativa y, siempre que sea posible, la opción del regreso".

24. Las marchas indígenas y los antecedentes de la Ley 1715

Como se había adelantado, el 15 de agosto de 1990, los pueblos indígenas del Beni inician la *Marcha por el Territorio y la Dignidad*, y en el camino se unen indígenas mosetenes, tacanas y lecos de La Paz; guaraníes, matacos y rapietes del Chaco tarijeño y cruceño; ayoreos, guarayos y guaraníes de Santa Cruz y Sucre; y, lo más importante, quechuas y aimaras de la CSTUCB.

Esta marcha exigía el reconocimiento como pueblos de los derechos indígenas, el derecho al territorio y el respeto a su dignidad. Tal como se señaló anteriormente, la exigencia era inaudita desde que lo que se pretendía era que se reconociera a sus territorios como una *jurisdicción autónoma*, lo que en otras palabras significa *autonomía indígena*. No era en ese momento algo prioritario, en tanto, para la Central Obrera Boliviana o la CSTUCB. Sin embargo, insistimos, no puede pasarse por alto la importancia de esta movilización: con esta marcha comienza el planteamiento de autonomías.

Una segunda marcha, que se inició el 24 de junio de 1994, fue protagonizada por los campesinos del trópico cochabambino. Fue denominada *Marcha por la Soberanía y Dignidad Nacional*, con la que se exigía la desmilitarización del trópico de Cochabamba, además de hacer más eficiente el desarrollo alternativo en la zona. En este punto debe destacarse que desde el auge de la cocaína, en la década de los 70, la región de Chapare-Chimoré recibió la mayor migración rural del país. Este fenómeno se agravó por la ausencia de políticas gubernamentales que permitieran alternativas productivas a los pequeños agricultores y, peor aún, cuando en 1988 se aprueba la Ley 1008, que, al tratar en forma igualitaria coca y cocaína, genera la militarización de los campos y la *guerra contra las drogas*. De esa zona, de cerca de trescientos mil inmigrantes, en su mayoría quechuas, saldría un dirigente connotado, un aimara originario de una comunidad de Oruro: Evo Morales.

Una tercera marcha, la *Marcha por la Vida, la Coca y la Soberanía Nacional*, se inicia a partir del 29 de septiembre de 1994, también por los campesinos del trópico de Cochabamba, demandando al gobierno de Sánchez de Lozada respuestas a las necesidades y planteamientos de los pueblos indígenas y campesinos. Del mes de agosto al mes de octubre de 1996 se realiza una cuarta marcha, en la que se exige la promulgación de la Ley INRA. Es protagonizada especialmente por los pueblos del oriente y la denominan *Marcha por el Territorio, la Participación Política y el Desarrollo*, con la que finalmente se logra introducir en la Ley INRA el concepto de Tierras Comunitarias de Origen (TCO), como un adelanto en la lucha por la recuperación de su tierra.

Paralelamente, se desarrollaban diversas medidas administrativas tendientes a subsanar las deficiencias de la normativa vigente. El 24 de noviembre de 1992, en respuesta a estos movimientos, y gracias a la activa participación de la CSUTCB (Confederación Sindical Única de Trabajadores Campesinos de Bolivia), fundada en 1979 por el abogado de origen campesino Esteban Calani,[215] el presidente Jaime Paz Zamora, mediante DS 23331, dispone la intervención del Consejo Nacional de Reforma Agraria (CNRA) y del Instituto Nacional de Colonización (INC), por las siguientes razones:[216]

a) El CNRA y el INC no contaban con estadísticas ni con cartas geográficas que mostraran el grado de distribución y redistribución de la tierra, lo cual provocaba la duplicidad en las demandas, superposiciones en las dotaciones y adjudicaciones, anomalías en la titulación, concentración de la propiedad y latifundio, comercio ilegal de la tierra y el loteo clandestino. En tal sentido, fue decisiva la denuncia que se hizo de la pretensión del ministro de Educación del gobierno del MIR, Hedim Céspedes, de querer adjudicarse, en forma irregular, un millón de hectáreas, hecho conocido como el *Caso Bolibrás*, lo que originó la protesta generalizada de la población, al sacar a la luz pública el manejo corrupto en la distribución de tierras.

b) Se habían incrementado las denuncias de abandono injustificado, dando lugar a reversiones dolosas y fraudulentas.

c) Las deficiencias presentadas por el Consejo Nacional de Reforma Agraria (CNRA) y el Instituto Nacional de Colonización (INC), y la falta de coordinación con Justicia Campesina y el Instituto Geográfico Militar (IGM), hacían necesario un registro detallado de la propiedad rural para el reordenamiento territorial por departamentos respecto del uso de la tierra, a objeto de conocer las superficies dotadas

---

215   Autor del libro *Pensamiento político ideológico campesino*. La Paz, 2003.

216   Henáiz, Irene y Pacheco, Diego. *Op. cit.* en nota 127.

o adjudicadas, baldías y/o revertidas, administrando idóneamente su distribución y redistribución.

d) Era necesario clarificar la jurisdicción entre las diversas instituciones del Estado relacionadas con el otorgamiento de concesiones forestales, áreas protegidas, reconocimiento de territorios indígenas y conservación del medio ambiente, a fin de proponer criterios comunes para coordinar su acción y conciliar sus principios operativos.

A nivel ejecución, la intervención de ambas instituciones se llevó a cabo a través de la instrucción al Ministerio de Asuntos Campesinos y Agropecuarios (MACA) para constituir y presidir una Comisión Nacional, designándole, al mismo tiempo, sus responsabilidades; asimismo, se estableció que mientras esta Comisión Nacional desarrollase sus labores, se dispusiera la intervención del Consejo Nacional de Reforma Agraria (CNRA) y del Instituto Nacional de Colonización (INC), para lo cual se nombraron dos interventores, uno por institución.

Con esta intervención se pretendió devolver al Estado las tierras con títulos de propiedad no válidos y poner al día títulos correctos y registrados en el catastro. El plazo fijado para esta intervención fue de noventa días. Sin embargo, por la dimensión de los problemas, se prolongó durante cuatro años, hasta 1996, paralizando el proceso de otorgamiento de tierras. Sin embargo, la venta ilegal de terrenos continuó.

RESPONSABILIDADES DE LA COMISIÓN NACIONAL E INTERVENTORES (DS 2331. 24 DE NOVIEMBRE DE 1992)

RESPONSABILIDADES DE LA COMISIÓN NACIONAL

- a) Realizar un estudio del ordenamiento territorial respecto del uso del suelo, determinando las

superficies dotadas, consolidadas y revertidas al dominio originario de la Nación, identificando su superficie, ubicación geográfica y límites.
- b) Identificar las superposiciones agrarias, de colonización y forestales, los conflictos de límites, colindancias y linderos, la doble titulación y el acaparamiento de tierras.
- c) Establecer las irregularidades o ilegalidades que se hubiera cometido en materia agraria.
- d) Proponer al Poder Ejecutivo los reglamentos que correspondan, de acuerdo con las conclusiones a que arribe la Comisión.

Responsabilidades de los interventores

- a) Reorganizar las oficinas centrales y las del interior.
- b) Elaborar las estadísticas diferenciadas de las tierras afectadas, consolidadas, dotadas y adjudicadas desde los inicios de la reforma agraria y del INC, especificando sus deficiencias en coordinación con la Comisión Nacional para el reordenamiento territorial sobre el uso del suelo.
- c) Coordinar con el MACA la continuidad de la titulación de los expedientes rezagados.
- d) Identificar las tierras fiscales con que cuenta el CNRA y el INC.

Disposiciones adicionales

- a) Dejar en suspenso todas las dotaciones, adjudicaciones y reversiones de tierras, y todos los trámites agrarios y de colonización que no cuenten con Auto de Vista o Resolución de Adjudicación.

- b) Continuar el trámite de los expedientes de las comunidades originarias y/o campesinas, si la superficie no sobrepasa las 50 hectáreas por jefe de familia.
- c) Proseguir hasta su titulación los procesos con Auto de Vista o con Testimonio de Transferencia del Instituto Nacional de Colonización (INC) inscritos en Derechos Reales, previa revisión de oficio por el Ministerio de Asuntos Campesinos y Agropecuarios (MACA), y proseguir el trámite de los procesos en que se hubiere recurrido o se recurriere a la facultad del Presidente de la República.
- d) Seguir el trámite, conforme a lo dispuesto por el DS 22407, de los procesos en los que se hubiere recurrido o recurra en el futuro a la facultad revisora del Presidente de la República.[217]

En enero de 1993, la Comisión Nacional creó las subcomisiones técnica y jurídica, y, posteriormente, cambiaría su nombre por el de Comisión Nacional de Ordenamiento Territorial sobre el Uso y Tenencia de la Tierra. Meses más tarde —marzo de 1993— se ordenó ampliar la intervención del CNRA y del INC hasta que se cumplieran los objetivos del DS 23331. Los aspectos emergentes de este Decreto deberían haber sido reglamentados mediante Resolución Suprema.

En esta oportunidad, se facultó a la Interventora del CNRA e INC para realizar las acciones legales que correspondieran contra los servidores públicos y terceros implicados en actos ilegales, asumiendo y ejerciendo todas las atribuciones y facultades del presidente del CNRA. A la Comisión Nacional de Ordenamiento Territorial sobre el Uso y Tenencia de la

---

217   *Fuente*: DS 2331. 24 de noviembre de 1992.

Tierra se la facultó para proceder a la revisión de oficio de los expedientes de dotación, consolidación y adjudicación de tierras.

En los hechos, sería la Interventora del CNRA e INC la que por un conjunto de factores asumiera, además, las responsabilidades de la Comisión Nacional. Paralelamente a este proceso, el año 1993 se inicia un trabajo de cooperación técnica y financiera entre el gobierno de Bolivia y el Banco Mundial, que había observado con especial interés el proceso de intervención al CNRA e INC, para la preparación del Proyecto Nacional de Administración de Tierras (PNAT).[218]

A mediados de 1994, en coordinación con la Secretaría Nacional de Planificación, la Intervención Nacional del CNRA-INC y el Ministro de Desarrollo Sostenible y Medio Ambiente, se elaboró el Documento sobre Políticas de Tierras Rurales. En él se hacía referencia a que el PNAT recogió los objetivos de las políticas gubernamentales relacionadas directa e indirectamente con el tema agrario, y, a partir de ellas, definió las acciones estatales de corto, mediano y largo plazo, a fin de reformar la aplicación de la *Ley de Reforma Agraria* de 1953, en el intento de corregir las distorsiones institucionales, económicas y sociales generadas por su deficiente y discrecional aplicación, con el propósito de: a) mejorar la eficiencia y transparencia del sistema de administración de tierras; b) sanear la situación de la tenencia de la tierra; c) identificar tierras apropiadas para asentamientos humanos; y d) promover un uso más sostenible del recurso tierra.

El PNAT configuró el marco de acción de la intervención del CNRA y del INC. Incluso, las nuevas políticas de gobierno estuvieron basadas en el enfoque establecido en este proyecto, sentando las bases de la que sería la Ley 1715. El propósito del PNAT fue reformar la deficiente aplicación de la reforma

---

218   Pacheco Balanza, Diego. "Políticas de tierras en Bolivia". La Paz, 2002.

agraria de 1953, así como corregir las distorsiones ocasionadas en su aplicación. Sin embargo, las iniciativas posteriores no respondieron a estas expectativas. Sin una evaluación precisa del proceso previo de reforma agraria, el único resultado visible lo constituyó, finalmente, la elaboración y promulgación de la Ley 1715.

Los objetivos del PNAT contemplaron la aprobación separada de la modificación del marco institucional del Servicio Nacional de Reforma Agraria (SNRA), así como la adecuación y modernización de la *Ley de Reforma Agraria* —Ley de Tierras—. En este sentido, inicialmente se formuló la Ley del Instituto Nacional de Tierras (INTI), que tenía como propósito modificar el marco institucional del SNRA; esta legislación fue puesta en consideración de las organizaciones sindicales que, en respuesta, plantearon su propuesta de ley denominada INKA (Instituto Nacional del Kollasuyo Andino Amazónico). Luego, esta propuesta de ley fue revisada, dando paso a la Ley del Servicio Nacional de Reforma Agraria —conocida como Ley INRA—, que no solamente contemplaría el marco institucional, sino que incluiría otros aspectos. Sin embargo, la Ley 1715 tampoco constituyó una verdadera *ley de tierras*, por cuanto no contempla elementos fundamentales de la distribución de la tierra, como por ejemplo, regulación de las transferencias y ventas, distribución de la tierra fiscal, regulación de los derechos de terceros y pueblos indígenas en las áreas colectivas, y disposiciones relativas a tipos de propiedad en el radio urbano, entre los aspectos más importantes.

Cabe destacar que en el DS 23331 —de noviembre de 1992—, mencionado anteriormente, intervinieron solamente el Consejo Nacional de Reforma Agraria y el Instituto Nacional de Colonización, pero no la Dirección General de Trabajo y Justicia Campesina. Tomando en cuenta lo anterior, el secretario Nacional de Agricultura y Ganadería emitió, en el año 1996, de forma irregular, dos circulares que estaban dirigidas a los inspectores de Trabajo y Justicia Campesina, disponiendo: *"a) no ha lugar procesos de abandono y reversión de tierras; b) no ha lugar procesos de amparo de posesión por incitar el despojo; c) se garantiza y ampara solamente a los propietarios con título ejecutorial, resolución suprema o auto de vista; y d) no deben realizarse inspecciones oculares, en caso de simple posesión"*; y que *"habiéndose detectado una serie de irregularidades en la tramitación de los procesos de amparo y garantías se dispone que no ha lugar ningún proceso sobre* amparo de posesión, *por ser violatorios de la normatividad vigente y que denotan corrupción en sus ejecutores (...); prontamente se promulgará la Ley INRA, por lo que no procede ninguna autorización para innovar fundos y se ordena se deje sin efecto y sin solución cualquier proceso de amparo de posesión, debiendo remitirse ante la Dirección General todos los expedientes sobre estas causas. Únicamente es viable el amparo al propietario que exhibe títulos ejecutoriales, resolución suprema o auto de vista, en ese orden, prevaleciendo la fecha de registro en Derechos Reales".*

El mismo año, en 1996, también se creó una comisión, con el propósito de: *"a) elaborar y proponer un procedimiento para la identificación, saneamiento, delimitación y titulación de las TCO;*[219] *y b) planificar e implementar el trabajo de identificación, saneamiento, delimitación y titulación de las TCO; estableciéndose un plazo de treinta días calendario, a partir de la promulgación de la Ley INRA, para que la Comisión Técnica creada por la presente Resolución Suprema elabore el procedimiento especial de SAN-TCO,*[220] *que deberá contener los pasos para la identificación, delimitación, saneamiento y titulación de TCO"* (RS 216790. 13 de septiembre de 1996).

En los meses previos a la aprobación de la Ley 1715, ya se daba por hecho su promulgación; aunque no queda claro si el procedimiento especial del saneamiento de tierras

---

219 Tierras Comunitarias de Origen
220 Saneamiento de Tierras Comunitarias de Origen.

comunitarias de origen incluido en el primer reglamento de la Ley 1715, aprobado en noviembre de 1997, es el elaborado por esta comisión. También se evidencia que es en el PNAT —en las circulares y resoluciones de referencia— que la Ley 1715 ya fue denominada equivocadamente como Ley INRA (Ley del Instituto Nacional de Reforma Agraria).

Como evaluación del funcionamiento del Consejo Nacional de Reforma Agraria (CNRA) y del Instituto Nacional de Colonización (INC) se puede mencionar que la superposición en las dotaciones y adjudicaciones, anomalías en la titulación y el comercio ilegal, y loteo clandestino de la tierra, fueron el resultado de i) la falta de coordinación entre el Consejo Nacional de Reforma Agraria (CNRA) y el Instituto Nacional de Colonización (INC); ii) la ausencia de una delimitación en terreno de las áreas territoriales de jurisdicción de cada una de las instituciones mencionadas anteriormente; iii) la permanente intervención del Presidente de la República y del ministro de Asuntos Campesinos y Agropecuarios (MACA) en la revisión de los procesos agrarios; iv) la falta de un registro de las reversiones de tierras; v) la falta de una ley de procedimientos especiales para la distribución de la tierra fiscal; vi) la actuación de los topógrafos en terreno no determinó la ubicación real de los predios; y vii) la corrupción que se presentó en estas instituciones, que no fue solamente del Consejo Nacional de Reforma Agraria (CNRA) y del Instituto Nacional de Colonización (INC), sino del conjunto de la estructura, desde el presidente del SNRA —Presidentes de la República— hasta los jueces agrarios, incluido el Ministerio de Asuntos Campesinos y Agropecuarios, y topógrafos.[221]

La intervención de ambas instituciones duró aproximadamente cuatro años (1992-1996), tiempo en el cual se avanzó en el proceso de saneamiento, y, si se incluyen los diez años que estableció la Ley 1715 para el cumplimiento

---

221 Cfr. Henáiz, Irene y Pacheco, Diego. *Op. cit.* en nota 127.

de este proceso, se puede concluir que el país, en la práctica, ejecutaría el saneamiento en un período mayor a los diez años establecidos. Es de destacar que las acciones de saneamiento se iniciaron con anterioridad a la aprobación de la Ley 1715, con los denominados *proyectos piloto*. Este es el caso del saneamiento en las áreas de Pailón-Los Troncos —departamento de Santa Cruz— y una parte de Alto Beni —departamento de La Paz—, en 1994.

El conjunto de actividades delegadas a la Comisión Nacional y a la Interventora fueron, en la práctica, postergadas a la realización de los procesos de saneamiento. En definitiva, la principal actividad de la intervención fue la formulación y consenso parcial de la Ley 1715, la que fue puesta en aplicación meses antes de su formal aprobación.

25. Principales características y evaluación general de la Ley 1715

La Ley 1715 "tiene por objeto establecer la estructura orgánica y atribuciones del Servicio Nacional de Reforma Agraria (SNRA), y el régimen de distribución de tierras; garantizar el derecho propietario sobre la tierra; crear la Superintendencia Agraria, la Judicatura Agraria y su procedimiento, así como regular el saneamiento de la propiedad agraria" (artículo 1). Entre las características de la *Ley INRA* cabe destacar: a) reconoce, a través de la figura de Tierra Comunitaria de Origen, el derecho de los pueblos indígenas al acceso a la tierra en cantidad y calidad suficientes para permitir su reproducción biológica, económica, social, cultural y política; b) mantiene el derecho a la dotación gratuita de tierras a las comunidades campesinas y pueblos indígenas, en el entendido de que estas tierras no pueden ser comercializadas; c) elimina la gratuidad en la dotación de tierras a todos los propietarios individuales, pues establece la adjudicación de tierras a valor de mercado; d) establece la preferencia de la dotación gratuita respecto de la adjudicación onerosa, solamente para comunidades y pequeños productores; e) incorpora como necesidad y utilidad pública la expropiación para fines de redistribución —mantiene el principio de afectación de la gran propiedad agraria—; f) preserva la capacidad productiva de la tierra; y g) define el plazo de diez años para el saneamiento de todo el territorio boliviano.

La Ley INRA modificó sustancialmente el marco legal, institucional y regulatorio de la cuestión agraria en Bolivia hasta entonces vigente. Entre estas modificaciones, cabe destacar:

1. La redefinición del concepto de función socioeconómica de la tierra, la que sobre la base de la nueva ley se satisface no solo a través de trabajo directo en agricultura o ganadería —"la tierra para el que la trabaja"—, sino también a través de actividades como la forestal, el ecoturismo, conservación de la biodiversidad, que beneficien a la sociedad o a su propietario (artículo 2).

2. La consolidación de los derechos propietarios de distintos tipos de propiedad de la tierra que establece (artículo 41).

3. La creación de un nuevo régimen de propiedad, a través del reconocimiento a los pueblos y comunidades indígenas de sus Tierras Comunitarias de Origen (TCO). Así se garantizan los derechos de los pueblos y comunidades indígenas y originarias sobre sus tierras comunitarias de origen, tomando en cuenta sus implicaciones económicas, sociales y culturales, y el uso y aprovechamiento sostenible de los recursos naturales renovables, de conformidad con lo previsto en el artículo 171 de la Constitución Política del Estado. La denominación de Tierras Comunitarias de Origen comprende el concepto de territorio indígena, de conformidad a la definición establecida en la segunda parte del Convenio 169 de la Organización Internacional del Trabajo.

4. La definición de un nuevo sistema de distribución de tierras públicas, en que los pueblos y comunidades indígenas, campesinas originarias sin tierras o con poca tierra tienen acceso preferencial y gratuito a la tierra, siempre que estas sean tituladas de forma comunal.[222]

5. La creación de un nuevo marco institucional y regulatorio para la administración y uso de tierras, la coordinación de políticas, la resolución de conflictos, vía una judicatura especializada, inspirada en los principios de oralidad, inmediación y concentración; el impuesto a la tierra; la reversión y expropiación de tierras.[223]

---

[222] Se efectúa una nueva clasificación de las tierras diferente a la del DL 3464.
La propiedad agraria se clasifica en: Solar Campesino, Pequeña Propiedad, Mediana Propiedad, Empresa Agropecuaria, Tierras Comunitarias de Origen y Propiedades Comunarias. (Ver notas finales)

[223] Se establece la organización y funciones del Servicio Nacional de la Reforma Agraria. La estructura orgánica del Servicio Nacional de Reforma Agraria (SNRA) es la siguiente:
1. El Presidente de la República;
2. El Ministerio de Desarrollo Sostenible y Medio Ambiente;
3. La Comisión Agraria Nacional; y
4. El Instituto Nacional de Reforma Agraria (INRA).
Las atribuciones del Presidente de la Republica son: 1. Considerar, aprobar y supervisar la formulación, ejecución y cumplimiento de las políticas de distribución, reagrupamiento y redistribución de tierras; 2. Otorgar títulos ejecutoriales de propiedad sobre tierras agrarias y tierras comunitarias de origen; 3. Designar y destituir a las autoridades agrarias, conforme las previsiones de esta Ley, con excepción de las que integran la judicatura agraria; 4. Dictar resoluciones supremas como emergencia del proceso de saneamiento de la propiedad agraria, de acuerdo con esta Ley; 5. Otorgar personalidades jurídicas a pueblos indígenas y originarios, comunidades indígenas y campesinas, y a sus organizaciones nacionales, departamentales o regionales, a solicitud de parte, de acuerdo con las condiciones establecidas en esta Ley y los requisitos de la Ley Nº 1551 de Participación Popular que rige la materia, conforme artículo 171, párrafo II, de la Constitución Política del Estado; y 6. Otras que le señale la ley (el Nº 5

6. La instauración por un período de diez años de un proceso de regularización de derechos propietarios denominado *saneamiento*. El saneamiento es un *procedimiento técnico-jurídico que tiene como finalidad proceder a la titulación de aquellas propiedades donde se está cumpliendo una función económica y social, es decir, el empleo sostenible de la tierra donde se están desarrollando actividades agropecuarias, forestales y otras de carácter productivo*. El saneamiento implica un catastro legal de todas y cada una de las propiedades saneadas, conciliando los conflictos por la posesión y propiedad de las tierras; acelerar la titulación de aquellos procesos en trámite, anular los títulos viciados de nulidad absoluta o convalidar aquellos títulos afectados por vicios de nulidad relativa; y otorgar certificaciones de que la propiedad se encuentra saneada.

26. Las Tierras Comunitarias de Origen en la Ley INRA

El reconocimiento de los derechos territoriales indígenas en el ordenamiento jurídico boliviano ha tenido lugar, al interior de la Ley INRA, mediante la titulación en la modalidad de Tierras Comunitarias de Origen (TCO), la que se encuentra basada en el Convenio 169 sobre Pueblos Indígenas y Tribales en Países Independientes, adoptado durante la septuagésima sexta reunión de la Conferencia General de la Organización

---

sería agregado por la Ley 3545).

La ley señala la composición y atribuciones de la Comisión Nacional Agraria y del Instituto Nacional de la Reforma Agraria. Asimismo, se crea la Superintendencia Agraria, su organización y atribuciones.

En otro aspecto, la Ley crea por primera vez una judicatura agraria, autónoma, constituida por el Tribunal Nacional Agrario y los juzgados agrarios. Finalmente, causales y procedimientos de reversión y de expropiación. (Ver notas finales)

Internacional del Trabajo, en la ciudad de Ginebra, Suiza, el 27 de junio de 1989, y su ratificación por el Estado boliviano el 11 de julio de 1991, con la promulgación de la Ley 1257.[224]

Las TCO son grandes espacios geográficos que constituyen el hábitat de pueblos originarios y comunidades indígenas, a los cuales han tenido acceso tradicionalmente. Según la Ley INRA, son: a) inenajenables: no se pueden vender ni ceder a ningún título; b) indivisibles: no se pueden dividir o subdividir; c) irreversibles: no pueden ser objeto de embargo; y d) imprescriptibles: no se pierde el derecho con el transcurso del tiempo. La incorporación de este nuevo tipo de propiedad fue uno de los aspectos más positivos y novedosos de la Ley INRA, porque ha permitido a los pueblos indígenas y a las comunidades exigir el derecho de la propiedad sobre varias extensiones de tierra.

El Convenio 169 de la OIT estableció un marco jurídico-conceptual para el desarrollo de la normativa legal que reconoce y regula los derechos de los pueblos indígenas en Bolivia. Este Convenio se aplica, como se ha señalado, "a los pueblos en países independientes, considerados indígenas por el hecho de descender de poblaciones que habitaban en el país o en una región geográfica a la que pertenece el país en la época de la conquista o la colonización, o del establecimiento de las actuales fronteras estatales, y que, cualquiera que sea su situación jurídica, conservan todas sus propias instituciones sociales, económicas, culturales y políticas, o parte de ellas" (artículo 1).

Dadas las características de simplicidad y claridad de sus alcances, esta definición ha tenido especial utilidad para que la diversidad de pueblos y comunidades indígenas de Bolivia, y no solo de las tierras bajas, pueda acogerse a las normas del derecho positivo como sus derechos indígenas, y pretende demostrar que, efectivamente, las tierras que actualmente

---

224 Ver apartado 22 sobre el Convenio N° 169 de la OIT.

ocupan constituyen su hábitat y territorio étnico tradicional, con una coexistencia armónica con sus elementos naturales desde antes de que la actual Bolivia fuera colonizada por la Corona española.

En este sentido, la Ley INRA garantiza la vigencia y aplicación de lo que dispone la Ley 1257 —ratificación Convenio OIT—, pues en el parágrafo III del artículo 3, indica que "se garantiza los derechos de los pueblos y comunidades indígenas y originarias sobre sus tierras comunitarias de origen, tomando en cuenta sus implicaciones económicas, sociales y culturales, el uso y aprovechamiento sostenible de los recursos naturales renovables, de conformidad con lo previsto en el artículo 171 de la Constitución Política del Estado. Los títulos de tierras comunitarias de origen otorgan, a favor de los pueblos y comunidades indígenas y originarios, la propiedad colectiva sobre sus tierras, reconociéndoles el derecho a participar del uso y aprovechamiento sostenible de los recursos naturales renovables existentes en ellas. El uso y aprovechamiento de los recursos naturales no renovables en tierras comunitarias de origen se regirá por lo dispuesto en la Constitución Política del Estado y en las normas especiales que los regulan. Las tierras comunitarias de origen y las tierras comunales tituladas colectivamente no serán revertidas, enajenadas, gravadas, embargadas ni adquiridas por prescripción. La distribución y redistribución para uso y aprovechamiento individual y familiar al interior de las tierras comunitarias de origen y comunales tituladas colectivamente se regirá por las reglas de la comunidad, de acuerdo con sus normas y costumbres. En la aplicación de las leyes agrarias y sus reglamentos, en relación a los pueblos indígenas y originarios, deberán considerarse sus costumbres o derecho consuetudinario, siempre que no sean incompatibles con el sistema jurídico nacional".

Las demandas de los pueblos indígenas y originarios por el derecho a su tierra territorio han quedado, pues, reflejadas por este artículo de la Ley INRA, que, a su vez, se ampara en el artículo 171 de la Constitución Política del Estado. Particularmente, la figura de Tierras Comunitarias de Origen es un avance sustancial en el reconocimiento de los derechos de los pueblos indígenas y originarios, porque esta figura legal viene a cubrir de alguna manera, en el ordenamiento jurídico nacional, el ámbito de los derechos territoriales indígenas.

Para identificar con claridad los alcances y características de los derechos patrimoniales contenidos en la figura de TCO es útil partir de su diferenciación con los derechos legalmente atribuidos a otras formas de propiedad agraria, particularmente de la propiedad comunitaria, que resulta la más próxima en sus características. Las TCO constituyen una particular forma de propiedad agraria, cuya sustancial singularidad radica en la *vinculación de sus alcances con las características de la territorialidad indígena*. En este sentido, tenemos la noción de integridad y armonía, que es esencial al territorio indígena y originario, que se encuentra íntimamente unido a la propiedad de la tierra territorio y al aprovechamiento de los recursos naturales.

Sin embargo, la protección no es absoluta. En cuanto se refiere a la explotación de recursos naturales no renovables al interior de las TCO, el Convenio 169 de la OIT expresa en su artículo 15, numeral 2, que los gobiernos tienen la obligación de consultar con estas poblaciones antes de realizar concesiones mineras o petroleras, al mismo tiempo que las comunidades indígenas y originarias tienen el derecho de participar, siempre que sea posible, en los beneficios y ganancias de las operaciones mineras y petroleras que se realicen dentro de sus territorios. Como se puede apreciar, este artículo del Convenio 169 tiene una limitación; solamente se refiere a la *consulta* a los pueblos originarios, lo quiere decir que la opinión de aceptación o rechazo que puedan verter esos pueblos no obliga al Estado a cumplirla, es decir, *sus opiniones no son vinculantes*.

Por otra parte, tampoco existe la *obligación* de compartir las ganancias que puedan reportar esas operaciones, porque está claro cuando en el artículo se afirma "siempre que sea posible", lo que significa estar a merced de las políticas estatales. Varios pueblos indígenas y originarios han demandado la dotación y titulación de Tierras Comunitarias de Origen dentro del proceso de saneamiento, en el que intervienen diferentes instituciones, como el Instituto Nacional de Reforma Agraria, el Ministerio de Desarrollo Rural, Agropecuario y Medio Ambiente, y de acuerdo con el saneamiento, también pueden participar la Superintendencia Agraria, la Superintendencia Forestal, la Superintendencia de Minas y el Tribunal Agrario Nacional. De todos estos organismos depende, pues, la vigencia de estos *respetos* a los pueblos originarios.

EL PROCEDIMIENTO DE SANEAMIENTO DE TIERRAS EN LA *LEY INRA*[225]

De acuerdo con lo establecido por la *Ley INRA*, el saneamiento "es el procedimiento técnico-jurídico transitorio, destinado a regularizar y perfeccionar el derecho de propiedad agraria, y se ejecuta de oficio o a pedido de parte" (artículo 64). La misma Ley faculta al INRA para "ejecutar y concluir el saneamiento de la propiedad agraria en el plazo máximo de diez años computables a partir de la publicación de esta Ley" (artículo

---

225 Cfr. Henáiz, Irene y Pacheco, Diego. *Op. cit.* en nota 127, y el trabajo titulado "El proceso de saneamiento y titulación de Tierras Comunitarias de Origen", Confederación de Pueblos Indígenas de Bolivia, en *Revista Asuntos Indígenas del IWGIA*, Nº 1/2000, p. 11.
En http://www.iwgia.org/

65). Esa labor debía, entonces, ser efectuada en el período 1996-2006.

El saneamiento tiene las siguientes finalidades:
- 1. "La titulación de las tierras que se encuentren cumpliendo la función económico-social o función social definidas en el artículo 2" de la Ley, "por lo menos dos años antes de su publicación, aunque no cuenten con trámites agrarios que los respalden, siempre y cuando no afecten derechos legalmente adquiridos por terceros, mediante procedimiento de adjudicación simple o de dotación, según sea el caso".
- 2. "El catastro legal de la propiedad agraria".
- 3. "La conciliación de conflictos relacionados con la posesión y propiedad agrarias".
- 4. "La titulación de procesos agrarios en trámite".
- 5. "La anulación de títulos afectados de vicios de nulidad absoluta".
- 6. "La convalidación de títulos afectados de vicios de nulidad relativa, siempre y cuando la tierra cumpla la función económico-social".
- 7. "La certificación de saneamiento de la propiedad agraria, cuando corresponda".
- 8. "La reversión de predios que, contando con título exento de vicios de nulidad, no cumplan total o parcialmente con la función económico-social" (artículo 66).

Se aclara que, tal como lo establece el artículo 67, "como resultado del proceso de saneamiento, las resoluciones podrán ser conjunta o indistintamente anulatorias, modificatorias, confirmatorias, constitutivas y de reversión".

Existen tres modalidades de saneamiento:

- El saneamiento simple (SAN SIM).
- El saneamiento integrado al catastro legal (CAT SAN).
- El saneamiento de tierras comunitarias de origen (SAN TCO).

I. El saneamiento simple (SAN SIM) "es la modalidad que se ejecuta a solicitud de parte, en áreas no catastrales, o de oficio cuando se detecte conflicto de derechos en propiedades agrarias, Parques Nacionales, Reservas Fiscales, Reservas de la Biodiversidad y otras áreas clasificadas por norma legal" (artículo 70, Ley INRA).

- 1. Es a solicitud de parte, cuando un propietario individual solicita regularizar su posesión o derecho adquirido, y contrata una empresa para que realice el trabajo correspondiente de las pericias de campo. Entre los problemas más representativos para el retraso existente en este tipo de saneamiento está que los beneficiarios deben pagar por la ejecución de las pericias de campo. Esto lleva a que muchos de ellos no terminen los trámites de saneamiento y titulación de sus propiedades.
- 2. Es de oficio cuando se realiza mediante definición estatal, cuando existen grados de conflictividad en la tenencia de la tierra, Parques Nacionales, Reservas Fiscales, Reservas de la Biodiversidad y otras áreas clasificadas por norma legal.
- Ante la lentitud de proceso de saneamiento, se vio que era más práctico realizar la concertación entre los afiliados que tenían problemas de linderos. De esta manera, se dio lugar a lo que se denomina

saneamiento interno. El INRA determina un sector a ser saneado, la comunidad lo realiza y el INRA lo reconoce y certifica lo hecho.[226]

II. El saneamiento integrado al catastro legal (CAT SAN) se ejecuta de oficio en áreas catastrales. "Se entiende por catastro legal el sistema público de registro de información en el que se hacen constar datos relevantes a la propiedad agraria y derechos que sobre ella recaen, así como su superficie, ubicación, colindancias y límites" (artículo 71, Ley INRA). Esas áreas a ser saneadas son definidas por el Estado y donde prima el interés público. La ejecución de CAT SAN en determinada área a catastrar se ejecuta según los siguientes criterios establecidos en el Reglamento a la Ley, donde existen: a) irregularidades técnicas y jurídicas en trámites agrarios; b) conflictos de derechos en propiedades agrarias; c) indicios de incumplimiento de la función económica y social; d) posesiones de tierras sin título; y e) ejecución de proyectos de interés público. En esta modalidad se han registrado extensas áreas en los departamentos de Santa Cruz, Chuquisaca, Beni y Cochabamba, y en el área de colonización del norte de La Paz.

III. El saneamiento de Tierras Comunitarias de Origen (SAN TCO) se ejecuta de oficio o a pedido de parte, en las áreas comprendidas en las tierras comunitarias de origen. Está orientado exclusivamente a la atención de las demandas de

---

226 Por ejemplo, el Proyecto de Saneamiento Simple de Oficio en la zona de la Estación Biológica del Beni fue ejecutado en cumplimiento del convenio efectuado entre la Intervención Nacional y la Dirección Nacional de Conservación de la Biodiversidad, en 1996. Este fue suscrito con el objetivo de desarrollar el saneamiento de todas las áreas protegidas existentes en el país. Hasta ahora, han sido registradas áreas de saneamiento simple en el norte amazónico (Pando), el Chaco de Tarija y todo el departamento de Santa Cruz.

los pueblos indígenas, garantiza la participación de estos en la ejecución del proceso, identifica propiedades de terceros al interior de las demandas y las reconoce si cumplen la Función Económico Social (FES), titulando la superficie libre de otros derechos a favor del pueblo demandante y comprometiéndose a identificar otras áreas para compensar hasta la superficie aceptada por el Estado.

Como se ha dicho, la *Ley INRA* significó un importante avance en el reconocimiento sobre el derecho a la tierra que tienen los indígenas en Bolivia. Elevó la seguridad de la tenencia de la tierra a los pueblos originarios —el 90 por ciento de los beneficiados con los títulos ejecutoriales emitidos por el INRA han sido pueblos indígenas— y recogió, a través de la figura de la TCO, el concepto de territorio expresado en el Convenio 169 de la OIT, garantizando sus derechos sobre los recursos naturales. La judicatura agraria fue también un paso importante de la *Ley INRA*. Además, hay consenso en valorar el impacto que tuvo en la reducción del minifundio en la zona andina y los valles, al plantear la titulación colectiva para propiedades comunitarias de origen, abaratando de este modo los costos del proceso de saneamiento.

Una novedad importante de esta Ley se encuentra en la *reversión de tierras al dominio originario del Estado sin pago de indemnización en caso de que no cumplan con la Función Económica Social (FES)*. Esta figura se aplica a la mediana y a la gran propiedad, y en caso de abandono constatado. En los diez años de plazo fijado por ley (1996-2006), el proceso de saneamiento alcanzó a cubrir el 45,3 por ciento de la superficie total objeto de saneamiento y llegó a concluir este proceso en el 30,7 por ciento del territorio —superficie titulada más superficie por titular—.

En este lapso se tituló efectivamente el 11,5 por ciento de la superficie por sanear a 1996. La superficie sin sanear —54,7 por ciento— representó un déficit en el proceso que llevó a varios sectores a cuestionar el proceso como tal y al INRA como institución responsable. El resultado de los diez años de saneamiento permite concluir que se entregaron 33 991 documentos de propiedad sobre la tierra para 55 715 beneficiarios de las 12 283 972 hectáreas, beneficiarios que se cuentan entre individuales, organizaciones de comunidades y pueblos indígenas.

Sin embargo, la Ley no respondió a las expectativas de terminar con la desigual distribución de tierras en Bolivia. La orientación política con que fue aplicada evitó que la tierra mal habida fuese recuperada por el Estado para su redistribución. El saneamiento nunca incorporó mecanismos efectivos para la revisión de los trámites con los que la propiedad agraria había sido adquirida o detentada ni contempló la revisión del tráfico de influencias, lo que permitió la subsistencia de la propiedad de escasas familias sobre inmensas extensiones de tierra. Adicionalmente, la aplicación de la Ley bajo intereses políticos derivó en distorsiones graves, como la de permitir la validación del cumplimiento de la Función Económica Social al simple pago de impuestos, con lo cual el acaparamiento de tierras improductivas para fines especulativos fue beneficiado desde el mismo Estado.

Según la *Ley INRA*, el proceso de saneamiento debía realizarse en el lapso de diez años. Esta meta no pudo cumplirse, especialmente por falta de voluntad política de los gobiernos de 1996 a 2005 y por la ausencia de recursos económicos para poder efectuar un saneamiento de oficio y, por lo tanto, rápido.

Para subsanar estas fallas hubo varias iniciativas. Así, por ejemplo, bajo el gobierno de Hugo Banzer se suscribió, el 18 de julio del año 2000, el Decreto Supremo 25848, dando cumplimiento al convenio suscrito con la Asamblea de los Pueblos Indígenas en Montero, el 7 de julio del mismo año, en el cual se estableció como área de saneamiento simple de oficio el norte amazónico del país. Se trataba de sanear los departamentos de Pando, la provincia Vaca Diez del departamento del Beni, el municipio de Ixiamas, en la provincia de Iturralde —departamento de La Paz—, y la provincia del Gran Chaco, en el departamento de Tarija, en el plazo de un año, y el resto del departamento de Beni y en el departamento de Santa Cruz, en tres años.

En el mismo sentido, años más tarde, el gobierno de Evo Morales emitió el Decreto Supremo 28736 del 2 de junio de 2006, con el objeto de declarar emergencia nacional para la conclusión del proceso de saneamiento de la propiedad agraria en todo el territorio, aumentando sin límite el plazo para terminar el saneamiento a nivel nacional.

La *Ley INRA*, en realidad bastante clara, fue complicada por el decreto que la reglamentó, el cual introdujo procedimientos que obstaculizaron y demoraron la titulación: demanda, estudio de caracterización preliminar, georeferencias de los límites de la Tierra Comunitaria de Origen (TCO), resolución de inmovilización, estudio de necesidades espaciales, saneamiento técnico-jurídico, evaluación técnica-jurídica de los resultados del saneamiento, exposición pública de resultados, declaratoria de área saneada y, finalmente, la titulación. El INRA y la Secretaría de Asuntos Técnicos inventaron un conjunto de trámites que solo sirvieron para complicar un proceso que en esencia era simple, y debe serlo, pues de lo que se trata es de garantizar un derecho territorial reconocido constitucionalmente.

27. La Ley 3545 de Reconducción Comunitaria de la Reforma Agraria

La aplicación politizada de la *Ley INRA* derivó en irregularidades amparadas en los vacíos legales, las imprecisiones y las contradicciones presentes en la propia legislación. Con ello, la problemática agraria en el país no solo no fue resuelta, sino que se agudizó. El proceso de saneamiento implicó millonarios gastos y escasos resultados, avalando derechos propietarios de dudosa legalidad; la redistribución de tierras a campesinos e indígenas quedó virtualmente reducida a lo declarativo; la conflictividad social en torno al acceso y la tenencia de la tierra se intensificó a lo largo de los diez años de vigencia de la *Ley INRA*, en tanto el acaparamiento de la propiedad agraria en pocas manos resultó estimulada desde el mismo Estado. Subsanar los vicios en la aplicación de la *Ley INRA*, a través de un nuevo marco normativo que la reorientara, se volvía imprescindible, considerando no solo los niveles de conflictividad, sino, además, la inminente extinción de la vigencia del proceso de saneamiento que se había establecido para octubre de 2006.

Ello motivó las primeras políticas del gobierno del presidente Evo Morales, iniciadas el 2 de junio de 2006 con el lanzamiento de un paquete de decretos en materia agraria y forestal, seguido de la promulgación de la Ley 3501 de ampliación del proceso de saneamiento y continuado en noviembre de ese mismo año con la promulgación de la Ley 3545 de *Reconducción Comunitaria de la Reforma Agraria*.[227]

---

[227] Entre los protagonistas del surgimiento de esta ley cabe destacar la Confederación Sindical Única de Trabajadores Campesinos de Bolivia (CSUTCB), que presentó un proyecto de ley propio, llamado Ley de Tierras y Territorio-Ley INDIO, que proponía la creación del Instituto Nacional de Desarrollo Indígena Originario (INDIO). También cabe destacar el MST (Movimiento Sin Tierra), que incluye a indígenas y campesinos sin tierra, unidos por el lema "La tierra para el que la trabaja". EL MST incorpora a los campesinos que nunca tuvieron acceso a la tierra, los campesinos minifundistas que fueron dotados en regiones improductivas y abandonaron sus tierras, campesinos que en la sucesión de sus padres la tierra no alcanzó para ellos y campesinos que perdieron sus tierras por créditos hipotecarios ejecutados. Cfr. Mendoza, Omar. *La lucha por la tierra en el Gran Chaco tarijeño*. La Paz, 2002, p. 71.

Esta última, concebida como medida transitoria en tanto el nuevo marco normativo emanase de la Asamblea Constituyente, buscaba superar aspectos técnicos, políticos y administrativos identificados como obstáculos para las demandas de las mayorías indígenas y originarias que en la Ley 1715 no se encontraban visibles. La Ley, simbólicamente denominada de *Reconducción Comunitaria de la Reforma Agraria*, data del 28 de noviembre de 2006, y es una ley modificatoria de la Ley 1715 del Servicio Nacional de Reforma Agraria —*Ley INRA*—, y tuvo como objeto modificar e incorporar nuevas disposiciones a la Ley 1715 y a la Ley 3351 de Organización del Poder Ejecutivo.

En concreto, la Ley 3545 de *Reconducción Comunitaria de la Reforma Agraria* estableció los siguientes alcances y beneficios: a) precisa el concepto y los fundamentos de la Función Económica Social (FES) que en la Ley 1715 quedaban incompletos; b) la FES se consolida como mecanismo central para conservar el derecho propietario sobre la tierra, estableciéndose la necesaria verificación de su cumplimiento en terreno y la imposibilidad de ser validada a través de la presentación de planes de ordenamiento predial o a través del reconocimiento de desmontes ilegales como trabajo desarrollado;[228] c) regula el reagrupamiento y redistribución

---

228   Respecto de la FES, existe un amplio cuerpo normativo complementario: a) El Decreto Supremo 29292, del 3 de octubre de 2007, que creó el Consejo Interministerial para la Erradicación de la Servidumbre, el Trabajo Forzoso y Formas Análogas; b) el Decreto Supremo 29802, del 19 de noviembre de 2008, que aclara, en el ámbito agrario, lo que se entenderá por sistemas servidumbrales, trabajo forzoso, peonazgo por deudas y/o esclavitud de familias, personas cautivas o formas análogas; y precisa la atribución del Instituto Nacional de Reforma Agraria (INRA) para verificar y establecer la existencia de estos sistemas servidumbrales, trabajo forzoso o formas análogas; independientemente de las acciones y efectos que generen en materia laboral, penal u otras; c) el Decreto Supremo 29215, del 2 de agosto de 2007, que determina que la existencia de un sistema servidumbral, trabajo forzoso, peonazgo por deudas

de la tierra con modificaciones y ajustes a los procesos de reversión y expropiación. En la antigua normativa, la causal de reversión era el abandono de la tierra; bastaba el pago de impuestos durante dos gestiones consecutivas para demostrar el no abandono y, por tanto, comprobar el cumplimiento de la FES; en tanto que con la Ley 3545 se establece como causal de reversión el incumplimiento parcial o total de la Función Económica Social en la mediana propiedad y en la empresa agropecuaria; d) incluye la reversión como una de las finalidades del proceso de saneamiento, permitiendo que predios o partes de predios —aún con títulos de propiedad— que no sean trabajados vuelvan a manos del Estado sin pago alguno para su redistribución (nueva redacción de los artículos 51 y 52); e) respecto a la expropiación, las tierras expropiadas previo pago de indemnización, por causa de utilidad pública o incumplimiento de la FES, solo pueden ser dotadas a favor de comunidades campesinas y/o pueblos indígenas y/u originarios, y el monto a pagar por indemnización es establecido tomando en cuenta el valor de la tierra en el mercado, a diferencia de la antigua legislación, que establecía la adjudicación de las tierras expropiadas solo en remate o subasta pública, y el monto de la indemnización era igual al promedio del valor declarado por el propietario —autoavalúo— (nueva redacción de los artículos 58 y 59); f) establece la dotación exclusiva de tierras fiscales a favor de las comunidades indígenas y campesinas sin tierra o a aquellas que la tengan de manera insuficiente; g) establece la obligatoriedad del registro en el INRA de toda

---

y/o esclavitud de familias o personas cautivas en el área rural es contraria al beneficio de la sociedad y el interés colectivo, y que, por tanto, implica el incumplimiento de la función económico-social; d) el Decreto Supremo 0388 del 23 de diciembre de 2009, que aprueba el Reglamento para la Verificación, Comprobación y Determinación de la Existencia de Relaciones Servidumbrales, Trabajo Forzoso y Formas Análogas, a ser aplicado por el Instituto Nacional de Reforma Agraria (INRA) en los procedimientos de su competencia.

transferencia de predios agrarios, con lo cual se impulsa la centralización de la información catastral y de la propiedad agraria que ha sido casi nula hasta antes de la promulgación de la reconducción de la reforma agraria; h) garantiza la ejecución expedita de los procedimientos de saneamiento y el control social sobre los procesos de saneamiento, expropiación, reversión, dotación y adjudicación de tierras. Se establecieron las nuevas modalidades de saneamiento: saneamiento simple; saneamiento integrado al catastro legal; y saneamiento de tierras comunitarias de origen; i) establece la atribución del Presidente de la República para otorgar personalidades jurídicas a pueblos indígenas y comunidades campesinas en los casos de negativa o demora injustificada por más de cuarenta y cinco días por parte de gobiernos municipales o de las prefecturas, con lo cual se establece una salvaguarda a los derechos de estos pueblos que han quedado en los diez años de *Ley INRA* supeditados a los intereses políticos y de los acaparadores de latifundio; j) se amplían competencias a la Judicatura Agraria para resolver conflictos sobre derecho propietario agrario, pero también aquellos relacionados con actividades forestales y aprovechamiento del recurso agua; al mismo tiempo se pone límite a las competencias de los jueces agrarios que reciben atribución para conocer y resolver acciones interdictas antes y después del saneamiento, pero no durante su proceso; k) se amplía, de ocho a dieciséis, el número de titulares de la Comisión Agraria Nacional (CAN) y se incorpora a ella a mujeres campesinas, indígenas de tierras altas, al sector ganadero y al sector forestal; l) se da prioridad y se garantiza la participación de la mujer en el proceso de saneamiento y en el de distribución de tierras fiscales; m) el Estado pasa a tener la responsabilidad de dar apoyo técnico y económico a las comunidades campesinas, indígenas y originarias beneficiadas con la dotación de tierras fiscales; y

n) se reconocen los usos y costumbres de los pueblos indígenas en los procedimientos agrarios.

De acuerdo con lo que expresara en su oportunidad el gobierno de Evo Morales, con esta Ley y su Reglamento se asume la tarea de concluir el saneamiento y titulación de la propiedad agraria, y la distribución y redistribución de tierras hasta el año 2013, de manera eficiente, transparente, con equidad y justicia social, en beneficio de los pequeños productores agropecuarios, así como de los medianos y empresarios que cumplan la Función Económica Social.

28. Algunos desafíos de supervivencia de la propiedad indígena en Bolivia

Durante el mes de junio del año 1992, y con la participación de ciento setenta y dos gobiernos, se desarrolló en Río de Janeiro, Brasil, una serie de conferencias que fueron conocidas globalmente por la denominación *Cumbre de la Tierra*. Ellas dieron origen a una difusión mundial del concepto de desarrollo sustentable y darían origen más tarde a la Convención Marco de las Naciones Unidas sobre el Cambio Climático, que más tarde llevaría al Protocolo de Kioto. Además, estas conferencias fueron el antecedente de la Cumbre de la Tierra en Johannesburgo, en el año 2002.

En Bolivia, esta nueva conciencia ecológica ha provocado, como era de esperar, una gestión ambiental que, a su vez, ha impactado en las tierras indígenas, constituyendo un desafío antes impensable: cómo conciliar la protección de esas tierras con una gestión ambiental que asegure un desarrollo sustentable.

La gran variedad de ecosistemas que existe en Bolivia lo convierten en uno de los países de mayor diversidad de especies a nivel mundial:[229] más de veinte mil especies de plantas nativas, trescientas cincuenta y seis especies de mamíferos, mil cuatrocientas especies de aves, doscientas tres especies

---

[229] http://conservacion2.blogspot.com/2008/01/bolivia-ecosistemas-proteger.html

de anfibios, doscientas sesenta y seis especies de reptiles y seiscientas especies de peces, sin considerar el alto porcentaje de especies endémicas en cada uno de estos grupos. Por otro lado, Bolivia ocupa el sexto lugar en extensión de bosques tropicales en el mundo y el quinceavo en cobertura boscosa, con una deforestación que avanza a un ritmo de doscientas mil hectáreas anuales. En ese contexto, el Estado boliviano creó un Sistema Nacional de Áreas Protegidas, conformado por veintinueve Áreas Protegidas de importancia nacional, además de áreas departamentales y municipales. Las Áreas Protegidas abarcan aproximadamente una superficie de 169 596 kilómetros cuadrados, que se encuentra bajo tuición, administración y fiscalización del Servicio Nacional de Áreas Protegidas (SERNAP), donde se alberga la mayor parte del patrimonio natural, cultural, arqueológico y paleontológico de Bolivia.[230]

Una nueva institucionalidad surge de la Ley 1333 de Medio Ambiente, del año 1992, dictada con el objeto de proteger y conservar el medio ambiente y los recursos naturales, promoviendo el desarrollo sostenible, con la finalidad de mejorar la calidad de vida de la población. La Ley de Medio Ambiente, como se ha dicho, elaboró el concepto de Áreas Protegidas como aquellas "áreas naturales con o sin intervención humana, declaradas bajo protección del Estado mediante disposiciones legales, con el propósito de proteger y conservar la flora y fauna silvestres, recursos genéticos, ecosistemas naturales, cuencas hidrográficas y valores de interés científico, estético, histórico, económico y social, con la finalidad de conservar y preservar el patrimonio natural y cultural del país" (artículo 60). Estas Áreas Protegidas son declaradas Patrimonio del Estado y de interés público y social, "debiendo ser administradas según sus categorías, zonificación y reglamentación, en base a planes

---

230   http://www.bolivia-industry.com/sia/bolivia/datosgen/Areas.html

de manejo, con fines de protección y conservación de sus recursos naturales e investigación científica, así como para la recreación, educación y promoción del turismo ecológico".

Desde el punto de vista de los pueblos indígenas y de los campesinos, sin embargo, esta institucionalidad y estas nuevas iniciativas no son totalmente desinteresadas. Es legítimo sospechar que, en cierta medida, se trata de un discurso de protección instrumentalizado por sectores económicos que buscan una intervención segura en la explotación de recursos naturales, lo que, en los hechos, incide de manera negativa en países poco industrializados como Bolivia.

Para algunos, la creación de Áreas Protegidas responde principalmente a intereses privatistas de territorios ricos en biodiversidad y con la intencionalidad de otorgar concesiones de uso de recursos de esta biodiversidad para fines comerciales de empresas, principalmente extranjeras. Ello para investigación científica, ecoturismo con fines de lucro, venta de dióxido de carbono y hasta la administración de esas Áreas Protegidas. Así, se ha promovido un proceso de privatización de la administración de Áreas Protegidas, unido a una inusitada benevolencia ante operadores extractivos. Incluso hay quienes han afirmado que las Áreas Protegidas responderían principalmente a la consolidación de territorios ricos en depósitos hidrocarburíferos y mineros.[231]

---

[231] "En cuanto a la creación de Áreas Protegidas y el discurso conservacionista, y sobre la protección del medio ambiente que se maneja, no pasa de ser un argumento lírico, pues es conocido por todos que una de las actividades más contaminantes del planeta es la explotación hidrocarburífera, además de la explotación minera; no solamente contaminantes, sino también destructivas de los demás recursos naturales. Por ejemplo, en la prospección sísmica utilizan y se hacen detonar grandes cantidades de explosivos para determinar la existencia de bolsones de gas y petróleo, lo que origina que las aguas subterráneas de las cuales se abastecen los pobladores del lugar, en muchos casos, sean desviadas a otros sitios, dejándolos sin agua para su consumo". Valenzuela Castaño, Carlos. *Tierra y territorio en Bolivia*. La Paz, 2008, p. 63.

De otra parte, la Ley Forestal 1700 regula la actividad forestal, distinguiendo tierras de protección, tierras de producción forestal permanente, tierras de cobertura boscosa aptas para diversos usos, tierras de rehabilitación y tierras de inmovilización. Sin embargo, existe un severo incumplimiento de las regulaciones estatales. Además, la explotación se realiza mediante contratos de aprovechamiento forestal, suscritos por la Superintendencia Forestal sobre superficies de tierra en la que no se concede derecho propietario, lo que genera a veces y parcialmente superposiciones de derechos que afectan a las Tierras Comunitarias de Origen.

Pero tal vez el peligro más grave que se cierne sobre las Tierras Comunitarias de Origen deriva de las empresas extractoras de minerales y de hidrocarburos. La concesión de tierras realizada por el Estado para la exploración y la explotación de minerales e hidrocarburos genera el mayor número de problemas de superposición de derechos entre las comunidades indígenas y campesinas, y las empresas tanto nacionales como transnacionales, los cuales son resueltos por las superintendencias que corresponden a cada sector y que tienen la potestad para la resolución de las controversias suscitadas entre los concesionarios mineros o petroleros, y los titulares de otros derechos, como los de uso de recursos renovables, por disposición del Código de Minería y por la Ley de Hidrocarburos.

29. El reconocimiento constitucional de la propiedad indígena en América. Antecedentes de la reforma constitucional en Bolivia

Desde la década de los 70 y hasta la fecha se ha desarrollado una tendencia hacia el reconocimiento constitucional de la realidad indígena y, en lo que nos interesa, de la propiedad indígena. Ello es parte de la crisis del constitucionalismo clásico, de la crisis que enfrenta la idea de que haya *derechos de libertad* de valor universal y, por lo tanto, constitucionalmente garantizados, sin atener a las diversidades culturales; crisis de la idea de que exista una cultura *general* —universal o nacional— que debe ser la que inspire las Constituciones y las instituciones, dejando a las *minorías* como grupos merecedores de protección. La tendencia constitucional de la última parte del siglo XX ha sido recoger las diversidades culturales como un valor por sí solo; que no hay *una* cultura universal o mayoritaria a la que deban supeditarse las demás, sino que *todas* las culturas son relevantes para la individualización y, por lo tanto, la socialización de los seres humanos, y, de esta manera, para la identificación concreta de los sujetos de derechos y libertades.[232]

Si se piensa bien, ello obedece no tanto a una reflexión jurídica, sino más bien a un desarrollo de conciencia antropológica y a una realidad económica. La conciencia antropológica que se podría enunciar, en síntesis, y tal vez en el extremo, es que no hay naturaleza humana al margen de la cultura, que sin cultura no hay seres humanos, pues "llegar a ser humano es llegar a ser individuo, y llegamos a ser individuos por la guía de patrones culturales, esto es, de unos sistemas de significación que se generan históricamente y por cuya virtud construimos, disponemos, sustentamos y conducimos nuestras vidas". Así —explica el antropólogo estadounidense Clifford Geertz—, "la idea de que la esencia de lo que significa ser humano se revela con mayor claridad en rasgos de la cultura humana que sean universales y no en aquellos que son distintivos de uno u otro pueblo en su particularidad constituye un prejuicio

---

232 "¿Para cuándo un constitucionalismo comparado que no sea unidireccional desde los Estados Unidos y Europa occidental de una parte y hacia el resto de la humanidad de otra? ¿Hasta cuándo la presunción de que unos abren camino y otros poco menos que lo cierran, afectación muy fácil en la medida en que la perspectiva estadounidense y euroccidental sigue determinando lo pensable y lo impensable, lo factible y lo infactible, lo visible y lo invisible?". Clavero, Bernardo. *Op. cit.* en nota 114, p. 184.

que no estamos evidentemente obligados a compartir". Más que pensamientos normativos que multipliquen libertades, lo que se requiere son "formas más accesibles de participación en el desarrollo de políticas practicables de conciliación entre culturas".[233] Pero hay, además, una realidad económica. La cuestión indígena arranca de la economía y más precisamente del régimen de propiedad de la tierra. "Cualquier intento de resolverla con medidas de administración o policía, con métodos de enseñanza o con obras de vialidad constituye un trabajo superficial o adjetivo mientras subsista la feudalidad".[234]

Veamos. La Constitución de Panamá de 1972, modificada el año 2004,[235] contiene más de veinte artículos relativos a temas indígenas. Pese a definirse como un Estado unitario, permite la creación de territorios con regímenes especiales (artículo 5), las llamadas Comarcas Indígenas. Llama la atención toda vez que Panamá todavía no ha ratificado el Convenio 169 de la OIT, pero, no obstante ello, el país cuenta con un significativo cuerpo de leyes en esta materia, especialmente en lo que se refiere a las comarcas indígenas. La Carta Fundamental garantiza que "el Estado dará protección especial a las colectividades campesinas e indígenas, con el fin de integrarlas de manera efectiva en la comunidad nacional en cuanto a sus normas de vida, lo económico, lo político y lo intelectual. La acción relativa a los indígenas se efectuará conservando y desarrollando, al mismo tiempo, los valores

---

233   Citado por Clavero, Bartolomé, en *Op. cit.* en nota 114, p. 176. Greertz explica que más que normativismos de índole constitucional, se requiere de teorías que sean "escuelas de pensamiento, que capaciten para un juicio propio y no lo sustituyan como hacen quienes se esmeren en *brindar el derecho mascado y digerido por las tragaderas de quienes no filosofan*". Ejemplificando en esta última categoría, menciona a Ronald Dworkin, John Rawls y Robert Nozick.
234   Mariátegui, José Carlos. *Siete ensayos de interpretación de la realidad peruana*. Lima, 2006, p. 35.
235   http://www.binal.ac.pa/buscar/clconst.htm

de la cultura autóctona" (artículo 94); "dará atención especial a las comunidades campesinas e indígenas, con el fin de promover su participación económica, social y política en la vida nacional" (artículo 120); "garantiza a las comunidades indígenas la reserva de las tierras necesarias y la propiedad colectiva de estas para el logro de su bienestar económico y social" (artículo 123); y, en fin, que la política agraria "será aplicable a las comunidades indígenas, de acuerdo con los métodos científicos de cambio cultural" (artículo 122).

En Ecuador, en 1978 se dicta una Constitución que reconoce el quechua y las demás lenguas aborígenes como parte de la cultura nacional, pero sin hacer algún reconocimiento jurídico a las particularidades indígenas. En 1998, otra Carta Fundamental define al Ecuador como un Estado intercultural y multiétnico (artículo 1), que garantiza a los pueblos indígenas, entre otros, el derecho a conservar la propiedad imprescriptible de las tierras comunitarias, que serán inalienables, inembargables e indivisibles, salvo la facultad del Estado para declarar su utilidad pública, declarándolas, además, exentas del pago del impuesto predial; así como el derecho a mantener la posesión ancestral de las tierras comunitarias y a obtener su adjudicación gratuita, conforme a la ley, y a ser consultados sobre planes y programas de prospección y explotación de recursos no renovables que se hallen en sus tierras y que puedan afectarlos ambiental o culturalmente; participar en los beneficios que esos proyectos reporten en cuanto sea posible y recibir indemnizaciones por los perjuicios socioambientales que les causen (artículo 84). Se trata de una de las Constituciones más explícitas en el reconocimiento del pluriculturalismo, hasta el punto que toda la sección primera —"De los pueblos indígenas, africanos y afroecutorianos"— del capítulo cuarto —"De los derechos colectivos"— del título tercero trata de los diversos reconocimientos culturales, con algunas normas escritas en quechua, sin bien con una innecesaria traducción hispana. Tal el caso del artículo 97, N° 20, que establece como deberes y responsabilidades de los ciudadanos un lema que viene del antiguo imperio incaico: *"Ama quilla, ama llulla, ama shua"* —"No ser ocioso, no mentir, no robar"—.

La Asamblea Constituyente de 2010 ha elaborado una reciente Carta Fundamental,[236] que define al Ecuador como "un Estado constitucional de derechos y justicia, social, democrático, soberano, independiente, unitario, intercultural, plurinacional y laico" (artículo 1), que reconoce como idiomas oficiales el castellano, el kichwa y el shuar (artículo 2). El artículo 57 reconoce y garantiza a las comunas, comunidades, pueblos y nacionalidades indígenas, de conformidad con la Constitución y con los pactos, convenios, declaraciones y demás instrumentos internacionales de derechos humanos, los siguientes derechos colectivos: a) a mantener, desarrollar y fortalecer libremente su identidad, sentido de pertenencia, tradiciones ancestrales y formas de organización social; b) no ser objeto de racismo y de ninguna forma de discriminación fundada en su origen, identidad étnica o cultural; c) el reconocimiento, reparación y resarcimiento a las colectividades afectadas por racismo, xenofobia y otras formas conexas de intolerancia y discriminación; d) conservar la propiedad imprescriptible de sus tierras comunitarias, que serán inalienables, inembargables e indivisibles; e) mantener la posesión de las tierras y territorios ancestrales, y obtener su adjudicación gratuita; y f) participar en el uso, usufructo, administración y conservación de los recursos naturales renovables que se hallen en sus tierras.

Asimismo, se garantiza a las comunidades indígenas la consulta previa, libre e informada, dentro de un plazo razonable, sobre planes y programas de prospección, explotación y comercialización de recursos no renovables que se encuentren en sus tierras y que puedan afectarlas

---

236 http://aceproject.org/ero-en/regions/americas/EC/ecuador-constitucion-politica-de-ecuador-2010/view

ambiental o culturalmente; a participar en los beneficios que esos proyectos reporten y recibir indemnizaciones por los perjuicios sociales, culturales y ambientales que les causen. Se les garantiza, asimismo, la conservación y desarrollo de sus propias formas de convivencia y organización social, y de generación y ejercicio de la autoridad en sus territorios legalmente reconocidos y tierras comunitarias de posesión ancestral, así como la creación, desarrollo, aplicación y practica de su derecho propio o consuetudinario, el que, sin embargo, no podrá vulnerar derechos constitucionales, en particular de las mujeres, niñas, niños y adolescentes. Se les asegura no ser desplazados de sus tierras ancestrales. Se reconocen *los* territorios de los pueblos en aislamiento voluntario, los que son de posesión ancestral irreductible e intangible, y en ellos estará vedado todo tipo de actividad extractiva, advirtiéndose que el Estado adoptará medidas para garantizar sus vidas, hacer respetar su autodeterminación y voluntad de permanecer en aislamiento, y precautelar la observancia de sus derechos, sancionándose la violación de estos derechos como delito de etnocidio.

En Guatemala[237] se promulga, en 1985, una Constitución que reconoce el derecho de cada persona a su identidad cultural (artículo 59) y que consagra que Guatemala está formada "por diversos grupos étnicos, entre los que figuran los grupos indígenas de ascendencia maya, y que el Estado reconoce, respeta y promueve sus formas de vida, costumbres, tradiciones, formas de organización social, el uso del traje indígena en hombres y mujeres, idiomas y dialectos" (artículo 66). Asimismo, se establece que "las tierras de las cooperativas, comunidades indígenas o cualesquiera otras formas de tenencia comunal o colectiva de propiedad agraria, así como el patrimonio familiar y vivienda popular, gozarán

---

237   http://aceproject.org/eroen/regions/americas/GT/constitucion/Guatemala%20(reformas%20hasta%202002).pdf/view

de protección especial del Estado, asistencia crediticia y de técnica preferencial que garanticen su posesión y desarrollo, a fin de asegurar a todos los habitantes una mejor calidad de vida. Las comunidades indígenas y otras que tengan tierras que históricamente les pertenecen y que tradicionalmente han administrado en forma especial mantendrán ese sistema" (artículo 67).

Nicaragua[238] tiene, desde 1987, una Constitución Política que ha experimentado sucesivas reformas los años 1995, 2000 y 2005. Su texto reconoce a las Comunidades de la Costa Atlántica "el derecho de preservar y desarrollar su identidad cultural en la unidad nacional, dotarse de sus propias formas de organización y administrar sus asuntos locales conforme a sus tradiciones", reconociendo, además, las formas comunales de propiedad de las tierras de las Comunidades de la Costa Atlántica (artículo 89).

En la República Federativa del Brasil,[239] la Carta Fundamental de 1988 es explícita y directa en el reconocimiento de las propiedades indígenas. El artículo 231 reconoce a los aborígenes "su organización social, costumbres, lenguas, creencias, tradiciones y los derechos originarios sobre las tierras que tradicionalmente ocupan, correspondiendo a la Unión demarcarlas, protegerlas y hacer que se respeten todos sus bienes". Se regula el estatuto de las "tierras tradicionalmente ocupadas por los indios", entendiendo por tales las habitadas por ellos con carácter permanente, las utilizadas para sus actividades productivas, las imprescindibles para la preservación de los recursos ambientales necesarios para su bienestar y las necesarias para su reproducción física y cultural, según sus usos, costumbres y tradiciones. Estas tierras se destinan a su posesión permanente, correspondiéndoles el usufructo exclusivo de las riquezas del suelo, de los ríos y de los lagos

---

238 http://pdba.georgetown.edu/Constitutions/Nica/nica95.html
239 http://www.acnur.org/biblioteca/pdf/0507.pdf

existentes en ellas. Se trata de tierras inalienables e indisponibles, y los derechos sobre ellas, imprescriptibles.

En otra norma se prohíbe el traslado de los grupos indígenas de sus tierras, salvo *ad referéndum* del Congreso nacional, en caso de catástrofe o epidemia que ponga en peligro su población, o en interés de la soberanía del país, después de deliberación del Congreso nacional, garantizándose, en cualquier hipótesis, el retorno inmediato después de que cese el peligro.

Finalmente, se declara la nulidad de pleno derecho de "todos los actos que tengan por objeto la ocupación, el dominio y la posesión de las tierras a que se refiere este artículo, o la explotación de las riquezas naturales del suelo, de los ríos y de los lagos en ellas existentes, salvo por caso de relevante interés público de la Unión".

México,[240] cuya Constitución de 1917 ha experimentado más de trescientas cincuenta reformas, incorporó, mediante la reforma constitucional de 1992, un nuevo artículo 4 que establece que la Nación mexicana tiene una composición pluricultural, sustentada originalmente en sus pueblos indígenas. Por reforma del año 2001, se modificó el artículo 2, donde se reconoció la composición pluricultural de la nación y se contempló una definición legal de pueblo y comunidad indígena, además de la libre determinación y autonomía, y se señalaron los derechos indígenas que pueden ejercerse en el marco de la Constitución y las leyes con respeto al pacto federal y la soberanía de los estados, "en un marco constitucional de autonomía que asegure la unidad nacional". Es lo que podría llamarse *el derecho a la libre determinación interna*.

La misma Constitución remite a una ley —hasta la fecha inexistente— que protegerá y promoverá el desarrollo de sus lenguas, culturas, usos, costumbres, recursos y formas específicas de organización social. El artículo 27, por su parte, reconoce la personalidad jurídica de los núcleos de población

---

240 http://www.ordenjuridico.gob.mx/Constitucion/cn16.pdf

ejidales y comunales, y establece que la ley protegerá la integridad de las tierras de los pueblos indígenas.[241]

La Constitución Política de Colombia,[242] de 1991, reconoce y protege la diversidad étnica y cultural de la nación colombiana (artículo 7); dos senadores son elegidos en forma especial por comunidades indígenas (artículo 171); y los territorios indígenas son reconocidos como entidad territorial y tienen, por lo tanto, autonomía de gobierno y de presupuesto, entre otras (artículo 287).[243] En Venezuela, en la Constitución de 1999 no solo hay un reconocimiento y protección de los idiomas y culturas indígenas (artículo 9), sino que, además, se establece que el Estado "reconocerá la existencia de los pueblos y comunidades indígenas, su organización social, política y económica, sus culturas, usos y costumbres, idiomas y religiones, así como su hábitat y derechos originarios sobre las tierras que ancestral y tradicionalmente ocupan, y que son necesarias para desarrollar y garantizar sus formas de vida" (artículo 119).

La Constitución de Paraguay, de 1992,[244] reconoce la existencia de los pueblos indígenas (artículo 62) y garantiza para ellos "derecho a la propiedad comunitaria de la tierra, en extensión y calidad suficientes para la conservación y

---

241   México tiene aproximadamente cincuenta y seis etnias claramente diferenciadas. Un análisis muy interesante del pluriculturalismo en México, en Hernández Martínez, María del Pilar. "México. Las reformas constitucionales de 1992", en *Boletín Mexicano de Derecho Comparado*, Nº 76, enero-abril de 1993, de UNAM. Existe una versión en Internet, en (Ver Nota Final)

242   http://pdba.georgetown.edu/constitutions/colombia/col91.html
243   Sobre el reconocimiento de los derechos de los pueblos indígenas en Colombia y en particular en la jurisprudencia de la Corte Constitucional, ver, de Semper, Frank, "Los derechos de los pueblos indígenas de Colombia en la jurisprudencia de la Corte Constitucional", en la revista del Instituto de Investigaciones Jurídicas de la UNAM.
244   Un análisis bastante completo en http://www.acnur.org/biblioteca/pdf/6297.pdf

el desarrollo de sus formas peculiares de vida" (artículo 64). En Argentina, el artículo 75, N° 17, de la Carta Fundamental de 1994,[245] atribuye al Congreso la obligación de "reconocer la preexistencia étnica y cultural de los pueblos indígenas argentinos; garantizar el respeto a su identidad y el derecho a una educación bilingüe e intercultural; reconocer la personería jurídica de sus comunidades y la posesión y propiedad comunitarias de las tierras que tradicionalmente ocupan". También hay alguna alusión, aunque solo en general, como protección a la diversidad cultural, en la Constitución de Costa Rica[246] (artículo 76), de Honduras[247] (artículo 346) y de El Salvador[248] (artículo 62).

En la Carta Fundamental de la República del Perú,[249] del año 1993, se reconoce la propiedad de las comunidades indígenas como imprescriptible, inembargable e inenajenable, sin perjuicio de la expropiación; se señala que el Estado "reconoce y protege la pluralidad étnica" (artículo 2, N° 19); y reconoce existencia legal y personalidad jurídica a las Comunidades Campesinas y las Nativas, estableciendo que son autónomas en su organización, en el trabajo comunal y en el uso y la libre disposición de sus tierras, así como en lo económico y administrativo" (artículo 89).

---

245 http://www.scribd.com/doc/22429/Constitucion-Nacional-Argentina
246 http://www.tramites.go.cr/manual/espanol/legislacion/ConstitucionPolitica.pdf
247 http://pdba.georgetown.edu/Constitutions/Honduras/hond05.html
248 http://www.acnur.org/biblioteca/pdf/0133.pdf
249 http://www.ohperu.com/sociedad/constitucion.htm

30. La elección de Evo Morales y la Asamblea Constituyente

En 1985 comenzó en Bolivia a aplicarse un modelo de desarrollo neoliberal caracterizado por una profunda reforma fiscal, despidos masivos, liberalización comercial y laboral, y la privatización de las empresas públicas más importantes — llamada *capitalización* de las empresas públicas—. Medular en este desarrollo fue la *nueva política económica* del gobierno de Paz Estenssoro, a través del emblemático Decreto Supremo 21060. Para ciertos sectores de la población, esta *terapia de choque* implantada por el presidente Sánchez de Lozada fue la causante directa de una crisis económica y social que no se vivía desde hacía décadas.

El año 2001 había muerto Hugo Bánzer y lo sucedió Jorge Quiroga, un joven de formación empresarial y tendencia neoliberal. Y si bien en las elecciones de 2002 la lista más votada fue la del MNR de Sánchez de Lozada, se produce, sin embargo, un vuelco en la correlación de fuerzas del Parlamento: el Movimiento al Socialismo (MAS) del exsindicalista cocalero Evo Morales y el Movimiento Indígena Pachakuti (MIP) de Felipe Quispe alcanzan, juntos, un triunfo inusitado.

La llamada *Guerra del Gas*, protagonizada por campesinos y mineros, en octubre de 2003, forzó la dimisión de Sánchez de Lozada. Carlos Mesa Gisbert, en calidad de Presidente interino, impulsó un referéndum para decidir la nacionalización de los hidrocarburos de la industria —en julio de 2004—, cuyo resultado no dejó satisfechos a ciertos sectores de la población. Los manifestantes, comandados por Evo Morales y Felipe Quispe, sostenían que la ley era insuficiente desde el punto de vista de los intereses nacionales. De hecho, se consideraba para el Estado boliviano, por concepto de regalías, apenas un 18 por ciento del valor de producción de gas exportado principalmente a México y a los Estados Unidos… por puerto chileno. En estos movimientos tuvo importancia, nuevamente, la *memoria lar-*

ga: la pérdida del litoral en manos de Chile, la expoliación de la riqueza de la plata de Potosí, el estaño, la goma, el petróleo. La sensación de que con el gas se repetía la historia de un país permanentemente saqueado en sus riquezas y potencialidades fue demasiado poderosa.

En mayo de 2005 es aprobada una nueva Ley de Hidrocarburos que deja insatisfechos por igual a las transnacionales y a los movimientos sociales. En junio de 2005, las protestas —la segunda *Guerra del Gas*— condujeron a la dimisión de Mesa, por lo que quedó el presidente del Tribunal Supremo como Presidente de la República, quien convocó a elecciones presidenciales anticipadas, que se realizaron el 18 de diciembre de 2005, donde Evo Morales, candidato del MAS, obtuvo el 53,72 por ciento de los sufragios.

Las adversas condiciones de vida, sumadas al incumplimiento del gobierno de sus compromisos respecto de la dotación de tierras a favor de indígenas y campesinos, sumados a crecientes niveles de corrupción, habían configurado un escenario de movilizaciones sociales que, entre otros objetivos, perseguían la protección de los recursos naturales en las tierras indígenas y que finalmente convocaron a la realización de una Asamblea Constituyente. Pero las conquistas jurídicas venían de antes. En agosto de 1994, como parte de una nueva concepción más plural del Estado y de la sociedad boliviana, se había modificado la Carta Fundamental, donde Bolivia se autodefinía como "multiétnica y pluricultural", y se introducía la noción de *Tierras Comunitarias de Origen*, más tarde reconocida en la llamada *Ley INRA*. El mismo año de 1994, la Ley de Participación Popular reconoció la personalidad jurídica de las comunidades —o sea, ¡en cierta medida se volvía al estatus anterior a Melgarejo, a un reconocimiento desconocido ciento cincuenta años antes!— y una Ley de Reforma Educativa señalaba como pilares básicos la participación de las comunidades en el proceso educativo y la educación intercultural bilingüe. La Ley Forestal, de 1996, había garantizado a los pueblos originarios el derecho exclusivo a explotar los recursos madereros en sus Tierras Comunitarias de Origen.

Así, pues, el proceso constituyente fue la culminación de una evolución, tal vez no traumática, pero profunda y persistente. Por Ley 3091 del 6 de julio de 2005 se había convocado a una Asamblea Constituyente, cuerpo que fue complementado por la Ley 3364 del 6 de marzo de 2006, que determinó convocar para el 2 de julio la elección de los constituyentes. El mismo 6 de marzo, por Decreto Supremo 28627, se estableció la representación presidencial para la Asamblea Constituyente y el Referéndum Autonómico. Todo ello era parte de un acuerdo político y social que había permitido una salida institucional a la crisis generada por la dimisión de Carlos Mesa Gisbert. Se trataba de acordar nuevas reglas de convivencia y una reorganización del Estado.

Tras un pacto parlamentario que aseguraba la realización de un referéndum vinculante para el reconocimiento de la autonomía departamental, el 2 de julio de 2006 se celebraron las elecciones para integrar la Asamblea Constituyente y la consulta sobre las autonomías. El sufragio se dividió fundamentalmente en dos fuerzas políticas: el Movimiento al Socialismo (MAS), liderado por Evo Morales, con ciento cuarenta y dos constituyentes, y la *Poder Democrático Social* (PODEMOS), del liberal Jorge Quiroga, con sesenta constituyentes; los cincuenta y tres restantes correspondieron a catorce diferentes agrupaciones. En relación a la consulta relativa a las autonomías departamentales, prevaleció el voto negativo (56,2%) sobre el afirmativo (43,8%).

El reconocimiento del carácter originario de la Asamblea Constituyente, instalada oficialmente el 6 de agosto, fue motivo de intensos debates y de resistencia por los sectores conservadores, que insistían en que debía tener un carácter derivado. En definitiva, la declaración de dicho carácter originario permitió desde entonces una profunda reconstitución de los espacios territoriales indígenas, conforme a la visión holística que desde tiempos inmemoriales ha caracterizado a los pueblos originarios.

El gobierno del MAS ha caracterizado este proceso como una revolución concertada y democrática, impulsada por los pueblos indígenas, que proyectan su visión cultural hacia el país completo.[250] El Estado que pretende impulsar esta revolución corresponde al modelo de un Estado plurinacional y multicultural, con énfasis en la participación ciudadana y la descentralización del poder en planos gubernativos subnacionales que reconozcan la dimensión cultural indígena. Desde el punto de vista de la territorialidad, se trata de reconstruir los espacios indígena-originarios en un modelo de explotación respetuoso de los recursos naturales y progresivamente dirigidos a la diversificación de la producción.

31. El Reglamento de la Ley 3545. Un paso fundamental para concretar la reconducción comunitaria de la reforma agraria

El 2 de agosto de 2007, Día de la Reforma Agraria, el Presidente de la República promulgó el Decreto Supremo 29215, con el que se aprobó el reglamento de la Ley 3545 de Reconducción Comunitaria de la Reforma Agraria, del 28 de noviembre de 2006. Este decreto representó el paso decisivo del Gobierno para implementar la referida Ley 3545, al reglamentar las *causales de reversión*, que permiten la recuperación sin indemnización a sus titulares de tierras al

---

[250] Según el Censo Nacional de 2001, el 62% de la población mayor de quince años de Bolivia se autoidentificó como indígena: un 30,7%, como quechuas; y un 25,2%, como aimaras. En el oriente, Chaco y Amazonía, un 17% de la población es indígena, correspondiendo a treinta y dos pueblos, entre los que destacan los chiquitanos (2,2%), guaraníes (1,6%), mojeños (0,9%) y un restante 8,7%, de otros pueblos.

Estado para su redistribución a indígenas y campesinos, y de la expropiación, lo que posibilita la reconstitución de territorios indígenas perdidos por mala aplicación del saneamiento para la devolución a sus legítimos dueños. En los más de trescientos artículos que contiene, el DS 29215 establece el procedimiento para la regularización de los derechos agrarios y establece los elementos centrales adjetivos para la recuperación de tierras ociosas para su posterior distribución. Con dicha normativa, la regularización de los derechos a la tierra y el territorio de comunidades indígenas y campesinas, así como el acceso a nuevas tierras para los sectores que no las poseen, se ha desarrollado con mucha celeridad.

Un proceso en verdad histórico que se generó desde el Reglamento de la Ley 3545 fue el de poner fin a la situación de las familias indígenas denominadas *cautivas*, situación que principalmente afecta al pueblo guaraní de la zona del Chaco, que bajo diferentes formas de trabajo forzoso, *peonazgo* por deudas u otras maneras de relaciones servidumbrales sufre violación de sus más elementales derechos. En tal dirección se dictó el DS 29292, que creó el *Consejo Interministerial para la Erradicación de la Servidumbre, el Trabajo Forzoso y Formas Análogas*, que contiene un plan transitorio 2007-2008 para el pueblo guaraní. En el marco de ese plan, el día 28 de noviembre se aprobó el DS 29354, con el que se declara de necesidad y utilidad pública la zona de Huacareta, ubicada en la región chaqueña del departamento de Chuquisaca, provincias Luis Calvo y Hernando Siles, por una superficie aproximada de ciento ochenta mil hectáreas, parte del territorio ancestral del pueblo guaraní, densamente poblada hoy por fundos ganaderos medianos y grandes, que se consolidaron bajo la distorsionada aplicación del saneamiento de tierras entre los años 1996 y 2006. El decreto habilita al Estado a iniciar el proceso de expropiación de las haciendas para la devolución de esas tierras a sus dueños ancestrales. Por otro lado, también fueron emitidas tres *resoluciones de reversión* en la zona del Chaco chuquisaqueño, en las que el Estado verificó familias guaraníes en estado de servidumbre.[251]

32. LA CONSTITUCIÓN POLÍTICA DE BOLIVIA DE 2009

El 25 de enero de 2009 se realizó el referéndum constitucional convocado por el Congreso de Bolivia. Los resultados otorgaron un 61,43 por ciento de votos a favor de la aprobación de la nueva Constitución —en adelante, CP—. Simultáneamente, en otra pregunta, el referéndum dio un 80,65 por ciento de votos favorables a la opción que establece un máximo de propiedad de cinco mil hectáreas por ciudadano, si bien sin efecto retroactivo. Finalmente, el 9 de febrero de 2009, la nueva Constitución fue promulgada por el presidente Evo Morales, en un multitudinario evento en la ciudad de El Alto. En un trabajo sobre la propiedad indígena en Bolivia, no podemos dejar de transcribir el Preámbulo de la Carta Fundamental, por cuanto es indicativo, más que cualquier norma, de la inspiración indigenista y fundacional que tiene dicho texto.

>PREÁMBULO. En tiempos inmemoriales se erigieron montañas, se desplazaron ríos, se formaron lagos. Nuestra Amazonía, nuestro Chaco, nuestro altiplano y nuestros llanos y valles se cubrieron de verdores y flores. Poblamos esta sagrada Madre Tierra con rostros diferentes, y comprendimos desde entonces la pluralidad vigente de todas las cosas y nuestra diversidad como seres y culturas.

---

251 Muy publicitada en tal sentido fue la Resolución Suprema 39 del 14 de febrero de 2009, que revirtió varios miles de hectáreas del empresario Donald Larsen, la cual fue impugnada ante el Tribunal Agrario Nacional, desestimando este la reclamación mediante sentencia del 27 de julio de 2010 en expediente rol 2374/09.

Así, conformamos nuestros pueblos, y jamás comprendimos el racismo hasta que lo sufrimos desde los funestos tiempos de la colonia.

El pueblo boliviano, de composición plural, desde la profundidad de la historia, inspirado en las luchas del pasado, en la sublevación indígena anticolonial, en la Independencia, en las luchas populares de liberación, en las marchas indígenas, sociales y sindicales, en las guerras del agua y de octubre, en las luchas por la tierra y territorio, y con la memoria de nuestros mártires, construimos un nuevo Estado.

Un Estado basado en el respeto e igualdad entre todos, con principios de soberanía, dignidad, complementariedad, solidaridad, armonía y equidad en la distribución y redistribución del producto social, donde predomine la búsqueda del vivir bien; con respeto a la pluralidad económica, social, jurídica, política y cultural de los habitantes de esta tierra; en convivencia colectiva con acceso al agua, trabajo, educación, salud y vivienda para todos.

Dejamos en el pasado el Estado colonial, republicano y neoliberal. Asumimos el reto histórico de construir colectivamente el Estado Unitario Social de Derecho Plurinacional Comunitario, que integra y articula los propósitos de avanzar hacia una Bolivia democrática, productiva, portadora e inspiradora de la paz, comprometida con el desarrollo integral y con la libre determinación de los pueblos.

Nosotros, mujeres y hombres, a través de la Asamblea Constituyente y con el poder originario del pueblo, manifestamos nuestro compromiso con la unidad e integridad del país.

Cumpliendo el mandato de nuestros pueblos, con la fortaleza de nuestra Pachamama y gracias a Dios, refundamos Bolivia.

Honor y gloria a los mártires de la gesta constituyente y liberadora, que han hecho posible esta nueva historia.

En la nueva Constitución, Bolivia se reconoce como un "Estado Unitario Social de Derecho Plurinacional Comunitario, libre, independiente, soberano, democrático, intercultural, descentralizado y con autonomías. Bolivia se funda en la pluralidad y el pluralismo político, económico, jurídico, cultural y lingüístico, dentro del proceso integrador del país" (artículo 1 de la CP). Se reconoce la preexistencia de los pueblos indígenas a la colonia española y eleva los treinta y seis pueblos originarios al nivel de nacionalidades con iguales derechos a ser respetados en sus tradiciones, culturas y normas propias: "Dada la existencia precolonial de las naciones y pueblos indígena originario campesinos y su dominio ancestral sobre sus territorios, se garantiza su libre determinación en el marco de la unidad del Estado, que consiste en su derecho a la autonomía, al autogobierno, a su cultura, al reconocimiento de sus instituciones y a la consolidación de sus entidades territoriales, conforme a esta Constitución y la ley" (artículo 2 de la CP). Abundando al respecto, el artículo 3 de la CP aclara la distinción entre nacionalidades y pueblos. El pueblo boliviano lo constituye la totalidad de las bolivianas y los bolivianos, las naciones y pueblos indígena originario campesinos, y las comunidades interculturales y afrobolivianas,[252] y aclara que sus lenguas son idiomas oficiales al mismo rango que el castellano.[253]

---

252 Sobre las autonomías indígenas y las distinciones entre naciones y pueblos, me referiré en el siguiente apartado en detalle.

253 Estos pueblos y sus idiomas son el aimara, araona, baure, bésiro, canichana, cavineño, cayubaba, chácobo, chimán, ese ejja, guaraní, guarasu'we, guarayu, itonama, leco, machajuyai-kallawaya, machineri, maropa, mojeño-trinitario, mojeño-ignaciano, moré, mosetén, movima,

De la misma forma que lo hace la Constitución Política del Ecuador, en el artículo 8 se elevan a rango constitucional los principios ético-morales de una sociedad plural: *"Ama qhilla, ama llulla, ama suwa"* —"No seas flojo, no seas mentiroso, no seas ladrón"—, *"Suma tamaña"* —"Vivir bien"—, *"Ñandereko"* —"Vida armoniosa"—, *"Teko kavi"* —"Vida buena"—, *"Ivi maraei"* —"Tierra sin mal"— y *"Qhapaj ñan"* —"Camino o vida noble"—; y los valores sobre los que se sustenta el Estado boliviano: "unidad, igualdad, inclusión, dignidad, libertad, solidaridad, reciprocidad, respeto, complementariedad, armonía, transparencia, equilibrio, igualdad de oportunidades, equidad social y de género en la participación, bienestar común, responsabilidad, justicia social, distribución y redistribución de los productos y bienes sociales para vivir bien".

El reconocimiento plurinacional aparece también reflejado en los fines del Estado: entre otros, constituir una sociedad justa y armoniosa, cimentada en la descolonización, sin discriminación ni explotación, con plena justicia social para consolidar las identidades plurinacionales; garantizar el bienestar, el desarrollo, la seguridad y la protección e igual dignidad de las personas, las naciones, los pueblos y las comunidades; fomentar el respeto mutuo y el diálogo intracultural, intercultural[254] y plurilingüe; reafirmar y

---

pacawara, puquina, quechua, sirionó, tacana, tapiete, toromona, uruchipaya, weenhayek, yaminawa, yuki, yuracaré y zamuco.

254 "Cuando se habla de lo *intracultural*, nos referimos a convivir armónicamente con nosotros mismos, logrando de esta manera un crecimiento espiritual, científico, productivo y organizativo, con base en un todo integral, llegando a que las personas se relacionen con base en una identidad cultural propia. La *interculturalidad* tiene como objetivo de su accionar una razón de vida como forma de relacionamiento humano, la misma que se enmarca en un sentido plurinacional y de identidad de conciencia; es decir que la intraculturalidad forma una autoestima y orgullo de sí mismo y de la cultura a la cual uno representa y se debe, logrando que la persona asuma una visión de reciprocidad, identidad y complementariedad entre sí.

consolidar la unidad del país; y preservar como patrimonio histórico y humano la diversidad plurinacional. En este mismo sentido, se eleva a rango constitucional el derecho a la *autoidentificación cultural* (artículo 21, N° 1, de la CP).

Se consagra la participación democrática en el Estado a tres niveles (artículo 11 de la CP): la democracia participativa, a través de asambleas, cabildos, consulta previa, referéndum, plebiscito, iniciativa legislativa ciudadana y revocatoria de mandato; la democracia representativa, mediante el voto universal y secreto, garantizando la paridad y alternancia entre hombres y mujeres; y la democracia comunitaria, caracterizada por la elección, designación o nominación directa de representantes por normas propias.

Aparte de las garantías y derechos aplicables a todas las personas, la Constitución consagra un capítulo especial sobre derechos de los pueblos y naciones indígena originario campesinos, definiéndolos como aquellos que comparten identidad cultural, idioma, tradición histórica, instituciones,

> Algo muy distinto es la *interculturalidad*, donde se asume una posición en la cual las personas conviven con diferentes culturas; por lo tanto, no solo significa el respeto mutuo del otro, sino aceptarlo, reconociendo su forma de pensar, de actuar, sobre la base de sus usos y costumbres. Es decir que la interculturalidad permite un encuentro entre diferentes culturas y naciones, no constituyéndose estas, las de la misma identidad, sino de distinta, como ocurre entre los indígenas y los mestizos. La diferencia entre ambas está en que la intraculturalidad comprende la propia identidad cultural, mientras que la interculturalidad comprende el conocer y respetar la diversidad cultural de otros, por lo que el relacionamiento cultural de los bolivianos no solo debe darse entre sus propias naciones, sino entre las naciones y culturas de otros países, tratando de interactuar sin perder con ello su propia identidad, con base en una convivencia donde se construya una cosmovisión, que no es mirar el cosmos desde su propia visión, sino desde un pensamiento acrítico, es decir, construyendo una simbiosis entre el centro y la periferia". Ardiles Moreno, Carlos. "Fines del Estado intracultural-intercultural", en *El Diario*, 20 de marzo de 2009.
> En http://www.eldiario.net/noticias/2009/2009_03/nt090320/1_06opn.php

territorialidad y cosmovisión, y cuya existencia es anterior a la invasión colonial española.

En el artículo 30 de la CP, consagra, entre otros, en lo que concierne a este trabajo, el derecho a la identidad cultural, creencia religiosa, espiritualidades, prácticas y costumbres, y a su propia cosmovisión, a la libre determinación y territorialidad; a que sus instituciones sean parte de la estructura general del Estado; a la titulación colectiva de tierras y territorios; la protección de sus lugares sagrados; a vivir en un medio ambiente sano, con manejo y aprovechamiento adecuado de los ecosistemas; y a una educación intracultural, intercultural y plurilingüe en todo el sistema educativo.

Asimismo, se garantiza a estos pueblos y naciones el derecho a ser consultados mediante *procedimientos apropiados*, y en particular *a través de sus instituciones*, cada vez que se prevean medidas legislativas o administrativas susceptibles de afectarlos. En este marco, se dispone que se respetará y garantizará el derecho a la consulta previa obligatoria, realizada por el Estado, de buena fe y concertada, respecto de la explotación de los recursos naturales no renovables en el territorio que habitan. Junto a ello, se les garantiza la participación en los beneficios de la explotación de los recursos naturales en sus territorios.

En definitiva, constitucionalmente se asegura por el Estado el respeto y protección de los derechos de las naciones y pueblos indígena originario campesinos consagrados en la Constitución y la ley, y el respeto y la protección de los pueblos en extinción y aquellos en estado de aislamiento voluntario.

En la sección cuarta, en lo relativo al derecho de propiedad, se garantiza el derecho a la propiedad privada —individual o colectiva—, siempre que cumpla una función social y que "el uso que se haga de ella no sea perjudicial al interés colectivo" (artículo 56 de la CP).

Un tópico fundamental que la Constitución desarrolla es el de la pluriculturalidad. Se establece la diversidad cultural como la base esencial del Estado Plurinacional Comunitario y la interculturalidad[255] como el instrumento para la cohesión y la convivencia armónica y equilibrada entre todos los pueblos y naciones, asumiéndose como fortaleza "la existencia de culturas indígena originario campesinas, depositarias de saberes, conocimientos, valores, espiritualidades y cosmovisiones" (artículo 98 de la CP). En ese contexto, se impone como responsabilidad fundamental del Estado preservar, desarrollar, proteger y difundir las culturas existentes en el país, y garantizar el registro, protección, restauración, recuperación, revitalización, enriquecimiento, promoción y difusión de su patrimonio cultural.

Se reconoce como patrimonio de las naciones y pueblos indígena originario campesinos "las cosmovisiones, los mitos, la historia oral, las danzas, las prácticas culturales, los conocimientos y las tecnologías tradicionales".

En el capítulo cuarto del título tercero se regula lo relativo a la justicia indígena originaria campesina, señalándose que las naciones y pueblos indígena originario campesinos ejercerán sus funciones jurisdiccionales y de competencia a través de sus autoridades, y aplicarán sus principios, valores culturales, normas y procedimientos propios. De acuerdo con la Constitución, están sujetos a esta jurisdicción los miembros de la nación o pueblo indígena originario campesino, sea que actúen como actores o demandados, denunciantes o querellantes, denunciados o imputados, recurrentes o recurridos. Para el cumplimiento de las decisiones de la jurisdicción indígena originario campesina, sus autoridades podrán solicitar el apoyo de los órganos competentes del

---

255   En torno a lo intercultural y lo intracultural, se puede leer un interesante trabajo en http://interartive.org/index.php/2009/04/intercultural/

Estado, que tienen el deber de promover y fortalecer la justicia indígena originaria campesina.

En relación a la organización territorial del Estado, se estructura sobre la base de reconocer las autonomías a cuatro niveles de descentralización administrativa (artículo 269 y ss. de la CP): departamental (Asamblea Departamental), regional (Asamblea Regional), municipal (Concejo Municipal) e indígena originaria campesina. El nivel nacional se ha reservado las funciones y competencias estratégicas del Estado, como legislación, jurisdicción, emisión de moneda, fuerzas armadas, etcétera.

La autonomía indígena originario campesina (artículo 289 de la CP) es definida como el autogobierno, concebido como el ejercicio de la libre determinación de las naciones y los pueblos indígena originario campesinos, cuya población comparte territorio, cultura, historia, lenguas, y organización o instituciones jurídicas, políticas, sociales y económicas propias.

Gozan de autonomías indígena originario campesinas los territorios indígena originario campesinos y los municipios y regiones que adoptan tal cualidad, de acuerdo con la Constitución y la ley. Dos o más pueblos indígena originario campesinos podrán conformar una sola autonomía indígena originario campesina.

Cada autonomía indígena originario campesina elaborará su estatuto, de acuerdo con sus normas y procedimientos propios, según la Constitución y la ley.

En cuanto a los recursos naturales (artículo 348 y ss. de la CP), se señala que son de propiedad y dominio directo, indivisible e imprescriptible del pueblo boliviano, siendo el Estado el que provee a su gestión y administración. La propiedad agraria individual se clasifica en pequeña, mediana y empresarial, en función a la superficie, a la producción y a los criterios de desarrollo.

La pequeña propiedad (artículo 394 de la CP) es indivisible, constituye patrimonio familiar inembargable y no está sujeta al pago de impuestos a la propiedad agraria. La indivisibilidad no afecta el derecho a la sucesión hereditaria en las condiciones establecidas por ley. El Estado reconoce, protege y garantiza la propiedad comunitaria o colectiva, que comprende el territorio indígena originario campesino, las comunidades interculturales originarias y de las comunidades campesinas. La propiedad colectiva se declara indivisible, imprescriptible, inembargable, inalienable e irreversible, y no está sujeta al pago de impuestos a la propiedad agraria.

Se señala que las comunidades podrán ser tituladas, reconociendo la complementariedad entre derechos colectivos e individuales, y respetando la unidad territorial con identidad.

Se ordena que las tierras fiscales sean dotadas a indígenas originario campesinos, comunidades interculturales originarias, afrobolivianos y comunidades campesinas que no las posean o las posean insuficientemente, de acuerdo con una política estatal que atienda a las realidades ecológicas y geográficas, así como a las necesidades poblacionales, sociales, culturales y económicas. La dotación se realizará según las políticas de desarrollo rural sustentable y la titularidad de las mujeres al acceso, distribución y redistribución de la tierra, sin discriminación por estado civil o unión conyugal.

En otro aspecto, se prohíben las dobles dotaciones y la compraventa, permuta y donación de tierras entregadas en dotación. También se prohíbe la obtención de renta fundiaria generada por el uso especulativo de la tierra (artículo 395 de la CP). Se dispone que el Estado regule el mercado de tierras, evitando la acumulación en superficies mayores a las reconocidas por la ley, así como su división en superficies menores a la establecida para la pequeña propiedad; y se prohíbe a extranjeras y extranjeros bajo ningún título adquirir tierras del Estado.

Coherente con la *Ley INRA*, el artículo 397 de la Constitución reitera que el trabajo es la fuente fundamental para la adquisición y conservación de la propiedad agraria, y que las propiedades deberán cumplir con la función social o con la función económico-social según corresponda.

Se entiende la función social como el aprovechamiento sustentable de la tierra por parte de pueblos y comunidades indígena originario campesinos, conforme a sus propias normas, así como el que se realiza en pequeñas propiedades.

Se entiende por función económico-social el empleo sustentable de la tierra en el desarrollo de actividades productivas, conforme a su capacidad de uso mayor, en beneficio de la sociedad, del interés colectivo y de su propietario.

Se prohíbe el latifundio y la doble titulación por ser contrarios al interés colectivo y al desarrollo del país (artículo 398 de la CP). Se entiende por latifundio la tenencia improductiva de la tierra; la tierra que no cumpla la función económico-social; la explotación de la tierra que aplica un sistema de servidumbre, semiesclavitud o esclavitud en la relación laboral; o la propiedad que sobrepasa la superficie máxima zonificada establecida en la ley. En ningún caso, la superficie máxima podrá exceder las cinco mil hectáreas —cabe hacer presente que esta última fue la superficie aprobada en el referéndum dirimidor. Existía otra opción, que no prevaleció, conforme a la cual se establecía como superficie máxima diez mil hectáreas—.

Reconociéndose los derechos adquiridos y ordenándose sin efecto retroactivo, se prohíbe la división de las propiedades en superficies menores a la superficie máxima de la pequeña propiedad reconocida por la ley que, para su establecimiento, tendrá en cuenta las características de las zonas geográficas. El Estado establecerá mecanismos legales para evitar el fraccionamiento de la pequeña propiedad. El artículo 401, uno de los más polémicos, establece como causal de reversión el incumplimiento de la función económico-social o la tenencia latifundista de la tierra, pasando la tierra a dominio y propiedad del pueblo boliviano, sin derecho a indemnización. En cambio, la expropiación de la tierra solo procederá por causa de necesidad y utilidad pública, y previo pago de una indemnización justa.

"Se reconoce la integralidad del territorio indígena originario campesino, que incluye el derecho a la tierra, al uso y aprovechamiento exclusivo de los recursos naturales renovables en las condiciones determinadas por la ley; a la consulta previa e informada; y a la participación en los beneficios por la explotación de los recursos naturales no renovables que se encuentran en sus territorios; la facultad de aplicar sus normas propias, administrados por sus estructuras de representación; y la definición de su desarrollo de acuerdo con sus criterios culturales y principios de convivencia armónica con la naturaleza. Los territorios indígena originario campesinos podrán estar compuestos por comunidades".

33. LA AUTONOMÍA INDÍGENA TRAS LA CONSTITUCIÓN DEL AÑO 2009

33.1. EL SENTIDO DE LA EXPRESIÓN NACIONES Y PUEBLOS INDÍGENA ORIGINARIO CAMPESINOS[256]

Recordemos el fundamental artículo 2 de la Constitución Política: "Dada la existencia precolonial de las naciones y

[256] En este tema, me baso fundamentalmente en el trabajo de Albó, Xavier y Romero Carlos, titulado *Autonomías indígenas en la realidad Boliviana y en su nueva Constitución* (La Paz, 2009). Carlos Romero es actualmente ministro de Autonomías de Bolivia. El trabajo ha sido calificado por Bartolomé Clavero como "la mejor introducción al complejo asunto de las autonomías indígenas en Bolivia" (http://clavero.derecho-sindigenas.org/?p=7087).

pueblos indígena originario campesinos, y su dominio ancestral sobre sus territorios, se garantiza su libre determinación en el marco de la unidad del Estado, que consiste en su derecho a la autonomía, al autogobierno, a su cultura, al reconocimiento de sus instituciones y a la consolidación de sus entidades territoriales, conforme a esta Constitución y la ley". Actualmente, el 62 por ciento de la población que habita en el territorio del Estado boliviano se reconoce como descendiente de aquellas naciones y pueblos.

El concepto *naciones y pueblos indígena originario campesinos* es una unidad. Lo central, entonces, de la expresión *naciones y pueblos* es la referencia a las naciones y pueblos o grupos humanos —cuya existencia es anterior al Estado boliviano e incluso a la colonia— aludidos en el artículo 2 de la Constitución, y cuyos descendientes forman hasta ahora grupos socioculturales reconocidos como tales.

El término *indígena* es usado frecuentemente en las tierras bajas y por quienes tienen más en mente su uso favorable en documentos e instrumentos internacionales, como el Convenio 169 de la OIT. Pero otros sectores no se sienten identificados ni satisfechos con esa expresión, desde largo tiempo discriminatoria. Ello ocurre sobre todo en los sectores del altiplano. De esa limitación surgió el término *originario*, que era bien recibida, sobre todo en el altiplano, donde desde la colonia se hablaba de *comunidades originarias*.

Por otra parte, son también muchos quienes aún prefieren el término campesino desde que, con la revolución y la reforma agraria del MNR, se optó por esa palabra para evitar las discriminaciones que se asociaban con *indio* o *indígena*. Por lo tanto, dentro de la noción *naciones y pueblos indígena originario campesinos*, esta última palabra no debe restringirse solo a aquellos indígenas que viven de su trabajo personal agropecuario ni tampoco extenderse a agricultores campesinos de otros orígenes históricos posteriores, no incluidos en el mencionado artículo 2 de la Constitución, sin perjuicio de que unos u otros puedan serlo. Estos pueden constituir sus propias comunidades, pueblos o municipios *campesinos*. En *este* sentido cotidiano, *campesino* no se refiere a otro grupo o realidad humana diferente de los indígenas, como estos tampoco son algo diferente a los *pueblos originarios*. *Campesino* es, en la Constitución, solo un vocablo utilizado históricamente, sobre todo desde 1952, para rehabilitarse frente a la despectiva expresión *indígena*.

En definitiva, a partir de la Constitución Política se utiliza la expresión territorio indígena originario campesino para referirse a lo mismo que quería apuntar la *Ley INRA* de 1996 con la expresión Tierras Comunitarias de Origen, esto es, territorios que están llamados a utilizar sus propios recursos naturales y, con ciertas limitaciones, regirse por sus propias normas.

33.2. La autonomía indígena originario campesina

La autonomía indígena constituye la puesta en práctica de un concepto que ha ido imponiéndose en la conciencia occidental en las últimas décadas: la de que el problema indígena es económico y social, y no una cuestión moral.[257] La autonomía en Bolivia es entendida como aquella cualidad asignada por la Constitución y las leyes a determinadas unidades territoriales subnacionales; es decir, divisiones territoriales menores a las del Estado boliviano, cualidad o atributo en virtud del cual pueden autoreglamentarse, es decir, dictarse autónomamente reglamentos e incluso en ciertas materias autolegislar —"legislativa, reglamentaria y fiscalizadora", dice el artículo

---

257 "La tendencia a considerar el problema indígena como un problema moral encarna una concepción liberal, humanitaria, ochocentista, iluminista, que en el orden político de Occidente anima y motiva las *ligas de los Derechos del Hombre*. "El concepto de que el problema del indio es un problema de educación no aparece sufragado ni aún por un criterio estricta y autónomamente pedagógico". Mariátegui, José Carlos. *Op. cit.* en nota 233.

272 de la Constitución—. Si no hay atribución de autolegislar, la entidad territorial será desconcentrada o descentralizada, pero no autónoma.

La Constitución del año 2009 reconoce la autonomía a tres niveles: de departamentos, de municipios y de "naciones y pueblos indígena originario campesinos"; no así a nivel de provincias o de distritos municipales, los que solo tienen una autonomía *administrativa*, esto es, para ejecutar y aplicar leyes y reglamentos recibidos de un nivel superior. Las regiones —conjunto de municipios o provincias— gozan solo de una *autonomía regional*, que se traduce en que no tienen más competencia que las que les sean transferidas o delegadas (artículo 301 de la CP).

El artículo 289 de la CP define la autonomía Indígena Originario Campesina (IOC) como "el autogobierno de las naciones y pueblos indígena originario campesinos, cuya población comparte territorio, cultura, historia, lenguas y organización o instituciones jurídicas, políticas, sociales y económicas propias". El artículo 291, inciso 1º, agrega que tienen ese rango "los territorios IOC y los municipios y regiones que adoptan tal cualidad". Tanto esta autonomía IOC como las entidades territoriales que la ejercen es, según el artículo 2 de la CP, no algo *otorgado* por el Estado a estos pueblos y naciones, sino un derecho anterior y que el Estado solo reconoce y garantiza.

Entendiendo por territorio el espacio geográfico apropiado de un grupo de personas, una *entidad territorial* es la organización institucional que gestiona el gobierno estatal en un territorio determinado. Así, el Territorio Indígena Originario Campesino es la unidad territorial sobre la que una nación y pueblo indígena originario campesino, o parte de ella o de él, se asienta y ejerce su autogobierno y libre determinación, de acuerdo con sus normas, instituciones, autoridades y procedimientos (artículos 269, 289 y 290 de la CP); y las Entidades Territoriales Indígena Originario Campesinos (ETIOC) son los órganos de autogobierno IOC para gestionar un territorio autónomo.

Ahora bien, en términos geográficos, los TIOC pueden ser espacios grandes o reducidos, continuos o discontinuos.[258] Un TIOC puede acoplarse a un territorio municipal y ser, por tanto, un territorio municipal IOC —*municipio indígena*— o, si es muy chico, puede ser, a la vez, un distrito municipal IOC —*distrito indígena*—; y si es mayor, puede que llegue a ser *región indígena*. En cambio, al menos la CP de 2009, no prevé la posibilidad de un departamento indígena.

Sin embargo, en la cuarta parte de la CP, referida a la estructura económica, en el capítulo de "Tierra y territorio", hay un uso específico de la noción de *territorio indígena* para referirse a aquellos TIOC que son propiedad colectiva de los TIOC que los utilizan. Esta propiedad colectiva emana del reconocimiento de las Tierras Comunitarias de Origen (TOC) referidas en el artículo 171 de la reforma constitucional de 1994, que se aceptaron como una forma de propiedad agraria en la *Ley INRA* de 1996 y fueron ratificadas por la Disposición Transitoria 7º que prescribe: "A efectos de la aplicación del parágrafo I del artículo 293 de esta Constitución, el *territorio indígena* tendrá como base de su delimitación a las Tierras Comunitarias de Origen".

La CP ofrece dos vías de transformación de los territorios IOC existentes en entidades territoriales indígena originario campesinas y, de esa manera, hacer operativa la autonomía

---

258 Recordemos que, como explicábamos a propósito de los ayllus, la necesidad de supervivencia en diferentes estaciones explica que existieran y aún existen territorios indígenas ubicados discontinuamente, esto es, en diferentes estratos ecológicos.

indígena originaria campesina: a) los municipios indígenas; y b) las TCO transformadas en *territorios indígenas*.

33.3. Los municipios indígenas y las Tierras Comunitarias de Origen transformadas en territorios indígenas

A los municipios indígenas se refieren los artículos 291 a 294 de la CP. Su reconocimiento tiene como precedente la Ley de Participación Popular, inicialmente bajo la figura de *Organizaciones Territoriales de Base* y, más adelante, en la reglamentación, como posibles *distritos indígenas*, es decir, subdivisiones jurisdiccionales dentro del municipio, según decisión de cada alcalde. La figura jurídica de *municipio indígena* fue finalmente aceptada en el artículo 5 de la Ley 2235 del Diálogo Nacional 2000, del 31 de julio de 2001. El artículo 294, inciso 2º, de la CP señala las exigencias para lograr esta transformación: "La decisión de convertir un municipio en autonomía indígena originario campesina se adoptará mediante referendo conforme a los requisitos y condiciones establecidas por la Constitución y la ley".

Como ya se ha señalado, las Tierras Comunitarias de Origen están en la base de los territorios indígena originario campesinos descritos en la cuarta parte de la nueva CP, sobre la "Estructura y Organización Económica del Estado" (artículo 394, inciso 3º, y 403; 291, inciso 1º, y 293, inciso 1º; y Disposición Transitoria 7º). La demanda, titulación y gestión de las TCO existe desde que esta figura se reconoció en la reforma constitucional de 1994 y se empezó a concretar con la *Ley INRA* de 1996, que reconoció a las TCO como una nueva forma de *propiedad colectiva*.

La propiedad en las TCO se hace extensiva no solo a la tierra, sino también a los demás recursos naturales renovables. La *Ley INRA* había aclarado que bajo el nombre de TCO debía entenderse también *territorio indígena*, como lo usa el Convenio 169 de la OIT (artículo 13), ya entonces ratificado por Bolivia. Pero recién la nueva CP permite el tránsito de la TCO del régimen de propiedad agraria al carácter de *entidad territorial*.

Para transformar una TCO en autonomía indígena no se requiere referéndum formal, porque rigen sus usos y costumbres, lo que se hace extensivo a forma de manifestarse. Solo se exige que la TCO esté ya consolidada. El artículo 293 de la CP señala: "La autonomía indígena basada en territorios indígenas consolidados y aquellos en proceso, una vez consolidados, se constituirá por la voluntad expresada de su población en consulta en conformidad a sus normas y procedimientos como único requisito exigible". Cumpliéndose la exigencia de un título consolidado y la voluntad de la población, no hace falta más que un trámite administrativo (Disposición Transitoria 7º de la CP).

Sin embargo, se produce un problema con algunas TCO que cruzan límites municipales y algunas, incluso, límites departamentales. Ante eso, el inciso 2º del artículo 293 de la CP dispone: "Si la conformación de una autonomía indígena originario campesina afectase límites municipales, deberá seguirse un procedimiento ante la Asamblea Legislativa Plurinacional para su aprobación". De las diversas TCO, hay algunas ya *tituladas* y otras que están *en proceso*. Es notoria, además, la diferencia entre las TCO de *tierras bajas*, generalmente tituladas desde hace más tiempo que en la región andina. Cabe destacar que las últimas demandas de tierras bajas se ubican sobre todo en el Chaco, norte de La Paz y la provincia Ballivián del Beni. En la región andina han aumentado sobre todo en áreas de ayllus de Oruro, Potosí y el sudoeste de La Paz.

Existen municipios sin ninguna TCO en su interior. Es lo que ocurre en la mayoría de los casos en los departamentos de Chuquisaca, La Paz, Cochabamba, Tarija, Santa Cruz y Pando. En cambio, solo son minoría en los departamentos de Oruro, Potosí y Beni; es decir, en esos departamentos la mayoría de los municipios que los integran tienen TCO en su interior. En las tierras bajas hay amplios sectores donde no hay indígenas o son minorías, sobre todo en Tarija, Pando y Santa Cruz; pero, al mismo tiempo, es justamente en los municipios con mayoría no indígena en los que las minorías indígenas locales más utilizan el recurso de la TCO para asegurar su supervivencia y formas de vida. No debe olvidarse que en el Beni, justamente, surgió la *Marcha por el Territorio y la Dignidad*, en 1990, que colocó en el tapete el tema de los territorios indígenas.

En la *región andina*, las cifras más altas sin solicitud de TCO corresponden a los departamentos y regiones con mayor presencia de exhaciendas. El escaso número de solicitudes en Chuquisaca, Cochabamba y La Paz se explica porque son regiones que desde antes de la colonia eran ayllus *discontinuos* que, con la colonia, pasaron pronto a ser haciendas. Se trata de municipios con alta conservación de la lengua y rasgos culturales andinos, pero sin referencia existencial a sus ayllus, tempranamente perdidos. En los municipios altiplánicos más céntricos, desde las orillas del lago Titicaca hacia el sur, ha habido también pocas solicitudes, pues se trata de una zona agrícola integrada al mercado y que consolidó su titulación con la reforma de 1953. En contraste, la mayoría de los municipios de Oruro y Potosí, más los de La Paz al sudoeste del río Desaguadero, son los que más TCO han solicitado.

Lo normal es que las TCO sean solo parte de un solo municipio. En estos casos, las TCO pasan a ser distritos municipales indígenas. Esta situación se da mucho más en la región andina, y allí es frecuente que un mismo municipio tenga varias solicitudes, correspondientes a otros tantos ayllus, chicos o grandes. Ocurre sobre todo en Oruro y

Potosí. Mucho menos frecuente es la situación de que una o más TCO conformen íntegramente un municipio. Esto se da casi siempre en las zonas andinas y respecto de los que fueran antiguamente una *marka* andina. Uno de los casos más paradigmáticos es el de Jesús de Machaca, en que la mayoría de sus ayllus han solicitado ser TCO casi al mismo tiempo como parte de un mismo municipio, por la conciencia que tenían los dirigentes de cierta coincidencia y continuidad histórica entre la antigua marka aimara, conformada por varios ayllus, y la actual delimitación del municipio.

También se han presentado TCO que abarcan varios municipios. Esta situación se da solo en cinco casos, que involucran a dieciocho municipios. Esta realidad genera el desafío de precisar cómo entender estas propiedades colectivas tan extensas y qué autoridad supramunicipal podría asumir la gestión de esta propiedad colectiva. La ley marco deberá zanjar estas dudas y llenar estos vacíos. Existen, finalmente, TCO divididas por fronteras municipales. Aunque en estos casos el proceso de titulación puede ser sencillo, normalmente requerirán trámites relativamente lentos y engorrosos. Además, pueden chocar con la resistencia de los municipios actuales. En el altiplano aimara, varias de estas TCO reconstruyen, una vez más, una antigua *marka*, cuya unidad histórica y cotidiana había quedado fragmentada por modernos municipios creados sin tomar en cuenta esta situación.

Muy compleja es la situación de los territorios indígenas discontinuos, esto es, ubicados *salpicadamente* en diversos municipios. En el oriente, en algunas tierras bajas, hay asentamientos indígenas que se extienden a lo largo de ríos y afluentes, interrumpidos por propiedades particulares de no indígenas. Es el caso, típicamente, de los mosetenes —comunidades de Santa Ana, Muchane, Covendo, Inicua, Asunción del Quiquibey, Simay y Cogotay; en los departamentos de La Paz y el Beni—.[259]

---

259 http://www.bolivia.com/empresas/cultura/Pueblos_Indigenas/moseten.asp

Si el territorio titulado es realmente continuo, pero con asentamientos dispersos y entreverados con pobladores no indígenas, corresponde que estos últimos se ajusten a las normas de convivencia definidas por los indígenas realmente dueños y gobernantes del territorio. En la zona andina, el problema se da típicamente en los ayllus al norte de Potosí, que históricamente se asentaron en distintos pisos ecológicos mediante territorios discontinuos en diversas localidades desde las alturas —o *suni*— hasta los valles —o *lik'ina*—, con frecuencia cruzando varios municipios. Un ejemplo notable de esta atomización lo ofrece Potosí, donde la explotación a través de la mita del cerro Rico provocó la existencia de *islas de ayllus* de muchas partes en el contorno de la ciudad.

Sin embargo, los territorios discontinuos en la zona andina tienen características muy diferentes a los de las tierras bajas del oriente. En la región andina, el porcentaje originario quechua y/o aimara dentro de cada municipio es altísimo: once de sus trece municipios tienen más de un 90 por ciento indígenas originarios, por lo que califican para ser municipios indígenas. Por otra parte, en la región de puna, el proceso paralelo de titular los ayllus mayores como TCO ha sido más amplio y temprano que en los valles. En la región de valles, donde sí hay discontinuidades, las tierras se han titulado o están en vías de hacerlo como nuevas TCO más pequeñas.

Los tres pueblos más numerosos de las tierras bajas son los chiquitanos, guaraníes[260] y moxeños.[261] Los chiquitanos son los más numerosos —casi doscientos mil o el 2,2 por ciento

---

260 http://www.bolivia.com/empresas/cultura/Pueblos_Indigenas/Guarayo.asp
261 La comunidad moxeña se reúne tras la dirección de un cacique. Las decisiones conjuntas de las comunidades moxeñas son inmediatamente transmitidas a la Central de Pueblos Indígenas del Beni (CPIB). La CPIB es parte fundamental de la organización matriz CIDOB y ambas se encuentran muy relacionadas con los pueblos moxeños y sirionó. De estos dos grupos étnicos, unidos más tarde con los yuracaré y los movima, surgió la histórica Marcha por el Territorio y la Dignidad.

del total nacional— y se emplazan en forma contigua y relativamente uniforme. Son mayoritariamente urbanos — el 68,4 por ciento—: muchos de ellos viven en la ciudad de Santa Cruz y en los centros urbanos de la misma Chiquitanía. Por otra parte, solo un 2,4 por ciento de este pueblo originario habla aún su lengua —chiquito o besiro— y existe una creciente asimilación con población no indígena. Se cree que más que una identificación de nación o pueblo hay de por medio una cuestión regionalista, porque existen diez municipios cuya población se autoidentifica como chiquitana.[262]

En el Chaco, el pueblo guaraní es muy distinto. Son unos ciento treinta y un mil individuos, de los cuales un 48 por ciento vive en Santa Cruz y otras ciudades intermedias. Actualmente, solo un 45 por ciento habla la lengua, aunque en algunos lugares los hablantes alcanzan el 80 por ciento y más, esto es, niveles semejantes a los del quechua y aimara en la región andina. Gozan de un elevado orgullo étnico, a consecuencia de una historia de resistencia a la colonia y a la República, pero disponen de un territorio muy fragmentado por los conflictos bélicos y la creciente expansión de las fincas, sobre todo ganaderas, a su costa. Desde hace décadas, los guaraníes han sido muy activos en su reconstrucción como nación-pueblo desde diversos frentes, incluyendo una presencia creciente en algunos gobiernos municipales. La existencia de algunos conflictos patronales, la fuerte influencia de las empresas petroleras y las numerosas colonias menonitas[263] en expansión hacen de este pueblo una zona de gran dinamismo.

---

262   Para conocer más sobre los chiquitanos y sus municipios, ver en http://www.mancochiquitana.org/

263   Las primeras familias de menonitas —seguidores de la doctrina anabaptista del reformador holandés del siglo XVI, Mennon— llegaron a Bolivia en 1954. Ahora hay entre cincuenta mil y sesenta mil menonitas canadienses, mexicanos, bolivianos, paraguayos y estadounidenses en unas sesenta colonias, dedicadas a la agricultura y la ganadería, con su

Los moxos suman aproximadamente ochenta y un mil personas y se concentran en las tres provincias benianas de Moxos, Cercado —con la capital, Trinidad— y Marbán, con sus cinco municipios. El municipio de San Ignacio de Moxos es el que mejor califica para poder ser municipio indígena autónomo, por su 70 por ciento de población moxeña. Fue allí donde nació la *Marcha Indígena por el Territorio y la Dignidad* de 1990, el primer empuje de un movimiento que lo integraron más tarde diversos pueblos indígenas amazónicos. Loreto es el otro municipio con mayoría indígena si se le suman los moxeños, los de otros pueblos indígenas orientales y algunos collas.

33.4. Contenido y competencias de las autonomías indígenas

La Declaración de las Naciones Unidas sobre los Derechos de los Pueblos Indígenas, que es Ley del Estado boliviano, dispone que "los pueblos indígenas tienen derecho a la libre determinación. En virtud de ese derecho, determinan libremente su condición política y persiguen libremente su desarrollo económico, social y cultural" (artículo 3); que, en ejercicio de su derecho de libre determinación, "tienen derecho a la autonomía o el autogobierno en las cuestiones relacionadas con sus asuntos internos y locales, así como a disponer de los medios para financiar sus funciones autónomas" (artículo 4); y "a conservar y reforzar sus propias instituciones políticas, jurídicas, económicas, sociales y culturales, manteniendo, a la vez, su derecho a participar plenamente, si lo desean, en la vida política, económica, social y cultural del Estado".

Para ver cómo plasman la Constitución y la estructura del Estado boliviano estas autonomías hay que distinguir

---

estilo de vida fundamentalista y arcaico, en la región oriental de Santa Cruz, la amazónica de Beni y la sureña de Tarija.

diversas clases de competencias. El artículo 297 de la CP permite formular la distinción: a) *Privativas*, aquellas cuya legislación, reglamentación y ejecución no se transfiere ni delega, y están reservadas para el nivel central del Estado; b) *Exclusivas*, aquellas en las cuales un nivel de gobierno tiene sobre una determinada materia las facultades legislativa, reglamentaria y ejecutiva, pudiendo transferir y delegar estas dos últimas; c) *Concurrentes*, aquellas en las que la legislación corresponde al nivel central del Estado y los otros niveles ejercen simultáneamente las facultades reglamentaria y ejecutiva; y d) *Compartidas*, las sujetas a una legislación básica de la Asamblea Legislativa Plurinacional, cuya legislación de desarrollo corresponde a las entidades territoriales autónomas, de acuerdo con su característica y naturaleza. La reglamentación y ejecución correspondería a las entidades territoriales autónomas.

Las principales competencias autonómicas, exclusivas de las naciones y pueblos indígena originario campesinos, son:

1. La fundamental es la competencia para *elaborar sus propios estatutos*, sin más control que los señalados para cualquier autonomía por el artículo 275 de la CP. Cada órgano deliberativo de las entidades territoriales elaborará de manera participativa el proyecto de Estatuto o Carta Orgánica, el que deberá ser aprobado por dos tercios del total de sus miembros, y previo control de constitucionalidad, entrará en vigencia como norma institucional básica de la entidad territorial mediante referendo aprobatorio en su jurisdicción.

2. En segundo lugar, es fundamental también la competencia para participar, desarrollar y ejecutar los mecanismos de *consulta previa, libre e informada*. Generalmente, estas consultas tienen relación con el desarrollo de actividades de grandes empresas dentro

de territorios o municipios indígenas, por ejemplo, para actividades mineras, petroleras y madereras, o grandes proyectos hidroeléctricos. Como un derecho, la consulta previa ya fue incluida en el Convenio 169 de la OIT (artículos 6 y 15), sobre todo con relación a actividades empresariales. La Declaración de las Naciones Unidas (2007) amplía ese derecho a otros muchos ámbitos e insiste en la necesidad de que los Estados actúen siempre en consulta con los pueblos. El artículo 19, por ejemplo, que se refiere a "adoptar y aplicar medidas legislativas y administrativas que los afecten"; señala que los Estados deben hacer dichas consultas "cooperando de buena fe" con los pueblos indígenas y recurriendo a "sus instituciones representativas (…) para obtener su consentimiento libre, previo e informado". Y el artículo 32, inciso 2º, lo repite en relación a "aprobar cualquier proyecto que afecte a sus tierras o territorios, y otros recursos, particularmente en relación con el desarrollo, la utilización o la explotación de recursos minerales, hídricos o de otro tipo".

3. La autonomía para decidir políticas de turismo. El etnoturismo, que en la actualidad arroja grandes dividendos para agencias de turismo extranjeras e incluso internacionales, suele hacerse sin respeto a lugares considerados sagrados, a recursos intangibles y, sobre todo, sin oír a los pueblos indígenas, que justamente constituyen el atractivo turístico. Ello conlleva muchas veces el riesgo de degradación de las culturas ancestrales.

4. Finalmente, tal vez lo más novedoso, la autonomía relativa al ejercicio de la *jurisdicción indígena originario campesina* dentro del Poder Judicial. El Poder Judicial se mantiene centralizado en el nivel nacional, de modo que ni la autonomía departamental, ni la municipal tienen una competencia judicial equivalente. Luego de ratificar que "la función judicial es única", el artículo 179 establece

que hay tres jurisdicciones: la ordinaria, la agroambiental y la Indígena Originario Campesina, *todas de la misma jerarquía*.

El artículo 190 de la CP aclara que "las naciones y pueblos indígena originario campesinos ejercerán sus funciones jurisdiccionales y de competencia a través de sus autoridades, y aplicarán sus principios, valores culturales, normas y procedimientos propios"; mientras que el artículo 191 precisa que esta jurisdicción se ejerce tomando en cuenta tres ámbitos de vigencia, a saber: "personal, material y territorial". Es decir, los sujetos deben ser miembros de la nación o pueblo indígena originario campesino, "sea que actúen como actores o demandados, denunciantes o querellantes, denunciados o imputados, recurrentes o recurridos"; y "las relaciones y hechos jurídicos (...) o sus efectos" deben producirse "dentro de una jurisdicción de un pueblo IOC".

Sin embargo, quedan muchas dudas que deberá precisar una Ley de Deslinde Jurisdiccional que, además, "determinará los mecanismos de coordinación y cooperación" entre estas dos jurisdicciones y cualquier otra —como la agroambiental y la militar—. Es cabalmente esta Ley de Deslinde la que tendrá que profundizar este asunto tan complejo para determinar los alcances reales y los mecanismos operativos más adecuados. La meta es que el pluralismo jurídico sea realmente el estilo de todo el Poder Judicial, y que, a la vez, ello no degenere en caos, sino más bien favorezca un enriquecimiento y aceleramiento de todo el sistema judicial.

Cabe aclarar, eso sí, que tal como ahora está diseñada, esta jurisdicción IOC acaba en sí misma, sin tener más instancias superiores de apelación. Es parte de la *igual jerarquía* que, muy correctamente, se reconoce a las dos jurisdicciones. A ello se debe, entonces, que el único recurso posible sea el Tribunal Constitucional Plurinacional, precisamente para que ejerza un control de la constitucionalidad (artículo 196 de la CP), no para que dicte otra sentencia.

33.5. La ley marco 031 de autonomías y descentralización "Andrés Ibáñez", del 19 de julio de 2010

Esta Ley tiene por objeto regular la descentralización y las autonomías[264] por mandato del artículo 271 de la CP, teniendo como ámbito de aplicación los órganos del nivel central del Estado y las entidades territoriales autónomas, sobre la base de ciertos principios fundamentales. Estos son (artículo 5 de la Ley):

- 1. *Unidad.* "El régimen de autonomías se fundamenta en la indivisibilidad de la soberanía y del territorio boliviano, la cohesión interna del Estado y la aplicación uniforme de las políticas de Estado".
- 2. *Voluntariedad.* Las naciones y pueblos indígena originario campesinos y las ciudadanas y ciudadanos de las entidades territoriales ejercen libre y voluntariamente el derecho a acceder a la autonomía.
- 3. *Solidaridad.* Los gobiernos autónomos actuarán conjunta y coordinadamente con el nivel central del Estado en la satisfacción de las necesidades colectivas, y deberán utilizar mecanismos redistributivos para garantizar un aprovechamiento equitativo de los recursos.
- 4. *Equidad.* La organización territorial del Estado, el ejercicio de competencias y la asignación de recursos deberán garantizar el desarrollo equilibrado interterritorial, la igualdad de oportunidades y el acceso a los servicios públicos para toda la población.

---

264 Se pueden consultar algunos estatutos autonómicos. Departamental de Tarija:

- 5. *Bien común.* La actuación de los gobiernos autónomos se fundamenta y justifica en el interés colectivo, sirviendo con objetividad los intereses generales en la filosofía del vivir bien.
- 6. *Autogobierno.* En los departamentos, las regiones, los municipios y las naciones y pueblos indígena originario campesinos, la ciudadanía tiene el derecho a dotarse de su propia institucionalidad gubernativa y elegir directamente a sus autoridades en el marco de la Constitución Política del Estado.
- 7. *Preexistencia de las naciones y pueblos indígena originario campesinos.* "Dada la existencia precolonial de las naciones y pueblos indígena originario campesinos, y su dominio ancestral sobre sus territorios, se garantiza su libre determinación en el marco de la unidad del Estado, que consiste en su derecho a la autonomía, al autogobierno, a su cultura, al reconocimiento de sus instituciones y a la consolidación de sus entidades territoriales".
- 8. *Igualdad.* La relación entre las entidades territoriales autónomas es armónica, proporcional, implica un trato igualitario y recíproco entre ellas, y no admite subordinación jerárquica ni tutela entre sí.
- 9. *Complementariedad.* El régimen de autonomías supone la concurrencia de todos los esfuerzos, iniciativas y políticas del nivel central del Estado y de los gobiernos autónomos, dirigidos a superar la desigualdad e inequidad entre la población y a garantizar la sostenibilidad del Estado y de las autonomías.
- 10. *Reciprocidad.* El nivel central del Estado, los gobiernos autónomos y las administraciones descentralizadas regirán sus relaciones en condiciones de mutuo respeto y colaboración.

- 11. *Equidad de género.* Las entidades territoriales autónomas garantizan el ejercicio pleno de las libertades y los derechos de mujeres y hombres reconocidos en la Constitución Política del Estado, generando las condiciones que contribuyan al logro de la justicia social, la igualdad de oportunidades, la sostenibilidad e integralidad del desarrollo en las entidades territoriales autónomas, en la conformación de sus gobiernos, en las políticas públicas, en el acceso y ejercicio de la función pública.
- 12. *Subsidiariedad.* La toma de decisiones y provisión de los servicios públicos debe realizarse desde el gobierno más cercano a la población, excepto por razones de eficiencia y escala se justifique proveerlos de otra manera.
- Los órganos del poder público tienen la obligación de auxiliar y sustituir temporalmente a aquellos que se encuentren en caso de necesidad, garantizando el Estado que los derechos ciudadanos sean efectivos.
- 13. *Gradualidad.* Las entidades territoriales autónomas ejercerán sus competencias de forma progresiva y de acuerdo con sus propias capacidades.
- 14. *Coordinación.* La relación armónica entre el nivel central del Estado y los gobiernos autónomos constituye una obligación como base fundamental que sostiene el régimen de autonomía. El nivel central del Estado es responsable de la coordinación general del Estado.
- 15. *Lealtad institucional.* El nivel central del Estado y las entidades territoriales autónomas tomarán en cuenta el impacto que sus acciones puedan tener sobre el nivel central del Estado y otras entidades territoriales, evitando aquellas que las perjudiquen, promoviendo el diálogo en torno a las medidas susceptibles de afectarlas negativamente, y facilitando toda información pública necesaria para su mejor desempeño.

- 16. *Transparencia.* Los órganos públicos del nivel central del Estado y de las entidades territoriales autónomas facilitarán a la población en general y a otras entidades del Estado el acceso a toda información pública en forma veraz, oportuna, comprensible y confiable, y deberán hacer un manejo honesto de los recursos públicos.
- 17. *Participación y control social.* Los órganos del poder público en todos sus niveles garantizarán la participación y facilitarán el control social sobre la gestión pública por parte de la sociedad civil organizada.
- 18. *Provisión de recursos económicos.* Es la responsabilidad compartida de los órganos públicos en la determinación de la fuente de recursos y la asignación de estos para el ejercicio de las competencias establecidas en la Constitución Política del Estado.

En este contexto, la Ley define al Territorio Indígena Originario Campesino (TIOC) como aquel territorio ancestral sobre el cual se constituyeron las tierras colectivas o comunitarias de origen, debidamente consolidadas conforme a ley, y que han adquirido esta categoría, mediante el procedimiento correspondiente, ante la autoridad agraria, en el marco de lo establecido en los artículos 393 a 404, y la segunda parte de la Disposición Transitoria 7º de la Constitución Política del Estado.

Cumpliendo el TIOC los requisitos y procedimientos establecidos, se conformará en este un gobierno autónomo indígena originario campesino. Este territorio será aprobado por ley como unidad territorial, por lo que adquirirá un doble carácter. En este caso, se rige por los artículos 269 a 305, y la primera parte de la Disposición Transitoria 7º de la Constitución Política del Estado.

La ley define a las Naciones y Pueblos Indígena Originario Campesinos (N y P IOC) como aquellos "pueblos y naciones que existen con anterioridad a la invasión o colonización, [que] constituyen una unidad sociopolítica, históricamente desarrollada, con organización, cultura, instituciones, derecho, ritualidad, religión, idioma y otras características comunes e integradas". Según explica la ley, estas naciones y pueblos se encuentran asentados en un territorio ancestral determinado y mediante sus instituciones propias.

33.6. LA AUTONOMÍA INDÍGENA EN OTRAS LEYES FUNDAMENTALES APROBADAS POR LA ASAMBLEA LEGISLATIVA PLURINACIONAL. PERSPECTIVAS DEL DESLINDE JURISDICCIONAL[265]

Del 16 de junio de 2010 data la Ley 018, Ley del Órgano Electoral Plurinacional, que norma el ejercicio de la función electoral, jurisdicción, competencias, obligaciones, atribuciones, organización, funcionamiento, servicios y régimen de responsabilidades del Órgano Electoral Plurinacional, para garantizar la democracia intercultural en Bolivia; y lo componen el Tribunal Supremo Electoral, los Tribunales Electorales Departamentales, los Juzgados Electorales, los Juzgados de las Mesas de Sufragio y los Notarios Electorales.

Entre los principios que inspiran el órgano electoral están el de plurinacionalidad y el de interculturalidad. En virtud del primero, el Órgano Electoral Plurinacional asume y promueve la existencia plena de las naciones y pueblos indígena originario campesinos y de las comunidades interculturales y afrobolivianas que conforman el Estado Plurinacional de Bolivia. En mérito

---

265 Cfr. Clavero, Bartolomé. "Constitucionalismo, pluralismo, colonialismo". Cfr. Clavero, Bartolomé. "Constitucionalismo, pluralismo, colonialismo".
En http://clavero.derechosindigenas.org/wp-content/uploads/2010/12/BOLIVIA-Const-Desc-BLOG.pdf (al 08/12/2010)

al segundo, el Órgano Electoral Plurinacional asume y promueve el reconocimiento, la expresión y la convivencia de la diversidad cultural, institucional, normativa y lingüística, y el ejercicio de los derechos individuales y colectivos garantizados en la Constitución Política del Estado, que conforman una sociedad basada en el respeto y la igualdad entre todos para vivir bien.

Como era de suponer, se prescribe en el artículo 4 de la Ley que el Órgano Electoral Plurinacional asume y promueve los principios éticos de la sociedad plural e intercultural boliviana: *"Ama qhilla, ama llulla, ama suwa"* —"No seas flojo, no seas mentiroso, no seas ladrón"—, *"Suma qamaña"* —"Vivir bien"—, *"Ñandereko"* —"Vida armoniosa"—, *"Teko kavi"* —"Vida buena"—, *"Ivi maraei"* —"Tierra sin mal"— y *"Qhapaj ñan"* —"Camino o vida noble"—

Del 24 de junio de 2010 data la Ley 025 del Órgano Judicial, que regula la estructura, organización y funcionamiento del Órgano Judicial, que es el órgano del poder público mediante el cual se ejerce la función judicial, a través de distintas jurisdicciones: la jurisdicción ordinaria por el Tribunal Supremo de Justicia, los Tribunales Departamentales de Justicia, los Tribunales de Sentencia y los Juzgados; la jurisdicción agroambiental por el Tribunal Agroambiental y los Juzgados Agroambientales; las jurisdicciones especiales reguladas por ley; y la jurisdicción indígena originario campesina por sus propias autoridades, según sus normas y procedimientos propios.

Si se tiene en cuenta que la CP considera treinta y seis nacionalidades, y que la justicia originaria estará al mismo nivel que la central o formal, se entiende la complejidad de armonizar todas y cada una de ellas entre sí y respecto de la justicia central y los instrumentos internacionales vinculantes para el Estado Plurinacional de Bolivia. Entre las treinta y seis nacionalidades reconocidas están la aimara, quechua, araona, baure, bésiro, chimán, chácobo, guarayu, weenhayek, ese ejja, yuracaré y mojeña. En general, las justicias originarias no tienen el concepto de delito, sino el de faltas, como la infidelidad, el chisme, el abigeato, el robo y problemas de tierras. Los castigos también varían entre una y otra nación indígena. Por ejemplo, en el oriente, el amarrar a un hombre al palosanto, un árbol en el que hay hormigas agresivas, es aplicado a faltas como el robo, mientras que en los pueblos del oriente y del occidente, el castigo mayor es el destierro. En el occidente, los consejos de ayllus aplican justicia desde sus jilankos, segunda mayor, mallku, kura mallku, apu mallku y el jiliry mallku. En el oriente existe la estructura del corregidor, el capitán grande, los caciques, segundo cacique y comisarios. En general, se trata de reconocer a una justicia que es gratuita, pública, preventiva, oral, reparadora e inmediata.

Frente a toda esa diversidad, el Tribunal Constitucional Plurinacional resolverá los conflictos de competencias y atribuciones que existan entre la Justicia Originaria y la Ordinaria, según se establece en el anteproyecto de Ley de Deslinde Jurisdiccional. En efecto, el artículo 10 del anteproyecto refiere que, cuando haya conflictos de competencia entre jurisdicciones, "serán resueltos por el Tribunal Constitucional, resguardando el respeto y la vigencia de los derechos colectivos e individuales de las naciones o pueblos". En el anteproyecto también se prevé que para resolver las acciones constitucionales en contra de decisiones de las autoridades de la jurisdicción indígena, obligatoriamente se formarán tribunales mixtos entre autoridades indígenas y de la jurisdicción ordinaria. En definitiva, la Ley de Deslinde Jurisdiccional[266],anunciada por el artículo 5 de la Ley del Órgano Judicial, será la encargada de fijar mecanismos de coordinación, cooperación y complementariedad

---

266 Sobre las formas de justicia originaria para las treinta y seis naciones indígenas reconocidas en la CP, ver http://www.ftierra.org/ft/index.php?option=com_content&view=article&id=2706:rair&catid=98:noticias&Itemid=175

entre la jurisdicción indígena originaria campesina —que antes era denominada justicia comunitaria— con la jurisdicción ordinaria y la jurisdicción agroambiental y todas las jurisdicciones constitucionalmente reconocidas. A la fecha en que se escribe este trabajo, la Ley de Deslinde Jurisdiccional no había sido promulgada, y generaba amplio debate, sobre todo por los riesgos —denunciados por la oposición— de que se legitimaran formas de administrar justicia ancestral que pudieran atentar contra los derechos humanos universalmente reconocidos.[267]

---

267   Nota del Editor: Debido a la extensión de algunas notas al pie, se ha colocado su continuación en Notas Finales.

Notas finales

10-Víctor Raúl Haya de la Torre también lo ha calificado del mismo modo: "...el pueblo incaico —laborioso, disciplinado, panteísta y sencillo— vivía con bienestar material. Las subsistencias abundaban; la población crecía (...). La organización colectiva, regida por los Incas, había enervado en los indios el impulso individual (...). Los Incas sacaban toda la utilidad social posible de esta virtud de su pueblo (...). Al comunismo incaico —que no puede ser negado ni disminuido por haberse desenvuelto bajo el régimen autocrático de los Incas— se le designa por esto como comunismo agrario". En Haya de la Torre, Víctor. *Ideario de acción aprista*. Buenos Aires, 1930, p. 118.

11-Ataca a Haya de la Torre, Mariátegui y Baudin, entre otros, en forma lapidaria: "Hablar en los días que vivimos del Imperio de los incas en los términos en que generalmente se hace, presentándolo, ya sea como socialista o como comunista, tanto de parte de distinguidos profesores como de prestigiosos sociólogos o dirigentes políticos que aparecen como de izquierda, solosolo puede deberse a ignorancia, aunque esa ignorancia se nos presente disimulada detrás de brillantes títulos universitarios o de sesudos análisis, pretendidamente marxistas". En Justo, Liborio. Bolivia: la revolución derrotada. Buenos Aires, 2007, p. 26. Incluso, califica a Baudin de "reaccionario", citando una afirmación sugerente del profesor francés: "Se dirá, quizás, es verdad, que si no existía esclavitud en el Perú es porque la población entera era esclava. Pero hay que confesar que, en un sistema socialista, la diferencia entre el hombre libre y el esclavo es, a veces, difícil de establecer". En Justo, Liborio. Ibíd., p. 37. Después de desarrollar largamente su tesis, Liborio Justo recapitula, citando a Alejandro Lipschutz, quien se expresa en los siguientes términos: "Tomando en cuenta la existencia de la comunidad indígena en el Perú como base de su organización económica, social y política, varios autores la han declarado comunista o socialista; los unos para ensalzarla notablemente, como Mariátegui y Castro Pozo, otros para rebajarla, como Baudin (1928). Sin embargo, es de tal modo evidente que estos autores están en el error. El mundo incaico es una sociedad netamente privilegiada, comparable con la sociedad señorial o feudal europea, aunque distinta de ella en un sinnúmero de importantes aspectos. La clase privilegiada hace uso de los elementos colectivistas de la propiedad y producción representados por la comunidad para sus fines egoístas. El Imperio incaico admite estos elementos colectivistas en cuanto le sirven para el mantenimiento de su régimen privilegiario". En Lipschutz, A. La comunidad indígena en América y en Chile. Santiago de Chile, 1956, p. 34, citado por Justo, Liborio. Ibíd., p. 41, nota 58. Mariátegui es contundente, sin embargo: "El dato demográfico es el más fehaciente y decisivo. Contra todos los reproches que —en el nombre de conceptos liberales, esto es, modernos, de libertad y justicia— se puedan hacer al régimen incaico, está el hecho histórico —positivo, material— de que aseguraba la subsistencia y el crecimiento de una población que, cuando arribaron al Perú los conquistadores, ascendía a diez millones y que, en tres siglos de dominio español, descendió a un millón. Este hecho condena al coloniaje y no desde los puntos de vista abstractos o teóricos, o morales —o como quiera calificárseles— de la justicia, sino desde los puntos de vista prácticos, concretos y materiales de la utilidad". En Mariátegui, José Carlos. Siete ensayos de interpretación de la realidad peruana. Lima, 2006, p. 55.

101-"1º: Que la igualdad entre todos los ciudadanos es la base de la Constitución de la República; 2º: Que esta igualdad es incompatible con el servicio personal que se ha exigido por fuerza a los naturales indígenas, y con las exacciones y malos tratamientos que por su estado miserable han sufrido estos en todos tiempos por parte de los jefes civiles, curas, caciques y aún hacendados; 3º: Que en la distribución de algunas pensiones y servicios públicos han sido injustamente encargados los indígenas; 4º: Que en el precio del trabajo a que ellos han sido dedicados de grado o por fuerza, así en la explotación de minas como en la labor de tierras y obrajes, han sido defraudados de varios modos; 5º: Que una de las pensiones más gravosas a su existencia es el pago de los derechos excesivos y arbitrarios que comúnmente suele cobrárseles por la administración de los Sacramentos…". El Decreto del 4 de julio de 1825 señala: "1º: Que a pesar de las disposiciones de las leyes antiguas nunca se ha verificado la repartición de las tierras con la proporción debida; 2º: Que la mayor parte de los naturales han carecido del goce y posesión de ellas; 3º: Que muchas partes de dichas tierras, aplicables a los llamados indios, se hallan usurpadas con varios pretextos por los caciques y recaudadores; 4º: Que el uso precario que se les concedió en el gobierno español ha sido sumamente perjudicial a los progresos de la agricultura y a la propiedad del Estado; 5º: Que la Constitución de la República no conoce la autoridad de los caciques, sino la de los intendentes de provincia y gobernadores de sus respectivos distritos, decreto: 1º: Que se ponga en ejecución lo mandado en los artículos 3º, 4º y 5º del decreto dado en Trujillo a 8 de abril de 1824 sobre repartición de tierras de comunidad". [Los artículos 3º, 4º y 5º del mencionado decreto decían: "3º: Las tierras llamadas de comunidad se repartirán conforme ordenanza entre todos los indios que no gocen de alguna otra suerte de tierra, quedando dueños de ellas, como las declara el artículo 2º; y vendiéndose las sobrantes según el artículo 1º; 4º: Se hará este repartimiento con consideración al estado de cada porcionero, asignándole siempre más al casado que al que no lo sea, y de manera que ningún indio pueda quedarse sin su respectivo terreno; 5º: Esta mensura se hará con consideración a las circunstancias locales de cada provincia, reduciéndose a la extensión correspondiente las tierras que con perjuicio de unos se han aplicado a otros por vía de posesión"]; 2º: En la masa repartible se incluirán aquellas de que se han aprovechado los caciques y recaudadores por razón de su oficio, esclareciéndolas los comisionados para la venta y distribución de las tierras; 3º: La mensura, repartición y ventas de tierras de cada provincia se ejecutará por personas de probidad e inteligencia que proponga en terna al prefecto la junta departamental luego de que se establezca bajo su responsabilidad, formándose por ella misma el arancel de las dietas y derechos que deban llevar aquellos en el desempeño de esta comisión; 4º: No se comprenden en el artículo 2º los caciques de sangre en posesión y los que acrediten su legítimo derecho, a quienes se declara la propiedad absoluta de las tierras que en repartimiento les hayan sido asignadas; 5º: Los caciques que no tengan ninguna posesión de tierra propia recibirán por su mujer y cada uno de sus hijos la medida de cinco tupus de tierra o una igual a esta en los lugares donde no se conozca la medida de tupus; 6º: Cada indígena, de cualquier sexo o edad que sea, recibirá una porción de tierra en los lugares pingües y regados; 7º: En los lugares privados de riego y estériles, recibirán dos tupus; 8º: Los indígenas que fueron despojados de sus tierras en tiempo del gobierno español para recompensar con ellas a los llamados pacificadores de la revolución del año 14, se les compensará en el repartimiento que se haga de las tierras de comunidad con un tercio más de terreno que el que se asigne a los demás que no hayan experimentado este perjuicio; 9º: Que la propiedad absoluta, declarada a los denominados indios en el artículo 2º del citado decreto, se entienda con la limitación de no poderlos enajenar hasta el año 50 y jamás en favor de manos muertas, so pena de nulidad [*manos muertas* eran bienes territoriales de la Iglesia o vinculados a mayorazgos]". *Simón Bolívar. Doctrina del Libertador.* Fundación Biblioteca Ayacucho, 1994, pp. 61 y 141.

110-

Año	Tributo	%
1827	618 115	41
1833	650 208	45
1836	635 695	41
1843	756 740	38
1847	877 836	35
1853	765 886	36
1856	836606	32
1862	859 205	31
1867	425 557	17
1871	339 779	20

121-Se señala en el referido Decreto Supremo que los decretos bolivarianos (de 1824 y de 1831) "no han tenido cumplimiento en 32 años que han transcurrido de la última, con grave perjuicio de la Nación, conservando a todos los individuos de la raza originaria del país en clase de precarios poseedores de tierras pertenecientes a sus padres por innumerables siglos, y cuya propiedad les arrebataron los españoles por la conquista, por medio de la fuerza o la violencia" (Considerando N° 3); "que los gobiernos, lejos de ejecutar aquellas, han dictado diferentes disposiciones en los años 1838 y 1842, declarando en las primeras que en las tierras de repartimientos los indígenas debían suceder a sus padres como en los bienes mayorazgales, por orden de primogenitura, prefiriéndose el varón a la hembra y el mayor al menor; y en la segunda, que las tierras que poseen los originarios son de la propiedad del Estado, no debiéndose considerar a aquellos sino como una especie de enfiteutas que pagan cierta cantidad al señor del dominio directo, por el usufructo; y cuando fenecida la familia de los poseedores quedasen vacantes dichas tierras, tocaba al gobernador, como representante del Estado, adjudicárselas a otro indígena, perteneciendo también a él solo el derecho de recoger las que hayan sido usurpadas para darles igual destino que a las vacantes" (Considerando 4°); "Que muchas posesiones o sayañas de indígenas se hallan poseídas por vecinos de los pueblos, sin título legítimo, con manifiesta usurpación de los derechos; sea de los originarios o del Estado a quien por las leyes pertenecen como bienes nacionales" (Considerando 5°); "Que ya es tiempo de elevar a los indígenas a la clase de propietarios de los terrenos que les pertenecen por la naturaleza y por la ley, haciendo cesar la injusticia que se cometió con ellos en tiempos de la dominación española, que ha continuado después de la Independencia por largos años hasta la presente época" (Considerando 6°); "Que asimismo es tiempo de que los sobrantes de los terrenos poseídos por los indígenas y los vacantes o baldíos se repartan unos entre los que no disfrutan de asignación alguna, conforme el citado decreto dictatorial del Libertador Bolívar, y que las demás se vendan a moneda pública, como bienes nacionales, conforme las leyes vigentes, para poder pagar los sueldos de los empleados a quienes se deben de ocho a diez meses, y promover las mejoras más urgentes reclamadas por el país".

168-http://www.iidh.ed.cr/multiCom/ Mapas%5CSeccionI%5CMexico%5CMex-%20PP%5CMex-%20 PP%2016

209-En otro texto, ha sostenido: "Se registra como derecho individual de ejercicio en comunidad o, según esta se califica, minoría, una expresión que venía de tiempos plenamente coloniales para significarse no un grupo minoritario en términos estadísticos, sino un estado de minoridad, la de los sectores humanos bien mayoritarios que el colonialismo había tenido por incivilizados, como si carecieran de cultura propia y la necesitasen prestada. En Naciones Unidas no se dedican a contar seres humanos para hablar de minorías. Si lo hicieran, se llevarían la sorpresa de que no es tan raro que sean mayorías o que se acerquen a ello dentro de los propios Estados. Y tendría que preguntarse por qué el Estado, y no la propia comunidad, es la unidad colectiva de medida". Clavero, Bartolomé. "Multiculturalismo constitucional, con perdón, de veras y en frío". En *Revista de Instituto de Estudios Vascos*, N° 47, 1-2002, p. 45.
Según una encuesta nacional efectuada por la Fundación UNIR y publicada en la versión digital del diario ERBOL, el 3 de octubre de 2008, el 67 por ciento de los bolivianos afirmaban pertenecer a algún pueblo indígena o campesino, superando en un 5 por ciento los resultados del censo del 2001, donde el 62 por ciento de la población se asumía como indígena o campesino. Esta encuesta se realizó entre dos mil quinientas personas de forma aleatoria y en las diez principales ciudades del país y en las ciudades intermedias. Esta realidad pone a Bolivia como al país andino con mayor cantidad de población indígena y campesina.

222-1. El Solar Campesino constituye el lugar de residencia del campesino y su familia. Es indivisible y tiene carácter de patrimonio familiar inembargable; 2. La Pequeña Propiedad es la fuente de recursos de subsistencia del titular y su familia. Es indivisible y tiene carácter de patrimonio familiar inembargable; 3. La Mediana Propiedad es la que pertenece a personas naturales o jurídicas y se explota con el concurso de su propietario, de trabajadores asalariados, eventuales o permanentes, y empleando medios técnico-mecánicos, de tal manera que su volumen principal de producción se destine al mercado. Podrá ser transferida, pignorada o hipotecada conforme a la ley civil; 4. La Empresa Agropecuaria es la que pertenece a personas naturales o jurídicas, y se explota con capital suplementario, régimen de trabajo asalariado y empleo de medios técnicos modernos. Podrá ser transferida, pignorada o hipotecada conforme a la ley civil; 5. Las Tierras Comunitarias de Origen son los espacios geográficos que constituyen el hábitat de los pueblos y comunidades indígenas y originarias, a los cuales han tenido tradicionalmente acceso y donde mantienen y desarrollan sus propias formas de organización económica, social y cultural, de modo que aseguran su supervivencia y desarrollo. Son inalienables, indivisibles, irreversibles, colectivas, compuestas por comunidades o mancomunidades, inembargables e imprescriptibles; y 6. Las Propiedades Comunarias son aquellas tituladas colectivamente a comunidades campesinas y exhaciendas, y constituyen la fuente de subsistencia de sus propietarios. Son inalienables, indivisibles, irreversibles, colectivas, inembargables e imprescriptibles.

223-Las atribuciones del Presidente de la Republica son: 1. Considerar, aprobar y supervisar la formulación, ejecución y cumplimiento de las políticas de distribución, reagrupamiento y redistribución de tierras; 2. Otorgar títulos ejecutoriales de propiedad sobre tierras agrarias y tierras comunitarias de origen; 3. Designar y destituir a las autoridades agrarias, conforme las previsiones de esta Ley, con excepción de las que integran la judicatura agraria; 4. Dictar resoluciones supremas como emergencia del proceso de saneamiento de la propiedad agraria, de acuerdo con esta Ley; 5. Otorgar personalidades jurídicas a pueblos indígenas y originarios, comunidades indígenas y campesinas, y a sus organizaciones nacionales, departamentales o regionales, a solicitud de parte, de acuerdo con las condiciones establecidas en esta Ley y los requisitos de la Ley Nº 1551 de Participación Popular que rige la materia, conforme artículo 171, parágrafo II, de la Constitución Política del Estado; y 6. Otras que le señale la ley (el Nº 5 sería agregado por la Ley 3545).

241-http://www.juridicas.unam.mx/publica/librev/rev/boletin/cont/76/art/art4.pdf.

Prácticamente todas las Constituciones de cada uno de los Estados federados hacen referencia a la diversidad cultural: la Constitución de Baja California Sur de 1975 (artículo 124), de Campeche de 1997 (artículo

7), de Chiapas de 1999 (artículo 13), de Chihuahua de 1997 (artículo 9), de Durango de 1999 (artículo 2), de Hidalgo de 1991 (artículo 5) y de Jalisco de 2000 (artículo 4). Tal vez la más explícita y cercana al Convenio 167 de la OIT es la de Morelos, de 2005, cuyo artículo 2 bis establece que las comunidades integrantes de un pueblo indígena "son aquellas que forman una unidad política, social, económica y cultural asentadas en un territorio" y que "la conciencia de su identidad étnica y su derecho al desarrollo deberá ser criterio fundamental para determinar a quiénes se aplican las disposiciones sobre pueblos y comunidades indígenas". Algo muy similar a lo que establece el artículo 12 de la Constitución del Estado de Puebla, de 2004.

BIBLIOGRAFÍA

Alberdi, Juan. *Estudios económicos*. Buenos Aires, 1934.

Albó, Xavier y Romero Carlos. *Autonomías indígenas en la realidad boliviana y en su nueva Constitución*. La Paz, 2009.

Almaraz, Sergio. *Petróleo en Bolivia*. La Paz, 1958.

Antezana, Luis. *La política agraria en la primera etapa nacional*. La Paz, 2006.

Ardiles Moreno, Carlos. "Fines del Estado intracultural-intercultural", en *El Diario*, 20 de marzo de 2009, en: http://www.eldiario.net/noticias/2009/2009_03/nt090320/1_06opn.php

Arze, J. A. *Sociografía del Inkario*. La Paz, 1952.

Báez, Fernando. *El saqueo cultural de América latina*. México, 2008.

Barcelli, Agustín. *Medio siglo de luchas revolucionarias en Bolivia*. La Paz, 1957.

Baudin, Louis. *El Imperio socialista de los incas*. Santiago, 1940.

Cáceres Macedo, Justo. *Culturas prehispánicas del Perú*. Lima, 2009.

Calani González, Esteban. *Pensamiento político ideológico campesino*. La Paz, 2003.

Castro Pozo, H. *El yanaconaje en las haciendas piuranas*. Lima, 1947.

Chaves, Juan Carlos. *Castelli, adalid de Mayo*. Buenos Aires, 1957.

Choque Canqui, Roberto. *Sociedad y economía colonial en el sur andino*. La Paz, 1993.

Clavero, Bartolomé. *Geografía jurídica de América latina*. México, 2008.

Clavero, Bartolomé. "Multiculturalismo constitucional, con perdón, de veras y en frío", en *Revista de Instituto de Estudios Vascos*, N° 47, 1-2002.

Clavero, Bernardo. *Derecho indígena y cultura constitucional en América*. México, 2009.

Cornejo, A. *Programas políticos de Bolivia*. Cochabamba, 1949.

Farfan Sam, Annye. *La cultura inca*. Lima, 2008.

Fellman Velarde, José. *Historia de Bolivia*. Cochabamba, 1970.

Finot, Enrique. *Nueva historia de Bolivia*. Buenos Aires, 1946.

Francovich, Guillermo. *La filosofía en Bolivia*. Buenos Aires, 1945.

Galeano, Eduardo. *Las venas abiertas de América latina*. Madrid, 2007.

Haya de la Torre, V. *Ideario de acción aprista*. Buenos Aires, 1930.

Henáiz, Irene y Pacheco, Diego. "La Ley INRA en el espejo de la historia. Dos siglos de reformas agrarias en Bolivia", en: http://www.ftierra.org.

Hernández Martínez, María del Pilar. *México. Las reformas constitucionales de 1992*. México, 1993.

Hurtado, Javier. *El katarismo*. La Paz, 1986.

Justo, Liborio. *Bolivia: la revolución derrotada*. Buenos Aires, 2007.

Karsten, Rafael. *La civilisation de l'empire inca. Un état totalitaire du passé*. París, 1972.

Klein, Herbert. *Haciendas y ayllus en Bolivia en los siglos XVII y XVIII*. Lima, 1995.

Konetzke, Richard. *América latina. La época colonial.* México, 2007.

Lara, Jesús. *El Tawantinsuyu.* Bolivia, 1990.

Latcham, Ricardo. *Los incas (sus orígenes y sus ayllus).* Santiago de Chile, 1928.

Lewin, Boleslao. *La insurrección de Túpac Amaru.* Buenos Aires, 1963.

Lipschutz, A. *La comunidad indígena en América y en Chile.* Santiago de Chile, 1956.

Lozada, María Cecilia y Buikstra, Jane. *El señorío de Chiribaya en la costa sur del Perú.* Lima, 2002.

Machado, Lincoln. *Movimientos revolucionarios en las colonias españolas de América.* Buenos Aires, 1940.

Mariátegui, José Carlos. *Peruanicemos al Perú.* Buenos Aires, 2007.

Mariátegui, José Carlos. *Siete ensayos de interpretación de la realidad peruana.* Lima, 2006.

Mason, J. Alden. *Las antiguas culturas del Perú.* México, 1969.

Match, R. W. *Bolivia. Diez años de revolución nacional.* París, 1962.

Mendoza, Omar. *La lucha por la tierra en el Gran Chaco tarijeño.* La Paz, 2003.

Mesa, José. *Historia de Bolivia.* La Paz, 2007.

Milla Villena, Carlos. *Ayni.* Lima, 2005.

Mires, Fernando. *La rebelión permanente.* Buenos Aires, 1988.

Novoa, Mauricio. "Derecho indiano y demandas y reivindicaciones indígenas: un enfoque para el lenguaje y la comunicación", en *Razón y Palabra*, México, abril-mayo de 2002.

Ots Capdequí, J. M. *Instituciones sociales de la América española en el período colonial.* La Plata, 1934.

Ovando Sanz, Jorge. *Sobre el problema nacional y colonial de Bolivia*. Cochabamba, 1962.

Pacheco Balanza, Diego. *Políticas de tierras en Bolivia*. La Paz, 2002.

Peñaloza, Luis. *Historia económica de Bolivia*. Talleres Gráficos Bolivianos, La Paz, 1953.

Ramallo, Miguel. *Guerrilleros de la Independencia*. La Paz, 1919.

Ramos Núñez, Carlos. *Historia del derecho civil peruano, siglos XIX y XX*. Pontificia Universidad Católica del Perú, 2005.

Reyeros, Rafael. *El pongueaje: la servidumbre personal de los indios bolivianos*. La Paz, 1949.

Rivera Cusicanqui, Silvia. *Oprimidos pero no vencidos. Luchas del campesinado aimara y quechua 1900-1980*. La Paz, 1998.

Rivera, Mario y Kolata, Alan. *Tiwanaku. Aproximaciones a sus contextos históricos y sociales*. Santiago, 2004.

Rojas, Gonzalo. *Por qué el Mallku se yergue como el gran acusador. El movimiento étnico-campesino en el 2000 boliviano*. La Paz, 2001.

Romero, Carlos. *La cuestión agraria y propuestas de debate para la reforma legal*. Bolivia, 2006.

Romero, E. *Historia económica y financiera del Perú*. Lima, 1937.

Rostworowski, María. *Pachacamac y el Señor de los Milagros*. Lima, 2002.

Rostworowski, María. *Costa peruana prehispánica*. Lima, 2004.

Rostworowski, María. *Estructuras andinas del poder. Ideología religiosa y política*. Lima, 2007.

Rostworowksi, María. *Historia del Tahuantinsuyo*. Lima, 2008.

Saavedra, B. *El ayllu*. La Paz, 1955.

Sanjinés, Esteban. "La aplicación del proceso de reforma agraria en Bolivia", en: www.ftierra.org

Sarmiento de Gamboa, Pedro. *Historia de los incas*. Buenos Aires, 1943.

Semper, Frank. *Los derechos de los pueblos indígenas de Colombia en la jurisprudencia de la Corte Constitucional*. México, 2006.

Stern, Steve J. *Resistencia, rebelión y conciencia campesina en los Andes, siglos XVIII-XX*. Lima, 1990.

Tamayo, Franz. *Creación de la pedagogía nacional*. La Paz, 1944.

Todorov, Tzvetan. *La conquista de América. El problema del otro*. Buenos Aires, 2008.

Untoja, Fernando. *Retorno al ayllu I*. La Paz, 1992.

Urquidi, Arturo. *El feudalismo en América latina y la reforma agraria boliviana*. La Paz, 1990.

Valcárcel, D. *La rebelión de Túpac Amaru*. México, 1947.

Valdivia Altamirano, J. *La revolución del 9 de abril de 1952*. La Paz, 1953.

Valencia V., Alipio. *Geopolítica del litoral boliviano*. La Paz, 1982.

Valenzuela, Carlos. *Tierra y territorio en Bolivia*. La Paz, 2008.

Vásquez Machicado, Humberto. *Para una historia de los límites entre Bolivia y Brasil*. La Paz, 1990.

Zabaleta Mercado, René. *La formación de la conciencia nacional*. Cochabamba-La Paz, 1990.

Zavaleta Mercado, René (editor). *El movimiento katarista, 1970-1980*. México, s/f.

Sitios de Internet

http://personales.ya.com/mpal/poe/joli/campesino.htm
http://www.dariana.com/Panorama/Cardenal2.html
http://bo.kalipedia.com/historia-bolivia/tema/bolivia-en-siglo-xix/porcentaje-presupuesto-cubria-tributo.html?x=20080806klphishbo_12.Kes&x1=20080806klphishbo_9.Kes&ap=1
http://www.ftierra.org.
http://clavero.derechosindigenas.org/docs/Enfiteusis%20(AHDE,%201986).pdf.
http://www.congreso.gob.pe/ntley/Imagenes/Constitu/Cons1920.pdf
http://conservacion2.blogspot.com/2008/01/bolivia-ecosistemas-proteger.html.
http://www.bolivia-industry.com/sia/bolivia/datosgen/Areas.html
http://www.binal.ac.pa/buscar/clconst.htm
http://aceproject.org/ero-en/regions/americas/EC/ecuador-constitucion-politica-de-ecuador-2010/view
http://aceproject.org/ero-en/regions/americas/GT/constitucion/Guatemala%20(reformas%20hasta%202002).pdf/view
http://pdba.georgetown.edu/Constitutions/Nica/nica95.html
http://www.acnur.org/biblioteca/pdf/0507.pdf
http://www.ordenjuridico.gob.mx/Constitucion/cn16.pdf
http://www.juridicas.unam.mx/publica/librev/rev/boletin/cont/76/art/art4.pdf.

http://www.cervantesvirtual.com/portal/constituciones/pais.formato?pais=Mexico&indice=federales
http://pdba.georgetown.edu/constitutions/colombia/col91.html
http://www.juridicas.unam.mx/publica/librev/rev/dconstla/cont/20062/pr/pr3.pdf
http://www.acnur.org/biblioteca/pdf/6297.pdf
http://www.scribd.com/doc/22429/Constitucion-Nacional-Argentina
http://www.tramites.go.cr/manual/espanol/legislacion/ConstitucionPolitica.pdf.
http://pdba.georgetown.edu/Constitutions/Honduras/hond05.html.
http://www.acnur.org/biblioteca/pdf/0133.pdf.
http://www.ohperu.com/sociedad/constitucion.htm
http://www.eldiario.net/noticias/2009/2009_03/nt090320/1_06opn.php
http://interartive.org/index.php/2009/04/intercultural/
http://clavero.derechosindigenas.org/?p=7087
http://www.bolivia.com/empresas/cultura/Pueblos_Indigenas/moseten.asp
http://www.bolivia.com/empresas/cultura/Pueblos_Indigenas/Guarayo.asp
http://www.mancochiquitana.org/
http://constituyentesoberana.org/3/docsanal/refconst/estatuto_autonomia_departamental_tarija.pdf
http://constituyentesoberana.org/3/docsanal/refconst/estatuto-departamental-cochabamba.pdf
http://constituyentesoberana.org/3/docsanal/refconst/estatuto_beni.pdf
http://constituyentesoberana.org/3/docsanal/refconst/estatuto_pando.pdf
http://www.santacruz.gov.bo/files/AsambleaLegislativa/ESTATUTOAUTONOMICO.pdf

http://constituyentesoberana.org/3/docsanal/refconst/estatuto-provincia-gran-chaco.pdf
http://www.ftierra.org/ft/index.php?option=com_content&view=article&id=2706:rair&catid=98:noticias&Itemid=175
http://redalyc.uaemex.mx/pdf/623/62304102.pdf   (al 12.10.2010)

Índice

Capítulo I
La propiedad indígena en los pueblos prehispánicos — 9

1. Asentamientos y pueblos anteriores al Tawantinsuyu — 9
2. Organización social y política del Tawantinsuyu — 11
3. El reparto del suelo y la propiedad inmobiliaria — 13
4. Los tupus: usufructo o derecho de posesión — 21
5. El ganado, la vivienda y la economía familiar: huellas de propiedad individual — 27
6. La tributación — 30
7. Estadio social del Perú incaico — 34

Capítulo II
El impacto de la conquista española — 35

8. El choque de dos mundos — 35

9. El virreinato del Perú y la Audiencia de Charcas.
Las primeras sublevaciones indígenas 54

Capítulo III
La propiedad indígena en Bolivia durante el siglo XIX 61

10. La formación de la República de Bolivia 61

11. Evolución de la propiedad indígena durante el siglo XIX. De la propiedad comunal a la propiedad individual 64

12. La colonización de las *tierras bajas*: entre misiones franciscanas y enganchadores de la industria de la goma 96

13. El derecho de propiedad y las garantías individuales en el constitucionalismo y la codificación boliviana durante el siglo XIX 101

Capítulo IV
Evolución de la propiedad indígena en Bolivia durante el siglo XX 107

14. Cambios limítrofes y transformaciones económicas y sociales durante la primera mitad del siglo XX 107

15. El reconocimiento de la propiedad indígena en la Constitución de 1938 113

16. Los orígenes del nacionalismo y del movimiento indigenista 115

17. La revolución nacionalista. Antecedentes de la reforma agraria 123

18. La primera reforma agraria. El Decreto Ley 3464.
Antecedentes, motivos y considerandos 127

19. Análisis del Decreto Ley 3464 135
   19.1. Objetivo general 135
   19.2. Tipos de propiedad agraria 137
   19.3. Figuras jurídicas de la Ley 139
   19.4. Diferentes *comunidades* 141

20. Evaluación del proceso de reforma agraria bajo la vigencia del Decreto Ley 3464 y sus consecuencias 145
   20.1. Característica global de la reforma agraria boliviana 145
   20.2. El problema de las múltiples dotaciones 147
   20.3. El latifundio en el proceso de colonización 147
   20.4. La desigualdad en la distribución de las tierras 148
   20.5. Confusión entre tierras de comunidad y tierras de origen 150
   20.6. Una nueva estratificación social agraria 150

21. Iniciativas y normativas posteriores a 1953 151

22. El Convenio 169 de la OIT 165

23. La Declaración de las Naciones Unidas sobre los Derechos de los Pueblos Indígenas 172

24. Las marchas indígenas y los antecedentes de la Ley 1715 176

Responsabilidades de la Comisión Nacional e interventores (DS 2331. 24 de noviembre de 1992) 179

Responsabilidades de la Comisión Nacional 179
Responsabilidades de los interventores 180
Disposiciones adicionales 180

25. Principales características y evaluación general de la
Ley 1715 186

26. Las Tierras Comunitarias de Origen en la
Ley INRA 189

El procedimiento de saneamiento de tierras en la Ley
INRA 193

27. La Ley 3545 de Reconducción Comunitaria de la
Reforma Agraria 199

28. Algunos desafíos de supervivencia de la
propiedad indígena en Bolivia 204

29. El reconocimiento constitucional de la propiedad
indígena en América. Antecedentes de la reforma
constitucional en Bolivia 207

30. La elección de Evo Morales y la Asamblea
Constituyente 216

31. El Reglamento de la Ley 3545. Un paso
fundamental para concretar la reconducción
comunitaria de la reforma agraria 220

32. La Constitución Política de Bolivia de 2009 222

33. La autonomía indígena tras la
Constitución del año 2009 232
    33.1. El sentido de la expresión naciones
        y pueblos indígena originario campesinos 232
    33.2. La autonomía indígena originario

campesina	234
33.3. Los municipios indígenas y las Tierras Comunitarias de Origen transformadas en territorios indígenas	237
33.4. Contenido y competencias de las autonomías indígenas	243
33.5. La ley marco 031 de autonomías y descentralización "Andrés Ibáñez", del 19 de julio de 2010	247
33.6. La autonomía indígena en otras leyes fundamentales aprobadas por la Asamblea Legislativa Plurinacional. Perspectivas del deslinde jurisdiccional	251
Notas finales	255
Bibliografía	263
Sitios de Internet	269
Editorial LibrosEnRed	279

Editorial LibrosEnRed

LibrosEnRed es la Editorial Digital más completa en idioma español. Desde junio de 2000 trabajamos en la edición y venta de libros digitales e impresos bajo demanda.

Nuestra misión es facilitar a todos los autores la **edición** de sus obras y ofrecer a los lectores acceso rápido y económico a libros de todo tipo.

Editamos novelas, cuentos, poesías, tesis, investigaciones, manuales, monografías y toda variedad de contenidos. Brindamos la posibilidad de **comercializar** las obras desde Internet para millones de potenciales lectores. De este modo, intentamos fortalecer la difusión de los autores que escriben en español.

Nuestro sistema de atribución de regalías permite que los autores **obtengan una ganancia 300% o 400% mayor** a la que reciben en el circuito tradicional.

Ingrese a www.librosenred.com y conozca nuestro catálogo, compuesto por cientos de títulos clásicos y de autores contemporáneos.

www.ingramcontent.com/pod-product-compliance
Lightning Source LLC
Chambersburg PA
CBHW021138230426
43667CB00005B/165